本教材（编号JCJS2022059）
由中国社会科学院大学教材建设项目专项经费支持

公共政策评估概论

Introduction to Public Policy Evaluation

李志军　主编

经济管理出版社
ECONOMY & MANAGEMENT PUBLISHING HOUSE

图书在版编目（CIP）数据

公共政策评估概论/李志军主编．—北京：经济管理出版社，2022.12
ISBN 978-7-5096-8914-1

Ⅰ.①公… Ⅱ.①李… Ⅲ.①公共政策—评估—中国 Ⅳ.①D63-31

中国版本图书馆 CIP 数据核字(2022)第 253808 号

责任编辑：胡　茜
助理编辑：姜玉满　等
责任印制：黄章平
责任校对：张晓燕

出版发行：经济管理出版社
（北京市海淀区北蜂窝 8 号中雅大厦 A 座 11 层　100038）
网　　址：www. E-mp. com. cn
电　　话：（010）51915602
印　　刷：北京晨旭印刷厂
经　　销：新华书店
开　　本：787mm×1092mm/16
印　　张：15. 25
字　　数：307 千字
版　　次：2023 年 2 月第 1 版　　2023 年 2 月第 1 次印刷
书　　号：ISBN 978-7-5096-8914-1
定　　价：88. 00 元

前　言

党的二十大报告提出，全面建成社会主义现代化强国、实现第二个百年奋斗目标，以中国式现代化全面推进中华民族伟大复兴。实现这一宏伟目标，需要大力推进国家治理体系和治理能力现代化。公共政策评估是国家治理体系的重要组成部分，在推进国家治理体系和治理能力现代化中具有重要地位，可以发挥重要作用。

本教材较为系统全面地分析介绍了公共政策评估的基本理论和方法，反映了国内外公共政策评估最新学术研究和实践成果；根据中国国情和实际，着力建构自主的知识体系，推动构建中国特色公共政策评估体系。

本教材适用于硕士和博士研究生的必修或选修课程。通过教学，可以帮助学生掌握公共政策评估基本理论和方法，了解国内外公共政策评估最新学术研究和实践成果，培养独立从事科学研究和实际工作的能力。

本教材由李志军同志主持编写并统稿。具体分工为：第一章第四节、第二章、第三章、第八章第三节由张毅同志撰写；第四章由王群光、赵玮、刘志红同志撰写；其余章节由李志军同志撰写。

本教材的编辑出版得到了中国社会科学院大学政府管理学院张树华院长、蔡礼强执行院长、董竞老师的大力支持、指导和帮助。在 2022 年 11 月 28 日组织召开的“公共政策评估学科发展与教材建设研讨会”上，蔡礼强、贠杰、周建国、李曦辉、李文钊、尚虎平、刘军强、何代欣、刘志红、尚增健、闫妍等同志提出了很好的意见和建议。责任编辑胡茜同志认真负责，精益求精，保证了本教材编辑出版的高质量。谨此，一并表示衷心的感谢！

编写公共政策评估教材，是一项具有挑战性的工作，难度很大。尽管我们做了很大的努力，但本教材仍然存在一些缺点和不足。敬请各位不吝赐教，以便我们进一步修改完善，使之日臻成熟、完备，为我国公共政策评估事业贡献一份力量。

目　录

绪　论

本章要点：

政府的职能主要包括经济调节、市场监管、社会管理、公共服务、生态环境保护等。制定和实施公共政策，是政府治理的重要手段之一。

公共政策评估是公共政策的重要组成部分，也是公共政策过程的重要环节，在推进国家治理体系和治理能力现代化中具有重要地位和作用。

公共政策评估作为一个专业领域和一项实际工作，是20世纪初随着现代科学方法的发展及其在社会研究和政策研究中的广泛运用而诞生和发展起来的。当今世界，发达国家普遍开展了公共政策评估工作，且有法律保障，形成了比较规范的评估制度。发展中国家开展公共政策评估的时间不长，基本上处于起步阶段，还没有形成制度。同时，联合国、世界银行、经济合作与发展组织等国际组织也开展了政策评估工作。

公共政策评估的研究对象包括两个方面：①公共政策评估的理论、方法和技术；②具体领域的公共政策评估。

公共政策评估是由政治学、行政管理学、经济学、管理学、法学、社会学、系统科学等组成的综合性交叉学科。

第一节　公共政策及其过程

一、政府职能

国家是由国土、人民（民族）、文化和政府四个要素组成的，有共同的语言、文化、种族、血统、领土、政府，拥有主权，是一个政治权力机构，具有一定地理区域管理范围，固定的社会人群，拥有完整的政府管理机构、军队、独立的元首。

政府是国家权力机关的执行机关，即国家行政机关，是国家表示意志、发布命令和处理事务的机关。在国家与政府的关系上，有时国家与政府的概念不分。在分得十分清晰时，国家大于政府，尤其是国家是主权者的同义词，而政府是权力的执行者、被委托人，是人民的公仆。

政府职能（Government Function）也称政府职责或行政职能，是指行政主体作为国家管理的执行机关，在依法对国家政治、经济和社会公共事务进行管理时应承担的职责和所具有的功能。它体现着公共行政活动的基本内容、方向，是公共行政本质的反映。

为了实现公共利益，政府需要提供公共产品。与公共利益和需求直接相关的公共产品是指公共享有的消费品，如国防、大型基础设施、义务教育等。公共产品的特性导致了对其供给的稀缺，因而只能依靠政府出面组织生产和供应才有可能得以解决，这是政府职能的基本依据。

概括起来讲，政府的职能主要包括经济调节、市场监管、社会管理、公共服务、生态环境保护等。

政府职能在公共行政中的重要地位主要表现为：①政府职能满足了公共行政的根本要求。政府职能是公共行政的核心内容，直接体现公共行政的性质和方向。②政府职能是政府机构设置的根本依据。政府机构是政府职能的物质载体。政府机构的设置必须依据政府职能这一重要标准。③政府职能转变是行政管理体制和机构改革的关键。机构改革必须要根据政府职能的变化来进行，首先确定政府职能的增、减、分、合，然后相应地进行政府机构的调整和改革。④政府职能的实施情况是衡量行政效率的重要标准。公共行政的最终目标在于追求行政效率的不断提高。检验行政效率高低的标准就是整个政府职能发挥的好坏。

实现政府职能的主要手段包括行政手段、经济手段、法律手段等。①行政手段，具有强制性、垂直性、无偿性、稳定性和具体性的特点，其优点是统一集中、迅速有效。但它易产生与“人治”相关联的一些弊病，影响横向联系及下级的积极性、创造性。②经济手段，具有间接性、有偿性、平等性和关联性的特点，最适于管理经济活动，但因其只能调节经济利益关系，不能靠它解决所有问题。③法律手段，具有严肃性、权威性、规范性的特点，使得行政管理统一化和稳定化，但其只能在有限范围内发生作用，很多经济关系、社会关系需结合其他手段才能发挥作用。

归纳起来，实现政府职能的这些手段可以概括为两个方面：①投资。为了实现公共利益、提供公共产品，政府投资建设一些大型项目，如兴修水利、道路、桥梁、文化设施等。②制定和实施有关政策或规划等。这是政府治理的基本手段。

这两个方面的工作都需要进行评估。建设项目投资之前，需要做可行性研究和项目评估；项目建成之后，需要做事后评估。研究制定有关政策或规划，需要做事前评估；实施一段时间之后，需要做事中、事后评估，检验政策或规划的实施效果，以便及时进行调整和完善。

二、公共政策

通常，人们所讲的“政策”有多重含义。一个国家，一个地区，一个单位，一个班组，甚至一个家庭，都会制定和实施自己的政策。

公共政策是公共权力机关经由政治过程所选择和制定的为解决公共问题、达成公共目标、实现公共利益的方案，其作用是规范和指导有关机构、团体或个人的行动，是国家、政党为实现一定历史时期的路线和任务而规定的行动准则和具体措施，其表达形式主要包括法律、行政法规、地方性法规、自治条例和单行条例、国务院部门规章和地方政府规章等。

在人类社会生活中，存在着大量的涉及千百万人利益的公共事务。为了规范社会成员的行为，实施有效管理，需要相关主体制定特定的规则，这就是公共政策。凡是为解决社会公共事务中的各种问题所制定的政策，都是公共政策。

公共政策作为对社会利益的权威性分配，集中反映了社会利益，从而决定了公共政策必须反映大多数人的利益才能使其具有合法性。因而，许多学者都把公共政策的目标导向定位于公共利益的实现，认为公共利益是公共政策的价值取向和逻辑起点，是公共政策的本质与归属、出发点和最终目的。

其实，公共政策是第二次世界大战后发展起来的一门新兴交叉学科。公共政策作为一门学科而出现，既是当代世界社会经济和政治发展的必然要求，也与战后美国社会状况密切相关。

20 世纪五六十年代，是西方政策科学的初创时期。1951 年，美国政治学家哈罗德·拉斯韦尔和拉纳合编的《政策科学：范围与方法的新近发展》提出了“政策科学”（Policy Science）的概念，标志着政策科学的诞生。拉斯韦尔则被誉为“现代政策科学的创立者”。这一时期，对政策科学的产生起到推动作用的学者还有戴维·伊斯顿、查尔斯·E. 林德布洛姆、托马斯·R. 戴伊等。

20 世纪 60 年代后期至 70 年代初期，是西方政策科学的形成时期。美国科学哲学家托马斯·S. 库恩于 1962 年出版的《科学革命的结构》起到了方法论的解放作用，推动了政策科学的迅速发展。这一时期的政策科学，注重对政策制定过程的研究，而对政策的内容则相对不太关心。20 世纪 70 年代中期以后，情况发生了变化，政策制定后的执行和评估以及对公共政策的调整甚至是政策终结，都受到了政策科学家的关注和研究。

20 世纪 60 年代末和 70 年代初，美国的政策科学中出现了所谓的“趋前倾向”，在政策研究中强调政策咨询对于政策制定的意义。20 世纪 70 年代中后期，公共政策研究中出现了“趋后倾向”，注重研究公共政策的“执行与评估”，以及“政策终结”和“政策周期”等。

三、公共政策的过程

公共政策本身是一个运动发展的过程，旧的政策终结了，新的政策又出台了，从而形成政策循环往复的过程。

一般来说，公共政策的生命过程包括政策议题、政策制定、政策评估（事前）、政策执行、政策评估（事中）、政策继续或修订完善或终止等阶段，如图 0-1 所示。

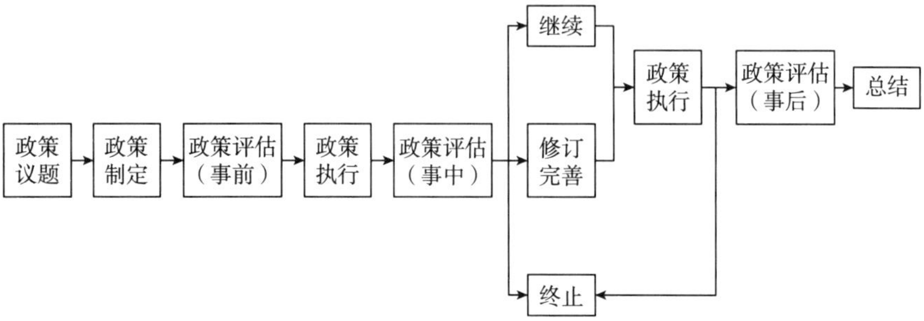

图 0-1　公共政策的生命过程

公共政策的生命过程的这些阶段相互衔接，但在实施中也存在不连续的情况。作为政策系统的组成部分，公共政策的生命过程没有明确的起点和终点，不同阶段处于持续的循环之中，一些研究者把由此产生的阶段序列称为“政策循环”。在公共政策的生命过程中，各个政策主体参与进来，通过各自的方式发挥作用、相互博弈，形成合作、竞争或冲突格局，影响着政策的制定、执行与评估。

由此可见，公共政策评估是公共政策过程的重要环节。按照时间来讲，公共政策评估可以分为事前评估、事中评估和事后评估。

第二节　公共政策评估的含义与分类

一、公共政策评估的含义

一般来讲，评估是由特定的组织或个人（评估主体）对指定的对象（评估客体）依据某种目标、标准、技术或手段（评估度量尺度），按照一定的程序和方法（评估方法）进行分析、研究、比较、判断，评估和预测其效果、价值、趋势或发展的一种活动（评估活动），是人们认识、把握事物或活动的价值或规律的行为。在此基础上形成的结论性材料则是评估报告。

这种评估建立在对评估对象多角度认识、比较，以及对技术可能性、经济合理性的充分、客观和科学分析的基础上，包含对评估对象的价值或所处状态的意见、判断和结论，因而能给相关部门、单位或个人提供可靠的参考依据。评估主要依据当初设定的某种目标、标准、技术或方法，审核可能的财务信息，按照一定的程序进行分析、研究、判断，并出具评估报告。

一般来讲，评估（Evaluation）即评价、估量、测算，是对有关政策进行评估和论证，以决定是否采纳或检验其执行效果。美国学者格朗伦德（Norman E. Gronland）给出了一个公式定义：评估=量（或质）的记述+价值判断。

公共政策评估，也称“政策评估”，是指特定的评估主体根据一定的标准和程序，通过考察政策过程的各个阶段、各个环节，对政策的效果、效能及价值所进行的检测、评价和判断。

在我国，公共政策评估不仅包括对有关法律、行政法规、地方性法规、自治条例和单行条例、国务院部门规章和地方政府规章等进行评估，还包括对有关改革方案、指导意见等的评估。

公共政策评估不同于政府绩效评估，公共政策评估是对中央政府或地方政府颁布的某一项或某一类政策的实施效果进行评估，政府绩效评估则是对政府部门的工作进行全面、系统的评估。公共政策评估与绩效评估有相似的部分，都是基于严谨的信息和科学的证据来指导决策，如项目设计和实施等。

关于公共政策评估的含义，具有代表性的观点有三种：

（1）政策评估是对政策方案或政策计划的评估。

Wholey 在 1970 年出版的《联邦评估政策》中指出，政策评估是评估一项国家计划在符合目标方面的总体影响，或者评估两项或更多计划在符合共同目标方面的相关效能①。

Lichfield 则认为，评估是一种“描述各种解决政策问题的方案，陈述各种方案的优劣点的过程”②。

Alkin 持相似的观点，他在 *Evaluation Theory Development* 中指出，评估是一个过程，这个过程在于确定重要的决策范围，选择适当的信息，收集与分析这些信息并形成有用的摘要资料，作为决策者抉择适当的政策方案的基础③。

上述观点认为，政策评估是政策推出之前的一个分析过程，目的在于确定重要的决策范围，收集、筛选、分析所获资料和信息，确定能达成既定政策目标的最优方案。这属于事前评估。

（2）政策评估的着眼点是政策干预的效果。

张金马认为，政策评估就是对政策的效果进行的研究④。

陈振明认为，政策评估是依据一定的标准和程序，对政策的效益、效率及价值进

① 丘昌泰．公共政策［M］．台北：巨流图书公司，1999.

② Lichfield N，Kettle P，Whibread M. Evaluation in the Planning Process［M］. Oxford：Pergamen Press，1975.

③ Alkin M C. Evaluation Theory Development［M］. Boston：Allyn and Bacon Inc.，1972.

④ 张金马．政策科学导论［M］．北京：中国人民大学出版社，1992.

行判断的一种政治行为，目的在于取得有关这些方面的信息，作为决定政策变化、政策改进和制定新政策的依据①。

Howlett 和 Ramesh 认为，政策评估的概念包含了公共政策、使用的手段、实现的目标。

托马斯·R. 戴伊认为，政策评估就是了解公共政策所产生的效果的过程，就是试图判断这些效果是不是所预期的效果的过程。

Nachmias 认为，政策评估研究就是根据正在执行的政策和方案所要达到的预期目标对目标的影响和效果进行客观、系统、实证性的检验②。

Vedung 认为，评估是对政府措施的产出功绩、价值进行审慎的回溯性评价，以在未来的实际（政策）行动中发挥作用。尽管评估可以应用于社会的各个领域，但是政策评估只限于政府干预，包括实体性和过程导向的项目③。评估是对正在进行的和已完成任务的评价，完整的评估不只是对影响进行评价，还包括实施评估的一系列其他行为，如人员配备等。政策干预的目标不是唯一的评判标准，评估是审慎的，同时也是实践导向的④。

朱志宏强调了政策评估"修正误差"的作用。他提出，"就一项公共政策而言，发现误差、修正误差就是政策评估，换言之，政策评估的工作就是发现并修正政策的误差"⑤。

Wollmann 则突出了政策评估的工具性，认为政策评估是分析问题的方法和手段，强调政策评估的工具作用。政策评估最重要的目的就是为政策效果的评估提供有关政策过程和政策结果的信息。此外，政策评估作为政策循环的一部分出现，要把评估后的信息反馈到政策制定的阶段⑥。

Worthen、Sanders 和 Fitzpatrick 认为，评估就是确定评估目标的价值或功绩。评估就是确认、厘清和应用可信的标准，以确定评估目标的价值、质量、功用、有效性或重要性。评估使用探寻和判断的方法，包括：确定评判质量的标准，并决定这些标准是相对的还是绝对的；收集相关信息；使用这些标准，以确定价值、质量、功用、有效性或重要性；采用这些方法得出建议，以优化评估目标⑦。

此类观点强调政策评估的目的是评估已实施的政策在实现其预定目标上的效果，即该政策在多大程度上解决了政策所指向的问题，以及该政策效果的取得是政策本身

---

① 陈振明. 政策科学：公共政策分析导论［M］. 北京：中国人民大学出版社，2003.

② Nachmias D. Public Policy Evaluation［M］. New York：St. Martin's Press，1979.

③ Vedung E. Public Policy and Program Evaluation［M］. London：Routledge，2017：2-8.

④ Vedung E. Public Policy and Program Evaluation［M］. London：Routledge，2017：9-11.

⑤ 朱志宏. 公共政策［M］. 台北：三民书局，1995.

⑥ Wollmann H. Evaluation in Public Sector Reform［M］. Cheltenham：Edward Elgar，2003.

⑦ Worthen B R，Sanders J R，Fitzpatrick J L. Program Evaluation：Alternative Approaches and Practical Guidelines［M］. New York：Longman Publishers USA，1997.

的作用还是政策以外其他因素所导致的。此类观点也广泛地被评估机构采用，例如：

世界银行将评估定义为：根据特定的评估标准，对世界银行正在进行或已经完成的进程、项目、方案、主题、战略或政策及其设计、执行和结果进行系统和客观的评估①。

美国评估协会（American Evaluation Association，AEA）是这样定义评估的：评估包括评价项目、政策、人员、产品和组织的优点和缺点，从而提升绩效②。

加拿大优秀评估中心（Center of Excellence for Evaluation，CEE）的网站上写道："在整个加拿大政府，评估是指对项目结果进行系统性的收集和分析，以对项目结果的相关性与绩效做出判断，并审视实现目标的替代性方式。通过对项目成效的公开报告，评估有助于会计问责、开支管理、结果管理、政策与项目提升。"③

（3）政策评估是对政策全过程的评估。

Dror 认为，评估就是从反馈中进行系统的学习④。

贠杰和杨诚虎认为，政策评估是"在特定的政策制度下，评估主体按照一定的评估标准和程序，对公共政策的质量和效果，以及构成政策系统的诸要素、环节和评价方法进行局部或全面分析，并获得相关信息与政策结论的过程"⑤。

林水波和张世贤认为，政策评估是"有系统地应用各种社会研究程序，搜集有关资讯，用以论断政策概念与设计是否周全完整，知悉政策实际执行情形、遭遇的困难，有无偏离既定的政策方向；指明社会干预政策的效用"⑥。

此类观点不再局限于政策过程的某个阶段，扩大了评估的范围和视野，使政策评估更为全面和系统。很多国家和国际组织也采纳了全过程评估的概念，给出政策评估的定义。

澳大利亚《首都特区政府政策评估指南》（*ACT Government Evaluation Policy and Guidelines*）指出，评估是衡量和评估政府政策、战略和方案的影响和优点的过程。它是确定政府政策和方案的适当性、有效性和效率的一种手段，有助于政策的改进和创新⑦。

联合国评估小组和世界卫生组织把评估定义为：评估就是对一项活动、项目、计划、战略、政策、主题、专题、行业部门、业务领域、机构绩效等的尽可能系统的、公正的评价。为了解所取得的成果，评价通过对结果链、程序、各影响因素以及因果

① World Bank Group Evaluation Principles［Z］. 2019.

② 参见 https：//www. eval. org/About/About-AEA。

③ Evaluation in the Government of Canada［EB/OL］. Government of Canada，https：//www. canada. ca/en/treasury-board-secretariat/services/audit-evaluation/centre-excellence-evaluation. html，2022-02-07.

④ Dror Y. Public Policy Making Reexamined［M］. New Brunswick：Transaction Publishers，1968.

⑤ 贠杰，杨诚虎. 公共政策评估：理论与方法［M］. 北京：中国社会科学出版社，2006.

⑥ 林水波，张世贤. 公共政策［M］. 台北：五南图书出版公司，1997.

⑦ ACT Government Evaluation Policy and Guidelines［R］. 2010.

关系的检验，主要侧重于预期的和已经取得的结果。评价是针对联合国系统内各组织干预和贡献的目标相关性、影响、效果、效率以及可持续性等方面进行的判断。一项评价应该提供以事实根据为基础的信息，这些信息必须可信、可靠和切实可用，并能够使评价发现、建议及经验教训及时地被纳入联合国系统及其成员国的决策过程中①②。

英国《中央政府评估导则》（*Central Government Guidance on Evaluation*）明确规定，政策评估是对政府政策的设计、实施和结果进行系统的评估。它包括了解政府干预措施正在或已经如何实施，以及它对谁、为什么、产生了什么影响。它还包括确定哪些方面可以改进和如何改进，以及估计整体影响和成本效益③。

二、公共政策评估的分类

关于公共政策评估的分类，国内外学者有不同的观点和看法。

（一）国外学者或国际组织对公共政策评估的分类

（1）Howlett 和 Ramesh 把政策评估分为三类：①行政评估——管理绩效和预算体系。这主要是政府内部评估，由专门机构负责，它追求以最小的成本取得最大的绩效，包括努力评估、绩效评估、绩效充分性评估、效率评估和过程评估④。②司法评估——司法评价和行政裁量。由司法机关对政府行为的合法性进行评估。③政治评估——政策咨询子系统和公众。任何的利益相关者都会着手于政治评估，但政治评估缺乏行政评估和司法评估的系统性和技术性。

（2）根据不同的评估方式，Dunn 把评估分为伪评估、正式评估与决策理论评估⑤。

（3）Jones 把评估分为传统型评估和科学型评估⑥。①传统型评估包括议会监督、预算过程、审计过程、总统委员会、外部评估（出版社、电视台、私人团体、学者）。②科学型评估运用现代科学研究方法，主要回答两个问题，即研究在哪儿进行，研究是如何完成的。科学型评估具体包括三种评估研究，即项目监督或过程研究、影响评价研究、收益研究。

（4）英国政府在《中央政府评估导则》（*Central Government Guidance on Evaluation*）中把评估活动分为三种类型，即过程评估、影响评估和性价比评估⑦。

1）过程评估。过程评估从政策执行过程的角度审视政策，主要集中于评估政策措施的执行活动以及政策实施的途径。评估人员关心政策执行措施中有哪些措施比较好或者不太好、有哪些措施可以改进、环境如何影响政策实施等问题。

---

① 联合国评价小组．联合国系统评价规范［R］．2005.

② World Health Organization. WHO Evaluation Practice Handbook［R］．2013.

③⑦ Central Government Guidance on Evaluation［R］．2020.

④ Howlett M，Ramesh M. Studying Public Policy：Policy Cycles and Policy Subsystems［M］．Oxford：Oxford University Press，1996.

⑤ Dunn W N. Public Policy Analysis：An Introduction［M］．London：Longman，2009.

⑥ Jones C O. An Introduction to the Study of Public Policy［M］．Monterey：Brooks/Cole Publishing Company，1984.

过程评估通常使用广泛的方法，包括定量方法和定性方法，涵盖主观问题（如对政策运行状况的看法）和客观问题（如政策措施如何运行的事实详情）。

2）影响评估。影响评估关注政策措施所引起的变化，关注政策结果。评估人员关心政策实施后发生了什么可衡量的有意和无意结果，这些结果在多大程度上由政策措施所致，不同的群体是否以不同的方式受到影响、如何受到影响、为什么受到影响、环境如何影响结果等问题。

美国国际开发署（United States Agency for International Development，USAID）亦在其评估政策中提出，影响评估以因果模型为基础，需要一个可信的、严格定义的反事实，以控制政策措施以外可能导致观察到的变化的因素。在影响评估中，对随机分配到实验组或对照组的受益人进行比较，可提供最有力的证据，证明所研究的政策干预措施与所衡量的结果之间的关系①。

国际农业发展基金（International Fund for Agricultural Development，IFAD）管理当局进行影响评估所采取的方法包括：①随机挑选项目进行严格的非实验性设计的事后影响评估；②在确定的主题领域中，有目的地选择数量有限的高度创新的项目，这些项目有资格用实验方法进行评价（随机对照试验）；③有目的地进行系统的审查和元研究，以加强对上述评价的分析和评估，并从其他研究中获得基准②。

3）性价比评估。性价比评估主要从政策结果的合理性角度审视政策，评估人员主要考虑政策的收益是否大于成本，以及干预措施是否最有效地利用了资源。

性价比评估的基本方法是成本—收益法，将通过方案实现的成本和收益与评审（通常是商业案例或影响评估）中概述的最初预期进行比较。更完善的性价比评估还会比较实现同一战略目标的其他方法的收益和成本。

（5）南非的国家评估政策框架（National Evaluation Policy Framework）把政策评估划分为诊断性评估、设计评估、执行评估、影响评估、经济评估和综合评估。该框架根据评估对象、目的和问题建立了一套标准的分类，不同的类型体现了连接投入与产出、结果、影响的不同模式。

（二）国内学者对公共政策评估的分类

我国学者对政策评估的分类，大致可以分为两大类。

第一，认为政策评估可分为三类，即正式评估和非正式评估，内部评估和外部评估，事前、事中和事后评估。

（1）正式评估与非正式评估③。正式评估是评估主体按照预设的评估方案，根据一定的评估标准，采取一定的形式，通过特定的程序，对整个公共政策或政策的某个方

① USAID. Evaluation Policy [R]. 2011.

② IFAD. Evaluation Manual [Z]. Rome: Independent Office of Evaluation of IFAD, 2015.

③ 贠杰，杨诚虎. 公共政策评估：理论与方法 [M]. 北京：中国社会科学出版社，2006.

面做出判断和评价，从而得出政策信息的过程。非正式评估是不对评估主体、评估形式和标准，以及评估程序做出特别的限制，评估者只需根据所掌握的正式或非正式信息及资料对政策做出自己的评价和判断。

正式评估具有评估方法科学化、评估过程标准化及评估结论客观化的特点，在政策评估中占据主导地位。非正式评估方式灵活、简便易行、成本低廉、随意性强，但也缺乏必要的科学性，只能对正式评估起到一种辅助和补充作用。

（2）内部评估和外部评估①。内部评估是由国家组织特别是国家行政系统内部的评估者完成的评估。它可分为由政策方案制定者或执行者实施的评估和由其他独立的专职评估人员实施的评估两种。外部评估是由国家组织特别是国家行政系统以外的评估者完成的评估，评估主体可以是营利性机构，也可以是非营利性机构。

（3）事前评估、事中评估和事后评估。事前评估是在政策执行之前对政策方案进行的一种预测性评估，其重点在于对政策进行可行性分析和对政策效果及发展方向进行预测。事中评估是在政策执行过程中所进行的评估，目的是通过分析政策在实际执行过程中的相关情况，准确地反映政策执行效果，并及时反馈和纠偏，实施严密的过程控制，以充分地、更好地实现政策目标②。事后评估是政策执行完成后对政策效果的评估，旨在鉴定已执行的政策对所确认问题达到的解决程度和影响程度，辨识政策效果，以求通过优化政策运行机制的方式，强化和扩大政策效果，这是最主要的评估方式③。

事前评估、事中评估、事后评估共同构成一个完整的政策评估体系，由于这三者评估对象不同，作用、侧重点和分析方法各有差异，因此要注重不同阶段评估的差异性。

第二，从公共政策影响的角度，从效益、效率、效果等方面进行分类。

林水波和张世贤则把政策评估分为四类：第一类是政策执行评估，包括内容摘要、政策的背景环境、原定政策主要特征总述、执行评价描述、总结与考虑；第二类是影响评估；第三类是经济效率分析；第四类是推测评估。

李海荣和王琳认为，社会政策评估可分为五类④：

（1）政策成效评估。通过考虑政策行动所做的工作指标，并把这些指标与目标指标进行比较来考察政策成效。由于数据难以获取，评估方式根据测量指标的不同常常需要调整。

（2）业绩绩效评估。业绩计量是评估的一项例行活动，采用成本较低且容易操作的方式监测政策是否执行完成。绩效指标用于衡量政策或项目的进展情况，通过设定

①② 贠杰，杨诚虎．公共政策评估：理论与方法［M］．北京：中国社会科学出版社，2006.

③ 陈振明．政策科学：公共政策分析导论［M］．北京：中国人民大学出版社，2003.

④ 李海荣，王琳．社会政策评估的哲学基础、实践形式与交互影响因素［J］．重庆社会科学，2020（6）：110-122.

基准（理想标准）对照检查机构的业绩。

（3）以证据为本的评估。证据基础能够为政策决策过程的透明度和问责制提供支持[①]，从设计新政策到对现行政策的评价和审查，都可以广泛地在政策制定的各个阶段使用证据。但是以证据为本的政策制定，也会受到意识形态、政治目标及财政状况的限制。证据往往是复杂多样的，评估所使用的"证据"经常被"简化"。对此很多学者认为，由于证据常常受到质疑，有时是模棱两可的，因此必须对证据的复杂性和模糊性进行考虑[②]。此外，以证据为本的政策评估方式还可能导致对评估本质的偏离，侧重目标的管理而不是高质量的评估和计划[③]。

（4）社会影响力评估。社会影响力评估的基本理念就是使政策制定者考虑政策的"社会影响"。社会影响主要包括个体、团体和社区在改变居民生活、工作、人际关系、组织方式中对居民产生的身体和情感体验。社会影响力评估旨在确定政策的成本和效益、可能的非预期效果、受益方、损失方。从这一角度来看，社会影响力评估包括了许多其他评估，特别是经济影响评估、环境影响评估、健康影响评估以及对其他此类影响的评估。

（5）用户视角的评估。用户视角的社会政策评估有三个突出特征：一是用户是关键的涉众，他们对所遵循的策略、提供服务的条件以及服务的执行方式最为关注。二是用户对服务的满意度、质量和性能的看法以及交付体验是结果评估的一部分。许多公共服务部门将用户满意度的定量调查作为业绩的基本指标。三是用户的投诉是重要的信息来源，体现用户的特定洞察力。对关键事件的密切检查使其能够识别出问题并找到解决途径。另外，评论、投诉和问题可以用来汇总指标，但更有价值的是进行详细、密集、定性的审查，这有助于指出服务存在的问题。

第三节　公共政策评估的由来与发展

一、公共政策评估的由来

公共政策评估最早可以追溯到古典时期，学者们被征召成为君主或者继承人的导

① Edwards P. e-Social Science and Evidence-Based Policy Assessment: Challenges and Solutions [J]. Social Science Computer Review, 2009 (4): 553-568.

② Boaz A, Pawson R. The Arduous Road from Evidence to Policy: Five Journeys Compared [J]. Journal of Social Policy, 2005 (2): 173-194.

③ Diaz C, Drewery S. A Critical Assessment of Evidence-Based Policy and Practice in Social Work [J]. Journal of Evidence-Informed Social Work, 2016, 13 (4): 425-431.

师，如亚里士多德就曾经是马其顿国王腓力二世之子亚历山大的老师，传授治国的技艺①。早期的政策评估是统治者利用学者和科学家“外脑”来增进国家利益的一种方式，要求学者们对施政、产出和成效进行回顾性评价，以有助于对治国理政的成效进行反省，进而做出有据可依的决策②。

公共政策评估作为一个专业领域和一项实际工作，是20世纪初随着现代科学方法的发展及其在社会研究和政策研究中的广泛运用而诞生和发展起来的。这一时期的政策评估与起源时期不同，是系统运用社会科学理论、方法、工具去确认和评价政策干预以及项目的过程和影响。早在第一次世界大战之前，就有少数研究人员运用社会学、统计学等学科的知识和方法对教育、卫生、就业等领域的政策和政府项目进行评估。

20世纪30年代，许多社会科学家主张和倡导运用社会研究方法对政府为解决“大萧条”带来的经济社会问题而制定的政策和计划（如罗斯福“新政”）进行评估。第二次世界大战后，美国的政策学者开始对政府的社会计划进行评估，政策评估开始成为一个相当重要的研究领域③。这一时期是政策评估的形成时期，也被称为幼稚时期。

从20世纪60年代起，公共政策评估进入发展和产业化时期。美国联邦政府提交评估的政策和用于评估的经费大幅度增加，20世纪70年代先后建立起三个公共政策学方面的学会，一系列公共政策学研究刊物相继问世④。这一时期美国许多著名大学纷纷设立了政策科学、政策分析专业，教授评估理论和方法，培养专业人才，并且借助社会上的评估组织使评估活动日益职业化。

20世纪80年代后，公共政策评估在政府管理中的重要性逐步提升，在世界范围内进一步成为研究的热点，公共政策评估进入“成年时期”。在这一时期，政策评估逐步形成了两个层面的分野，即价值判断层面和技术分析层面。

在政策科学确立后的一段时期里，政策评估主流奉行“事实—价值两分法”，尽量回避与政策相关的价值问题，倾向于技术层面和事实层面的分析，主张应用实证技术方法分辨政策目标规定与政策结果之间的对应关系，进而验证性地确定政策的实际效果，也被称为“效果论”或“实证主义”⑤。

但20世纪70年代以后，随着英国、美国等西方社会步入价值多元化时期，科学范式主导的政策评估框架亟待调整以适应价值判断的需要。当时的评估理论和模型倡导政策评估首先要明确评估目的和所秉持的价值观，把事实和价值结合起来，建立实证与规范相统一的框架⑥。价值判断重视辩论和批判的诠释方法与定性的评估途径，因此

①② Vedung E. Public Policy and Program Evaluation［M］. London：Routledge，2017.

③ 余芳梅，施国庆．西方国家公共政策评估研究综述［J］．国外社会科学，2012（4）：17-24.

④⑤ 潘毅，高岭．中美公共政策评估系统比较及启示［J］．甘肃行政学院学报，2008（5）：95-99+79.

⑥［美］费希尔．公共政策评估［M］．北京：中国人民大学出版社，2003：1.

20 世纪 80 年代中期之后的第四代评估（回应性建构主义评估）和参与式评估等都采取了批判科学范式的立场，以价值优先性判断和形成共识作为政策评估的核心。

二、公共政策评估的发展历程

在第二次世界大战期间，出于战争的需要，美、英等国的军队专门聘请研究人员对其人事政策和宣传策略等进行评估，使政策评估得到进一步发展。

第二次世界大战结束后，西方国家在城市发展、住宅建设、科技、教育、就业、卫生等方面制定了大量的政策措施和计划。这在客观上要求开展政策评估以获知这些政策的结果。此外，各种社会研究方法逐步发展成熟，提高了政策评估的有效性和可靠性。

20 世纪六七十年代，西方发达国家为了解决当时各种严重的经济和社会问题，实施了规模空前的政策干预，为了提高政策干预的有效性，要求对所采取的政策进行评估。各种社会研究方法的完善，特别是计算机技术的应用，为政策评估提供了有力的工具。在这个时期，公共政策评估获得了最为迅速的发展。

进入 20 世纪 80 年代之后，西方发达国家开展了声势浩大的行政改革运动，其精髓在于注重结果和产出、追求效率、实行绩效管理、增强公共部门的责任等。这场改革进一步强化了公共政策评估工作。

20 世纪 90 年代以来，随着各国政府改革的推进，公共政策评估受到越来越多国家和国际组织的重视，一些发达国家相继开展了公共政策评估工作。同时，联合国、世界银行、经济合作与发展组织等国际组织也开展了政策评估工作。

当今世界，发达国家普遍开展了公共政策评估工作，有法律保障，形成了比较规范的评估制度。发展中国家开展公共政策评估的时间不长，基本上处于起步阶段，还没有形成制度。

第四节　公共政策评估在现代化建设中的地位与作用

党的二十大报告提出："从现在起，中国共产党的中心任务就是团结带领全国各族人民全面建成社会主义现代化强国、实现第二个百年奋斗目标，以中国式现代化全面推进中华民族伟大复兴。""全面建成社会主义现代化强国，总的战略安排是分两步走：从二〇二〇年到二〇三五年基本实现社会主义现代化；从二〇三五年到本世纪中叶把我国建成富强民主文明和谐美丽的社会主义现代化强国。"

在这一大政方针和行动纲领指导下，要扎实推进国家治理体系和国家治理能力现代化建设，这是全面建设社会主义现代化国家的客观要求，是全面建成富强民主文明和谐美丽的社会主义现代化强国强有力的制度保障。

党的十八届三中全会首次提出“推进国家治理体系和治理能力现代化”这一重大命题，把“完善和发展中国特色社会主义制度，推进国家治理体系和治理能力现代化”确定为全面深化改革的总目标。党的十九届四中全会在党的历史上首次把“推进国家治理体系和治理能力现代化”作为大会的鲜明主题。党的二十大对国家治理体系和治理能力现代化提出了新的要求。这充分反映出党中央对国家治理体系和治理能力的重大部署，是党中央立足长远作出的重大决策。制度制定、制度执行、政策制定和政策执行是国家治理体系和治理能力现代化建设的核心要义。国家治理能力现代化建设需要在现代化的治理体系下具体落实。制度制定和政策制定终归要通过制度执行和政策执行来具体体现，制度制定和政策制定效力的发挥根本在于制度执行和政策执行的有效性、准确性。因此，国家治理体系和治理能力的现代化建设，不仅需要制度完善、政策准确，更需要制度有效、政策有力。这就需要对在执行中的公共政策进行效果评估，对公共政策执行中的问题进行分析，进而对政策进行完善。

公共政策评估是中国式现代化建设不可或缺的内容。进入新时代，党中央高度重视公共政策评估工作，逐步将公共政策评估纳入规范化、制度化轨道。党的十九届五中全会审议通过的《中共中央关于制定国民经济和社会发展第十四个五年规划和二〇三五年远景目标的建议》提出，要健全重大政策事前评估和事后评价制度，畅通参与政策制定的渠道，提高决策科学化、民主化、法治化水平。

党的二十大报告提出：“坚持科学决策、民主决策、依法决策，全面落实重大决策程序制度。”“形成坚持真理、修正错误，发现问题、纠正偏差的机制。”这是健全决策机制、提高决策科学化和法治化水平的一项重要制度安排，对推进国家治理体系和治理能力现代化具有重要意义。为全面推进国家治理体系和治理能力现代化，更好服务全面建成社会主义现代化强国目标，需要准确认识公共政策评估在其中的重要地位，充分发挥公共政策评估在其中的重要作用。

一、公共政策评估在现代化建设中的地位

公共政策评估是中国式现代化建设中的重要内容，是实现国家治理体系和治理能力现代化的重要举措，是实现政府治理现代化的重要方式，是政府管理创新的重要举措，是促进重大政策落到实处的重要保障。进入新时代，公共政策的影响深度和广度不断扩大，进行公共政策评估的需求更加强烈。开展公共政策评估工作，要求我们准确认识公共政策评估在中国式现代化建设中的重要地位。

（一）公共政策评估是推进国家治理体系和治理能力现代化的重要举措

决策的失误是最大的失误。公共政策评估事关决策的科学性，涉及科学的决策，同时也涉及决策的科学执行。政策是革命政党一切实际行动的出发点。政策和策略是党的生命线。党的十八大以来，我国高度重视科学决策、民主决策，大力推进国家治

理体系和治理能力现代化。2015 年 1 月，《关于加强中国特色新型智库建设的意见》明确提出，要建立健全公共政策评估制度。在中央层面，一些重大改革方案、重大举措在出台前委托第三方进行评估；对有关重大决策部署和重大政策措施落实情况进行督查时引入评估机制。同时，一些地方和部门也开展了公共政策评估工作，有的还出台了针对特定领域（或类型）公共政策评估的指导性文件。实践证明，公共政策评估是国家治理体系建设的重要内容，是推进国家治理能力现代化的重要举措，是中国特色的治理方式，是政府管理创新的重要举措，是促进重大政策落到实处的重要途径，对完善有关改革方案和重大政策，提高改革决策和政策的科学性、准确性，发挥了重要作用。

（二）公共政策评估是实现政府治理现代化的重要方式

公共政策评估是与人大、人民政协和社会舆论监督并列的一种专业性监督。建立起公共政策评估机制，一是从事公共政策评估的研究机构具有独立性、专业性的特点，能够保障公共政策评估过程和结果科学、客观、公正，同时还可以避免行政机构在对其制定执行的公共政策评估过程中既当运动员又当裁判员，进而推动建立决策的制定、执行和监督既相对分开又相互制约的现代行政运行机制，有助于推进政府职能转变，打造现代化政府；二是专业机构作为载体，能够充分调动公民参与的积极性，公民通过公共政策评估对政府进行监督，可以更加客观地对政策执行是否到位、是否取得了实际的成效进行评估，找出存在的实际问题，以社会评估方式影响政府行为；三是公共政策评估能够实现评估过程、结果透明化和民主化，推动政府公共政策制定更科学，改革政策更符合实际、更好地落地，并能最大化地实现政府对自身的监督与促进，有助于提高政府的公信力。

（三）公共政策评估是推动公共政策有效落地的重要保障

制定正确、科学的公共政策和推动公共政策有效落实都需要进行公共政策评估。公共政策评估是科学决策的重要程序之一。我国现代化建设不仅需要正确的制度建设，更需要把正确的制度落到实处，将公共政策效益最大化。当前，公共政策惠及广泛，影响深远，在现实决策中，正确的公共政策带来的社会效益越来越大，但错误的公共政策带来的社会损失也越来越大。在多数情况下，颁布实施的公共政策是否能够带来预期的社会效益，不仅取决于政策制定本身的科学性，还取决于政策实施中的执行能力。在我国，公共政策的制定和执行主体是政府机构，如果出于维护地位、部门利益的目的，在这些行政机构具体的职权范围内，可能导致其利用自由裁量权对已经制定的公共政策进行选择性执行或者执行力度不够，导致政策的社会效益不能充分体现。因此，在政策制定和实施的过程中，需要引入公共政策评估贯穿政策全过程，推进科学决策，确保公共政策发挥出最大的社会效益。

二、公共政策评估在现代化建设中的作用

公共政策评估是政策过程的重要环节，是公共政策的重要组成部分，对正确制定、执行和完善政策具有重要意义，不仅能反映政府制定和执行公共政策的能力和效果，也决定和影响着政府的绩效。

（一）公共政策评估可以提高政策制定和执行的准确性

通过公共政策评估可以决定是否需要对政策进行调整、完善或终止，能够更好地配置政策资源，提高政策的科学性和准确性，实现政策运行和决策的科学化，提升政府正确履行职责的能力和水平，更好发挥政府的公共治理能力和水平，提高政策制定和执行的准确性。一方面，公共政策评估可以通过对政策信息的客观分析，对公共政策做出准确和科学的评价。一项公共政策出台后，其运行效果如何，很难一目了然做出判断。必须通过科学的公共政策评估方法，利用一切可行的技术收集政策相关信息，基于公共政策理论对政策效果进行科学分析和客观评估，以确知公共政策在运行过程中存在的优势和劣势，有指向性地及时调整政策，从而为决策者进一步制定更有利于既定目标实现的公共政策提供科学依据。另一方面，公共政策评估能有效地检测公共政策效率和效益，为优化配置政策资源奠定基础。任何一项公共政策在实施过程中都会有前期投入和后期产出，但不同的政策其投入产出效率却不尽相同。公共政策评估可以借助大量的投入产出信息，检测公共政策的实际效益和效率。同时，根据不同的政策效益和效率，合理配置政策资源，既可以帮助公共政策制定者使政策资源发挥出最大的效益，又可以防止政策执行人员出于局部利益的考虑采取不适当的投入。因此，需要通过公共政策评估，客观科学地评估各项公共政策实施带来的社会效益，更好地为决策部门对政策资源投入的配置结构安排提供科学依据，进一步提升公共政策制定和执行的准确性。

目前，各方面的政策很多，从中央到地方都制定了许多政策。总体上讲，这些政策是有效的，对推动改革开放和经济社会发展发挥了重要作用。但毋庸置疑，也有一些政策的实际执行效果不理想，没有达到预期目标，或者说有些政策的实施效果与政策目标之间的差距比较大。诸如此类的例子，可以举出很多。

出现这些状况的原因是多方面的，主要包括以下三个方面：①有些政策的出台没有广泛讨论、充分的论证，缺乏先行试验和科学评估，政策本身质量不高，成为“短命”的政策，损害了政府的公信力。②国内外环境错综复杂，形势变化快，决策难度大，政策出台时机和力度难以把握，政策出台匆忙，实施后带来了一些后遗症。③我国政策制定和决策体系存在一个明显的短板，就是缺乏事后评估。有的政策本身已经过时、不适应现实情况，没有及时进行调整或废止，如人口政策。

（二）公共政策评估有助于促进政府决策科学化、民主化

公共政策评估是国家治理体系的重要内容，是提升国家治理能力的重要途径，也是政府治理和政府绩效管理的重要组成部分，深刻影响着我国经济社会发展全过程。进入新时代，公共政策的影响深度和广度不断增强，政府决策科学化和民主化的需求

也越来越强烈，这是推进我国改革发展、提高政府治理能力的客观要求，更是维护社会稳定发展的重要保障。公共政策评估则是迈向政策科学化和民主化的必由之路。制定和执行任何一项公共政策，都要用事实说话，尊重客观发展规律和现实需要，按照科学原则和方法进行具体操作。

政府决策的科学化和民主化体现在公共政策过程的所有环节，当然也就包括公共政策评估环节。政府决策的科学化和民主化首先要求政府决策必须从客观事实出发，其次必须反映民意。政府决策的科学化和民主化离不开公共政策评估。公共政策评估既为政府决策提供以事实为依据的大量信息，又是了解民意的重要渠道。公共政策的运行是一个动态过程，政策制定、政策执行、政策监控等环节都需要进行公共政策评估以获得判断依据。没有公共政策评估的支持，公共政策系统难以健康地持续运行。进入数字化时代，多样式新媒体发展迅速，政策信息和政府决策实时传达给广大人民群众，同时公众对政府决策和政策颁布的意见和建议也会以很快的速度反馈给政府部门和社会组织，这就需要建立更加科学、民主的政策决策体制机制，更好推动政府对公共事务的科学管理，同时也满足了民众对科学民主政务体系构建的夙愿。通过公共政策评估，能够及时有效地发现政策运行中存在的问题，提供切实可行的完善建议，进而推动决策科学化，而且能够调动人民群众参与政策制定和执行的积极性，从而使公共政策的运行真正地反映民意，集中民智，保障人民当家作主，从而有助于政府决策的民主化。

（三）公共政策评估可以为完善政策和资源配置提供依据

公共政策评估是对政策资源进行合理分配的有效方式，是行政机构进行科学决策的重要手段。为保障决策科学化、制度化和规范化，夯实中国式现代化建设中的政府治理基础，必须充分发挥公共政策评估的重要作用。

进入新时代，作为社会资源的重要分配途径，公共政策在我国经济社会发展中的影响日益深化，公共政策评估对政策提升和政策资源配置的重要性也更加凸显。通过公共政策评估可以获得关于政策本身和政府对其他资源配置的信息，并根据这些信息对政策和资源配置作出更好的决策，从而为政府部门的决策提供科学依据，并最终影响公共资源的优化配置。

对一个政策效果的评价最终还是由其绩效决定的，好的政策如果在执行过程中出现问题也可能导致不好的绩效，而有问题的政策在执行过程中注意及时纠正也可能会有较好的绩效产出。通过公共政策评估，对政策进行事前、事中、事后的科学评估，既可以科学预判拟颁布政策的社会价值和经济效益，以此决定各项政策资源的结构配置，同时又可以客观评估各项已颁布政策的动态效益以及存在的问题，进行实时的、科学有效的改进，或者终止，进而更大程度地优化政策资源配置，提升政策效果。公共政策评估不仅是迈向科学决策的重要一环，也是提高政策效益、实现政策优化的关键。

第五节　本教材的内容、结构及使用

一、公共政策评估的研究对象与学科性质

公共政策评估是公共政策的重要组成部分，其研究对象包括两个方面：①公共政策评估的理论、方法和技术；②具体领域的公共政策评估。

公共政策评估是由政治学、行政管理学、经济学、管理学、法学、社会学、系统科学等组成的综合性交叉学科，其理论基础包括政治学、公共管理、公共政策以及具体领域的专门知识等。

二、本教材的内容与结构

当今世界，有关公共政策评估的理论和方法，发达国家是走在前列的，理论和方法比较完备，是学术界的主流。在实践方面，发达国家普遍开展了公共政策评估工作，有法律保障，形成了比较规范的评估制度。发展中国家开展公共政策评估的时间不长，基本上处于起步阶段，还没有形成制度。

在我国，无论是公共政策评估的理论与方法研究，还是评估实践，都处于起步和探索阶段。我们既需要学习借鉴国外有关理论和方法，更需要探索适合中国国情的评估理论和方法，并付诸实践。特别是需要根据中国国情和实际，建构自主的知识体系，推动构建中国特色公共政策评估体系。

基于以上分析和判断，我们提出本教材的结构框架，如图 0-2 所示。

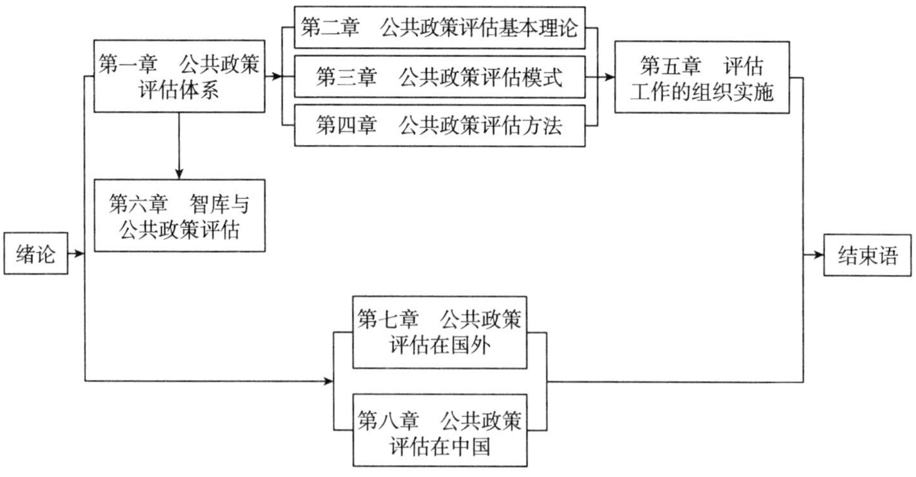

图 0-2　本教材的结构框架

三、本教材的使用

本教材适用于硕士和博士研究生的必修或选修课程。

通过教学，可以帮助硕士和博士研究生掌握公共政策评估基本理论和方法，了解国内外公共政策评估最新学术研究和实践成果，培养独立从事科学研究和实际工作的能力。

使用本教材开展教学，我们建议：①要密切关注国内外最新学术研究和实践成果；②配合有关文献、学术文章及评估案例；③紧密结合党和国家发展的大政方针；④重视课堂研讨交流，调动学生的积极性和主动性；⑤注重理论与实践相结合，把有关评估理论、方法和技术应用于具体领域的政策评估；⑥积极参加有关学术交流活动。

复习思考题：

1. 什么是公共政策？简要论述公共政策的过程。
2. 什么是公共政策评估？如何分类？
3. 简要论述公共政策评估的由来与发展历程。
4. 简要论述公共政策评估在现代化建设中的地位与作用。
5. 如何理解公共政策评估的研究对象和学科性质？
6. 研究学习公共政策评估有哪些方法？

第一章　公共政策评估体系

本章要点：

公共政策评估是一个完整的体系，是由诸多要素构成的。

公共政策评估的内容主要包括政策的合法性、合理性、有效性、可行性、效率、公平性、可持续性等。

按照时间来讲，公共政策评估可以分为事前评估、事中评估和事后评估。

开展公共政策评估工作，需要确立评估的原则与标准。评估标准是政策评估的基础和逻辑起点，直接决定着政策评估的结果和评估功能，是政策评估的参照系或基本依据，其实质是对政策进行评判的价值准则。

开展公共政策评估工作，要有相应的评估伦理和评估文化。

评估伦理是对政策评估行为进行约束的职业伦理规范，确保评估行为不受到来自偏见以及利益相关者的不当控制和影响。评估伦理的基本原则包括公正性、独立性、包容性和一致性。在评估过程中，需要管理利益冲突以保障评估过程以及评估行为符合伦理规范。

评估者的道德准则包括使命与责任、忠实、尊重和良善。

评估文化是指价值取向和行为规范的学习和模仿，从认知、行为层面把评估伦理作为良好政策的标准之一贯彻于日常的决策和管理行为之中。

第一节　公共政策评估体系及其构成要素

分析研究公共政策评估系统的构成要素、结构及其功能、各要素之间的联系方式，可以为优化政策评估系统、提高政策评估效能提供科学依据。通过分析公共政策评估系统与其环境的关系，可以揭示公共政策评估活动的前因后果、条件与要求，以及系统环境对评估行为和评估结果产生的影响。

一、公共政策评估体系

公共政策评估体系是评估活动的载体，也是开展评估活动的基础，是公共政策评估理论研究的一项重要内容。公共政策评估是一个复杂的系统工程，需要建立一整套全面的评估体系作为支撑，以便从统筹、协调的角度综合评价政策的绩效。公共政策评估体系是由诸多要素构成的有机整体，它们相互依存、相互作用，共同构成了一个相对完整和规范的公共政策评估系统，它与评估环境之间持续进行物质、能量与信息的交换，从而使政策评估体系呈现出动态、开放的特征①。

公共政策评估涉及诸多因素，主要包括：谁来评估（主体）；为谁评估（目的/导向）；何时评估（时机）；如何评估（理论/方法/技术）；评估什么（内容/边界）；评估原则、标准、程序；评估的有效性、局限性；综合性比较、判断；评估结果的使用，是决策参考还是决定性的；等等。

公共政策评估体系主要由以下子系统组成：公共政策评估对象与评估内容；公共政策评估机构与人员；公共政策评估原则、标准与伦理；公共政策评估理论、方法与技术；公共政策评估时机；评估方案；数据收集与处理；评估结果与使用；公共政策评估环境；等等。公共政策评估体系如图 1-1 所示。

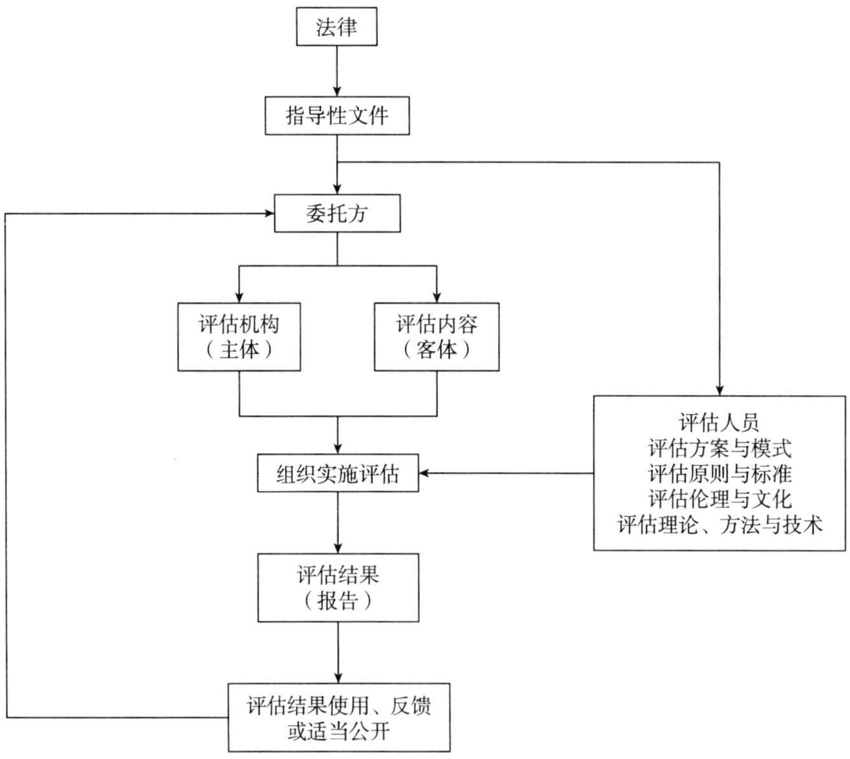

图 1-1 公共政策评估体系

① 贠杰，杨诚虎. 公共政策评估：理论与方法［M］. 北京：中国社会科学出版社，2006.

二、公共政策评估体系的构成要素

（一）公共政策评估的机构与人员

在政策评估系统中，政策评估机构处于中心地位，发挥着核心作用。在启动政策评估项目之前，应当审慎挑选合适的评估机构。由于公共政策的多样性、多层次性及其所触及利益格局的复杂性，决定了政策评估主体的多元性。目前，在我国，政策评估机构不仅包括大学、研究机构、智库、社会组织、大众传媒，还包括民间机构。

政策评估人员的政策水平、评估理念、评估态度、评估经验、职业伦理、素质、能力等都会对整个政策评估活动产生举足轻重的影响，因而是决定整个评估系统输出的关键性变量。

一般地，公共政策评估可以分为内部评估和外部评估。由行政机构内部的评估者所完成的评估是内部评估。它可分为由操作人员自己实施的评估和由专业评估人员实施的评估。由行政机构外的评估者所完成的评估是外部评估。它可以是由行政机构委托的研究机构、学术团体、大专院校等进行的，也可以是由立法机构等组织的，或者是由报纸、电视、民间团体、研究机构等其他各种外部评估者自发组织的。

（二）公共政策评估的内容

政策评估的客体就是公共政策，但并非所有的政策都是评估的客体或对象。也就是说，尽管在一项具体的政策评估活动中评估对象是既定的，但这并不意味着任何一项政策在任何时候都可以并有必要进行评估。需要确定哪些政策需要进行评估，哪些政策不需要进行评估。

（三）公共政策评估的原则与标准

开展公共政策评估，首先需要确立评估的原则和标准。评估标准实质上是一种价值判断。要进行价值判断，就必须建立评估标准。对于相同的评估对象，如果评估标准不同，那么得出的评估结论很可能也不一样，甚至截然相反。能否合理选择评估标准是决定整个评估工作成败的重要因素。政策评估的使命不仅应当包括确定评估标准，还应当包括把评估标准通过一定的形式转化为可观察、可测量的指标。唯有如此，才能使实际的政策评估具有可操作性。同时，政策评估还涉及评估伦理、评估文化和职业道德问题。

（四）公共政策评估的理论、方法与技术

公共政策评估的理论、方法和技术对于政策评估具有十分重要的意义，从某种程度上说，政策评估的成功主要取决于评估理论、方法和技术选择的成功与否，而评估方法和技术的改进则是政策评估迈向科学化的关键。目前，公共政策评估理论、方法和技术的研究已经成为政策评估领域中最富有创新力和生命力的一个方面。

（五）公共政策评估的时机

政策评估的时机或时间需要做出明确的规定。例如，有些政策在研究制定阶段对

政策方案进行评估，即事前评估；有些政策则需要在实施一段时间以后进行评估，即事后评估。

（六）评估结果的使用

事前评估主要是考察、论证政策的可行性，预测政策效果，作为政府决策的依据，并根据评估结果对有关改革方案或政策进行修改或完善。事后评估主要用于检验政策的实施效果，以便对政策进行调整或完善，或者决定是否终止政策，或用于政府部门的绩效考核。需要建立有关部门对评估意见的反馈、公开、运用等制度，健全决策纠错改正机制。

（七）公共政策评估的环境

公共政策评估涉及的外部环境和条件，包括政治体制、社会制度、政府责任、经济技术条件等。中国共产党领导的多党合作和政治协商制度是我国的一项基本政治制度，中国共产党的执政党地位决定了其在政策过程中的主导作用。中国共产党把自己的主张通过合法途径转化为国家意志、转化为公共政策。而党和政府在政策过程中所起作用的方式是不同的。党的执政理念、国家行政体制、基本经济制度等必然会影响到公共政策评估原则、标准及具体评估。

第二节　公共政策评估的内容

一、公共政策评估的一般内容

概括起来讲，政策评估的内容主要包括政策的合法性、合理性、有效性、可行性、效率、公平性、可持续性等。

（1）合法性。制定政策的前提是否合法，政策内容是否符合法律，是否与相关政策、法律法规协同一致，是进行评估的重要标准。另外，政策合法性还应考虑政策制定及实施过程的合法性，评估是否履行了必要的程序，这直接关系到公众是否同意和支持。

（2）合理性。主要指决策事项是否符合经济社会发展规律，是否贯彻创新、协调、绿色、开放、共享的新发展理念，是否兼顾现实利益和长远利益、整体利益和局部利益，是否遵循公开公平公正原则，是否尊重公序良俗，是否体现以人为本，等等。

（3）有效性。有效性是政策评估的核心内容。政策必须能够解决所针对的具体问题。同时，评估还需要判断在解决具体问题的诸多可能方案中，本项政策所选择的方案是否为最优方案，要进行多方案比较和择优。

（4）可行性。政策的可行性评估，一是评估政策本身的执行难度，包括政策本身的复杂性和参与者范围等是否易于掌握；二是评估政策实施主体的执行能力，是否具有必要的授权和执行力，能否理解并准确贯彻该项政策等。

（5）效率。政策效率是为实现政策目标而投入的资源与所取得的效果之间的对应关系。效率分析一般采用费用—效益分析法和费用—效果分析法。这里的费用是指政策的制定和实施所付出的所有代价，效果或效益应为政策的实施所带来的各种结果，包括经济的和非经济的、定性的和定量的、直接的和间接的、当前的和未来的、正面的和负面的代价和结果。

（6）公平性。任何一个政策问题，都会涉及或多或少的利害关系人，在政策评估过程中，要通过利益相关者分析，考虑贡献和受益是否相等，社会资源、政府资源和公共服务在社会不同阶层和群体之间是否得到公正配置，特别是要合理规避社会风险。

（7）可持续性。政策不仅要适应当时的环境，而且要能够随着环境的变化而灵活做出调整，在评估中应分析判断政策在预计的时间内能否适应变化、持续发挥作用。

二、事前评估、事中评估与事后评估的具体内容

根据政策评估实施的时机，公共政策评估可以分为事前评估、事中评估和事后评估。

（一）事前评估

事前评估是在政策执行前所进行的一种带有预测性质的评估，主要包括对政策实施对象发展趋势的预测、对政策可行性的预测、对政策效果的预测。事前评估侧重于政策方案的可行性择优分析，如以“成本—效益”分析为基准的经济可行性，以社会风险分析和利益权衡为基准的政治可行性，以“组织资源—动员能力”、项目管理为基准的管理可行性等。事前可行性评估的关键是预测。以云计算、物联网、海量数据挖掘为代表的大数据技术为政策模拟仿真试验提供了数据支撑，可以有效提升评估预测的准确度。

事前评估着眼于未来，是针对有关政策进行的评估，是对政策效果的预测。事前评估是政策付诸执行之前的一道理性闸门，是避免失败、提高政策效果的必经途径。事前评估可以使政策更全面、更具可行性。因此，事前评估作为政策评估的初始环节，在整个评估系统中占据着非常重要的位置，是政策制定过程中不可或缺的部分。

事前评估的内容主要包括：

（1）有关政策是否符合党中央、国务院的决策部署。对有关政策进行综合研判，从政策的内涵、标准、目的等角度评估有关政策是否符合（包括“完全符合”“基本符合”“不符合”等选项）党中央、国务院的决策部署。

（2）政策效果的分析。深入分析政策在不同时期可能带来的主要正面影响和负面影响。对正面影响和负面影响的评估，既可以是定量评估，也可以是定性评估，具体取决于相关政策的性质。

经济影响包括对经济增长的影响、对相关产品或服务价格的影响、对经济结构调整和优化的影响、对技术创新的影响、对提高生产率的影响、对提高企业或产业国际竞争力的影响、对促进出口或国际收支平衡的影响、对完善市场体系的影响。

社会影响包括对就业的影响，对收入差距的影响，对城乡差距的影响，对区域差距的影响，对社会和谐、稳定的影响，对机会公平的影响，对社会保障体系的影响。

生态环境影响包括对环境的影响、对生态系统的影响、对资源保护的影响、对提高资源能源利用效率的影响。

其他方面的影响主要包括对中央与地方关系的影响、对政府职能的影响、对政府效能的影响。

（3）对政策后果影响面的分析。分析实施政策的受益群体与受损群体，分析和判断利益格局的调整是否合理，有关政策是否隐含了不合理的部门利益，对受损群体的补偿机制等。

（4）对实施政策的难点和可能引致的风险进行分析。分析实施政策的难点；研判政策实施过程中可能产生的风险，并对风险点进行梳理和描述；指出政策中未列出但比较重要、应加以重视的难点和风险点；分析政策中提出的化解或防范风险的措施，并评估这些措施是否有力或有效。

（5）政策的可操作性分析。一是政策需要的配套条件。从科学规范的角度判断实施政策需要的配套条件和未提出的配套条件，在评估报告中可提出并进行分析。例如，财政资金投入、加大政策支持力度、部门之间加强分工协作、对利益受损的群体进行相应的补偿、修订法规或立法、增加编制、建立激励机制。二是政策与其他改革（或政策）的衔接、配套。分析政策与其他改革（或政策）是否存在不衔接、不配套之处，如果存在不衔接、不配套之处，应进行具体阐述。三是在政策推进过程中可能会遇到的障碍性因素。四是推进政策的方式、路线与突破口。

（6）分析政策的不合理或不可行之处。发现政策中具体内容存在不合理或不可行之处的，要进行阐述并说明具体原因；发现政策中缺失应提出但未提出或未进行充分论证的政策内容，要进行阐述并说明具体的原因；发现政策举措的推进方式不合理的，要进行阐述并说明具体的原因。

（7）进行政策的多方案比较。如果存在多个方案，对这些方案进行系统、深入的比较分析，指出各方案的利弊及优缺点并提出更优的方案。

（8）意见和建议。提出修改完善政策的具体意见和建议，增强政策的合理性和可行性。

对于政策方案的可行性评估，一般来说，包括价值评估、效果评估、风险评估和可行性评估[①]，其中可行性评估是政策方案评估的重点内容。

（1）政策方案的价值评估。这主要是对政策方案进行价值分析。它所要回答的主要问题是：为什么设计这一方案？与政策目标是否一致？为了谁的利益？期望达到什么效果？优先考虑的问题是什么？值不值得为这些目标去奋斗？要对这些问题进行论证和评估，就必须对政策目标产生的背景和现状进行分析，从而确定其价值所在。

（2）政策方案的效果评估。这是对一个政策方案将会产生的效果进行预测和分析，以决定该政策方案的取舍。政策效果既包括正面效果，也包括负面效果；既包括经济效果，也包括社会效果；既包括物质方面的效果，也包括精神方面的效果。要对政策产生的各种效果进行综合评估，权衡利弊，选择那些能产生积极、正面、预期效果的政策方案。关于政策效果预测的方法，本书将在后面以专章论述。

（3）政策方案的风险评估。不同的政策方案有着不同的风险程度，必须对各种备选方案风险的强弱程度、防范性措施的准备程度进行预测评估，以选择出那些在类似条件下风险相对较小的方案。通过风险识别和预测去衡量风险的程度，对方案的风险成本做出科学的预测。

（4）政策方案的可行性评估。方案可行性评估又叫可行性论证，是政策方案评估、论证中最主要的任务。它主要包括技术可行性、经济可行性、政治可行性和行政可行性，这是影响政策目标实现的最重要因素。

第一，技术可行性。这是从技术的角度衡量公共政策能否实现预期的政策目标。这一标准包括两层含义：一是是否具备实施某项政策方案的技术手段，以使政策目标的实现成为可能；二是在现有的技术水平下达成政策目标的可能性有多大，即在多大程度上能实现政策目标。

第二，经济可行性。经济可行性包括两个方面的内容：一是某一备选方案占有和使用经济资源的可能性，进而实现政策目标的可能性；二是实施某一政策方案所花费的成本和所取得的收益相比是否划算。政府的政策资源是有限的，任何一项政策方案占有和使用的经济资源也是有限的。因此，任何一项公共政策都存在一个争取公共经济资源的问题。

第三，政治可行性。公共政策形成于政治舞台，必须接受政治考验。如果一项政策得不到决策者、政府官员、利益团体或者普通公众的支持，那么该项政策被采纳的可能性就很小，即使被采纳了，成功执行的可能性也很小。美国学者马杰（G. Majone）在《论政治可行性概念》一文中指出，政策方案在政治上的可行性通常会受到政治约束（Political Constraints）、分配约束（Distributional Constraints）和体制约束（Institutional Constraints）等因素的影响。

---

① 张国庆．公共政策分析［M］．上海：复旦大学出版社，2004：193-194.

第四，行政可行性。也称行政管理的可操作性。作为政策方案评估的基本标准之一，行政可行性的重要意义在于：假如一项政策方案在技术上、经济上和政治上都是可行的，但在行政管理上却不能加以贯彻执行或难以贯彻执行，那么这项方案的优点就会大打折扣甚至是毫无用处。行政可行性的具体标准包括权威（Authority）、制度约定（Institutional Commitment）、能力（Capability）、组织支持（Organizational Support）等。

（二）事中评估

事中评估是在政策实施期间的某个时间点进行的评估，在这个时间点可以显现出一些政策实施的早期结果。

事中评估是一种对政策执行过程进行的监控性评估。对于长期的、复杂的和动态的公共政策，需要进行持续的监控和评估，以确保政策在既定的轨道上逐渐靠近其预期目标。

事中评估的主要任务是评估资源供给的及时性与充分性，制定文件的完善程度，政府实施的行为合法性、合宜性以及政策执行过程中存在的问题和障碍。

事中评估是在政策实施期间的某个时间点进行的评估，可用于评估立法、政策和计划在启动之后、完成之前或实施重要阶段之后的进展情况。事中评估的重点是在初始实施阶段进行“回顾”以监测政策执行情况，但同时也兼顾“下一步”，即运用监测的绩效信息改进政策执行与项目管理。因此，事中评估兼具事前评估和事后评估的要素。

在评估内容和方法上，事中评估与事后评估基本相同，但在操作上有着与之不同的定位，即事中评估的主要目标是查看“我们在哪里?”和“是否有应该改变的东西，或者政策（项目）需要重新定位吗?”具体而言，事中评估的特点如下：

第一，事中评估是一种过程评估。事后评估是政策实施后进行的总结性评估，而事中评估则是对政策实施过程进行的评估，通常是阶段性的，如在政策实施的第一年、第二年等进行年度评估。我国对重大且执行期限较长的政策建立了事中评估机制①。

第二，事中评估是一种监测机制。事后评估提供与结果有关的解释，事中评估则监测和解释政策全过程发生的现象，但不包括结果②。事中评估通常需要提前确定监测政策实施的绩效指标，并根据这些指标收集定量的信息。绩效指标一般涵盖输入、输出、结果和影响等方面的信息，这些信息不仅能够说明政策在多大程度上“发挥作用”，也表明了需要加以改进的部分。

第三，事中评估具有反馈性的特征。事中评估通常需要定期地将绩效信息或者评

① 应晓妮，吴有红，徐文舸，等．政策评估方法选择和指标体系构建［J］．宏观经济管理，2021（4）：40-47.

② Vedung E. Public Policy and Program Evaluation［M］. London：Routledge，2017：137.

估报告反馈到管理或者决策的高层，影响政策和战略的决策过程，通过反馈的信息促使决策者对政策进行调整。特别是对于一些创新性的政策，事中评估有利于通过不断地反馈来动态调整政策。

（三）事后评估

事后评估是政策实施后，针对政策效果进行的评估，着眼于问题解决程度和优化程度、政策效果。有的时候，政策已经完成或终结，需要总结经验教训，也需要进行事后评估。

事后评估侧重于政策执行后的绩效目标实现情况、政策执行对象的满意程度测量和政策执行绩效差距的原因分析，突出政策绩效差距形成的因果机制。

事后评估的内容包括两个层面：①对政策本身进行评估，即评估政策的科学性和适应性等内容。②对政策实施情况进行评估，即评估政策产生的效益效果、目标实现程度、措施落实情况、各主体职责是否完成、实施中出现的新问题和新情况等，主要是对实际行动成果与既定目标之间的吻合程度进行对比评估。具体内容包括：

1. 内容评估

（1）适应性和合理性。这主要从宏观角度出发，评估政策的战略思想和指导方针是否与党和国家在宏观经济、产业发展格局、国际贸易和投资、城乡和区域发展、环境和生态保护等主要领域的大政方针相一致；是否把科学发展的观念贯彻落实到政策的各个方面；是否坚持了以人为本、全面协调可持续发展的理念；是否符合本地区、本行业的实际情况和发展现状；是否做到了因地制宜、科学合理。

（2）完整性。对完整性的评估包括：是否明确提出政策的方向和目标；是否具体提出了需解决的问题；是否形成与其他政策的纵向联系和横向联系；是否考虑了实施的现实基础（条件），以及实施可能引起的经济问题、社会问题；是否进行了实施的可行性研究；对实施所做的规定是否恰当；是否提出了多种选择方法，或至少对此有所考虑；等等。

（3）科学性。对科学性的评估包括：基础数据是否准确可靠；调查统计方法是否有效，统计概念是否清晰，统计口径是否保持一致；是否有足够的灵活性以有利于调整；指标体系的设立是否科学；制定的标准是否明确；实施的措施是否具体、具有可操作性等。

（4）衔接水平。政策衔接要遵循下级服从上级、专项政策服从本级和上级总体政策、专项政策之间不得相互矛盾的原则；总体政策应与相关专项政策进行衔接，专项政策应与本级总体政策和其他政策进行衔接；区域政策应与国家总体政策、相关地区总政策及相关政策进行衔接，还应充分考虑城市发展等相关要求。

（5）预测水平。评估政策的预测水平就是把政策与实际情况进行对比分析，如果大体一致，就说明政策的预测水平较高，反之则较低。政策在实施过程中可以根据实际情况进行相应的调整，但是这种调整不能过于频繁，否则就会使政策实施的随意性增大，这也从另一个方面说明政策预测水平不够，不能适应形势的发展变化，缺乏严肃性和权威性。

（6）创新水平。创新水平体现在政策思路的创新、方法的创新和制度的创新方面。创新水平的评估必须与政策的实施效果相结合。

2. 过程评估

一项政策的全过程是从政策制定到执行结束完整的周期，一般分为研究、制定、衔接、审批、实施、跟踪监测及修订或终止等环节，每个环节又包括许多具体的程序和内容，这些共同构成政策的全过程。一般而言，从政策研究、制定到审批通过，属于制定过程。政策制定完成后即进入实施过程。实施管理内容包括：宣传和信息传递、组织与协调相关政策及其他计划手段的制定与落实、监测与分析社会经济环境的变化、减少不确定性因素的影响、实施情况的信息跟踪与评估、必要时进行调整和修订。

政策过程评估包括制定评估、实施评估及管理监督评估。制定评估内容包括政策制定主体如何选择政策，评估主体是否具备相应的资质，是否成立了咨询研究机构，是否提供了便利的渠道让公众参与，审批和决策过程是否规范、科学、民主，决策方法和程序是否科学，论证是否充分。实施评估内容包括实施成本的大小、实施进度、实施意见反馈与处理的及时性等。管理监督评估内容包括管理监督机构是否对政策制定实施进行了有效的监督管理，是否及时发现了政策实施中出现的问题，是否严格按照法定程序对政策进行及时修正，实施过程中相关的配套资源是否到位、措施（条件）是否落实，是否得到了相应的财政支持等。

3. 效益评估

（1）环境效益评估。环境效益是指政策的实施对于落实国家可持续发展战略，促进人与自然和谐发展，保障资源、能源的节约与综合利用，以及保护生态环境等方面的作用。环境效益评估的重点是政策实施对区域内自然资源可持续利用和环境质量等方面的影响。其中，自然资源可持续利用评估以土地、森林、草原、矿产、能源、海洋和物种资源为主要评估内容，环境质量以大气、水、土壤、海洋等为主要评估内容。

（2）经济效益评估。经济效益是指政策的实施对促进国民经济全面发展的影响和作用。经济效益评估包括三方面内容：一是对政策本身的经济效益评估，具体评估“投入—产出比”、政策资源合理利用情况等。二是政策的实施对有关地方和行业转变经济发展方式、提高自主创新能力、产业结构优化升级、完善市场经济体制及提高企业经济效益的影响的评估。三是对政策中涉及的重大项目和工程进行的财务和经济效益评估。

（3）社会效益评估。社会效益评估主要从以人为本的角度出发，评估政策对所涉及人群的生产、生活、教育、发展等方面所产生的影响。这主要包括两点：一是政策的制定和决策过程中公众参与程度的评估，以及社会各界对政策的认同程度和反应，比如市场主体是否把政策落实到了自己的发展和经营上；二是政策对社会发展、人民生活水平、社会资源配置等方面的作用。

实施效益评估应全面反映政策引发的各项效益与影响，既要重视经济效益，也要重视社会效益和环境效益；既要重视当期效益，也要重视长远效益。政策的实施应使经济建设与环境和资源保护协调发展，促使社会不断进步、经济持续发展、环境日益改善，三者缺一不可。在政策效益评估过程中，还要考虑到战略性、宏观性和长远性，因为有些政策必须经过很长一段时间才能产生效益，因此应更加关注政策的实施对经济社会可持续发展影响的评估。

4. 目标实现程度和任务完成情况评估

政策的目标一般包括战略性总体目标、单项目标及阶段性目标。对总体目标实现程度的评估应建立在对单项目标评估的基础上。政策中提出的目标不仅有定量指标，还有一些定性指标，有的目标是预期性的，它本身并不要求精确实现该目标，因此为了保证事后评估的科学性，对政策目标的评估也应限定在发展目标和衡量标准比较明确的部分。

任务完成情况评估主要是评估政府对社会承诺的实现程度，评估的内容应限于由政府承担主要责任的部分。它主要包括两个方面：事项评估——对政府职责的完成情况进行评估，即政策中提出的主要任务和工作重点，如保持经济运行平稳和社会稳定、推进各项体制改革、合理配置政策资源及其他公共资源、提供公共服务、加强法治建设等；项目评估——对政策中提出的重大工程项目的推进情况、发展前景、经济效益等进行综合评估。重大项目是政策的重要支撑，要以项目评估支持政策评估，以政策评估指导项目评估。

5. 风险和可持续性评估

风险和可持续性评估主要通过深入分析国内外政治经济局势的变化及重大自然灾害等突发事件引起的外部环境变化，评估政策执行过程中的灵活性和对风险的应对能力，并通过分析当前所面临的主要风险对政策的实施已经产生和即将产生的影响，对政策是否仍然适应形势的需要做出判断，为下一政策的制定和修订提供依据。

6. 连续性和稳定性评估

连续性和稳定性评估主要评估是否树立了科学的政绩观，是否遵循长远政策目标纲要，是否有随意调整政策的行为，是否做到远期目标与阶段性目标相结合、本期政策与下期政策保持衔接，等等。

7. 综合评估

综合评估主要从政策目标、思路、执行技术与手段、边界条件变化、保障机制、重点工程实施效果、经济效益、社会效益、环境影响、可持续发展等方面对政策做出评估。同时，提出政策编制和实施过程中存在的问题，总结经验教训，为下一步的政策编制和修订提出对策和建议。

第三节　公共政策评估的原则与标准

一、公共政策评估的原则

公共政策评估的原则包括独立、客观、公正、科学、专业、可信、有用、尽责、规范、尊重。

（1）独立。公共政策评估应不受外界干扰，独立开展评估活动，自主形成评估结果。

评估活动的相关各方均应保证评估活动的独立性，公共政策评估机构、评估人员、评估专家不得受理或参与和自身有直接利害关系的评估业务。

公共政策评估机构、评估人员、评估专家组在开展公共政策评估活动时，应识别可能影响独立性的情形，合理判断其对独立性的影响，并采取相应措施。

委托者和评估者应在评估合同或评估方案中约定回避条件，并采取措施认真执行；评估对象可以书面方式提出希望回避的机构和人员。

（2）客观。公共政策评估应实事求是，不受个人主观偏好的影响。

公共政策评估活动应依据客观事实形成评估结果。

公共政策评估活动不得以预先设定的结论作为评估结果。

评估方法科学、数据可靠，结论经得起检验。

（3）公正。公共政策评估应公平、全面，没有偏私。

公共政策评估的信息来源应当多渠道多视角，覆盖利益相关各方，评估指标、评判标准、程序和方法应合理，对不同评估对象应平等对待，避免形成对某一类或某一个评估对象的人为不合理偏差。

公共政策评估机构和评估人员不得与评估对象具有影响评估公正性的关系，不得介入影响评估公正性的活动。

（4）科学。公共政策评估应科学合理，符合科技创新活动的规律和特点。

公共政策评估活动应充分考虑评估对象的多样性、复杂性，体现评估对象的特点，有针对性地设置评估内容、指标和评判标准，科学合理地设置评估活动的程序，合理运用评估方法。

公共政策评估活动应充分考虑科技活动的专业性、创新性和信息不对称性，评估机构、评估人员和评估专家组应熟悉相关领域，具备分析判断能力，并具有国际视野；

对于专业性强的问题，应充分发挥专家作用，合理选聘专家，恰当使用专家意见。

公共政策评估活动应充分考虑科技活动的不确定性，合理选择定性、定量或定性定量相结合的方法。

公共政策评估活动应充分考虑科技活动的效果滞后性和外溢性，合理设置评估活动开展的时点、信息收集的时间区间和范围。

（5）专业。公共政策评估主体应具备专业能力和素质，公共政策评估活动应符合相关标准和规范。

公共政策评估人员应经过专门教育或培训，掌握公共政策评估相关专业知识，理解并恰当运用评估理论与方法，能够胜任评估工作。

评估活动的过程和结果、行为和文件应符合公共政策评估的标准和规范。

公共政策评估机构应具备完成评估业务所需的评估人员、专家队伍、基础设施等能力与条件。

公共政策评估机构、评估人员可以恰当聘请和组织专家开展相关工作，采取必要措施，确保专家工作的有效性，并合理使用专家工作成果。

公共政策评估机构、评估人员应如实说明其专业能力和业绩，不得进行虚假和误导性宣传。

公共政策评估机构、评估人员应维护职业形象，不得参与可能损害公共政策评估职业形象或与职业身份不符的活动。

（6）可信。公共政策评估主体应诚实守信，评估证据应真实充分，评估结果应准确可靠。

公共政策评估机构、评估人员、评估专家组等主体不得在评估过程和结果中弄虚作假，不得出具虚假或者有重大遗漏的评估报告。

公共政策评估机构、评估人员、评估专家组应具备足够的能力和社会信誉，取得预期用户的信任。

公共政策评估机构和评估人员开展评估业务，应合理使用评估假设，明确说明评估活动的局限性。

公共政策评估的依据和信息应可靠。委托者和评估对象责任主体提供的资料应真实、完整、有效，公共政策评估机构、评估人员应对资料采信保持职业谨慎，对资料进行核查和验证；对于无法核查验证的事项，评估人员应根据其对评估结论的影响程度在报告中恰当披露，如对评估结论产生重大影响，应拒绝出具评估报告。

公共政策评估结果应可靠，证据充分，逻辑合理，表达清晰、准确、严谨。

（7）有用。公共政策评估应有利于解决实际问题，有利于促进科技创新。

公共政策评估机构、评估人员和评估专家组应满足评估需求，完成评估任务，并及时提交或发布评估结果，提出有价值的结论和建议。

公共政策评估机构、评估人员和评估专家组应根据预期用户的需求，对评估结果进行解释，帮助其正确理解和恰当使用评估结果。

公共政策评估应有利于优化科技管理决策，合理配置资源；有利于加强引导激励和监督问责，提升科技活动实施效果和支出绩效；有利于提高科技对经济社会发展的引领和支撑作用，促进国家战略目标的实现。

公共政策评估相关各方应关注公共政策评估活动可能产生的正面或负面的影响，评估任务的提出、评估内容与指标的设置、评估活动的实施、评估结果的应用等环节应避免误导和干扰科技活动及管理决策。

（8）尽责。公共政策评估相关各方应承担相应的责任。

公共政策评估人员开展评估业务应勤勉尽责，对评估机构负责；评估机构和评估专家组对评估过程和结果负责，为预期用户提供高质量的服务。

委托者和评估对象责任主体对其提供的资料的真实性、有效性、完整性负责。

预期用户未按法律、法规和评估报告载明的使用范围使用评估报告，以及非预期用户使用评估报告，公共政策评估机构、评估人员和评估专家组不承担责任。

公共政策评估相关各方应考虑评估活动涉及的公共利益，承担社会责任。

（9）规范。公共政策评估相关各方应遵纪守法、廉洁自律，行为端正。

公共政策评估相关各方应遵守法律、法规和制度规范。

公共政策评估机构、评估人员、评估专家组不得利用业务之便牟取不正当利益。

公共政策评估机构、评估人员、评估专家组应对在公共政策评估活动中所知悉的国家秘密、商业秘密和个人隐私予以保密，应按照评估合同或协议约定使用评估对象的有关信息。

公共政策评估机构、评估人员、评估专家组、预期用户不得侵犯评估活动中涉及的知识产权。

公共政策评估机构不得允许其他机构以本机构名义开展评估业务，或者冒用其他机构名义开展评估业务，不得以不正当手段招揽业务。

（10）尊重。公共政策评估相关各方应相互尊重、平等相待。

公共政策评估活动相关各方应遵循社会公认的伦理道德，包容多样性，尊重个体和观点差异，避免歧视和伤害。

委托者、评估者和评估对象应平等相处、维护尊严。

公共政策评估机构和评估人员不得贬低或诋毁其他公共政策评估机构和评估人员。

在我国，开展重大公共政策评估，必须要结合我国评估工作实际，确定评估原则时要充分考虑以下因素[①]：

---

① 国家发展改革委评估督导司课题组．关于构建中国特色“三个重大”评估体系的几点思考［J］．管理世界，2022（12）：76-83.

一是要坚持提高政治站位。西方的政治体制推崇个体民主独立和党派利益至上，不同利益集团也通过影响评估结果来争取利益，评估不可避免地代表一定立场。

二是要充分借鉴吸收国际成功经验。在许多发达国家，评估的组织流程设计科学规范，能够运用专业化的方式方法开展评估，确保评估结果客观反映真实情况。要"取其精华"，充分吸收借鉴以提高我国重大政策评估工作的科学性和规范性。

三是要根据我国国情进行合理调整。例如，对于独立性的原则要求，一方面我国缺乏发展成熟的独立的第三方评估机构，法律地位不明确，独立的组织建设和经费保障较难落实，完全的独立性难以实现。另一方面，西方国家评估工作的独立性主要建立在三权分立的利益制衡政治体制上，与我国的政治体制不相适应。再如对于公开透明的原则要求，我国政府信息公开制度取得了长足发展，但对于内部性的评估成果，容易涉及敏感问题，还难以一步到位做到全部公开，对公开透明的要求提得过高容易导致评估工作流于表面。可以先探索实现一定范围的成果共享，再循序渐进逐步完善公开机制。

四是针对我国评估工作存在的问题不足进行改进完善。当前国内的评估工作实践普遍存在问题导向性不突出和成果运用偏弱的现象，在未来的评估工作开展中不仅要坚持问题导向，提升发现问题和解决问题的能力，更要使评估结果得以切实有效的运用，实现评以致用。

二、公共政策评估的标准

评估标准是政策评估的基础和逻辑起点。任何政策评估都是根据特定的标准对评估对象进行的衡量、检查、评价和估计，以判断其效果。政策评估就是根据一定的标准去判断某项公共政策预期效果或实施效果如何，包括判断政策本身是否具有价值和具有怎样的价值。例如，费希尔认为，公共政策评估是寻求、论证、确定和校正政策价值的过程，这个过程是从确定政策评估的价值标准开始的①。因此，政策评估就是寻求、论证、确定和校正政策价值的过程，评估标准直接决定评估的方向和结果是否正确、是否科学、是否符合实际。

公共政策评估标准并不是唯一的，用不同的标准进行评估会产生不同的结果。在对公共政策进行评估时要科学确定评估标准，保证评估结果的全面真实、科学有效。

如上所述，政策评估标准就是政策评估的参照系或基本依据，其实质是对政策进行评判的价值准则。政策评估的价值标准可以区分为基本价值标准和具体价值标准，基本价值标准决定和制约着具体的价值标准。由于基本价值标准上的取向不同，国内外产生了不同的政策评估理论和相应的评估路线。

（一）国外公共政策评估标准

在国外，政策评估理论大体上经历了两个阶段，即实证主义政策评估与后实证主

① ［美］威廉·邓恩．公共政策分析导论［M］．谢明，等译．北京：中国人民大学出版社，2002：435.

义政策评估[①]。与其相应的评估路线是事实评估到适时评估与价值评估的结合，具体价值标准体系上也由坚持价值中立的纯技术标准发展到技术标准与社会政治价值标准的统一。实证主义以政策效果的实证测量或科学预测作为评估对象，不对主观性的价值和标准进行探讨，所以提出的政策评估标准都是能定性测量的标准，主要有效率标准、效益标准、效能标准和充分性（Adequacy）标准。

萨茨曼（Schman）将政策效果评估标准与政策执行过程评估标准结合起来考察，并概括出政策评估的五项标准，即效果、效果的充分性、效率、工作量、执行过程[②]。这是后实证主义对实证主义评估标准的首次“扬弃”。但无论是评估政策效果、效率与效能，还是评估政策执行过程，最终都无法回避“评估是为谁服务”的问题。在众多学者的推动下，公共政策评估开始突破单一的技术标准，政策相关者的价值观与政策评判标准开始进入评估者的视野，以技术理性为核心的政策评估理念也转向更为广泛的政治、价值的分析与评估。与这一现实要求相呼应，Poister 提出了政策评估的七项标准，即效能、效率、充分性、适当性、公平性、反应度和执行能力[③]；斯图亚特·内格尔从政策过程评估的角度提出了“3P”标准，即 Participation（公众参与度）、Predictability（可预见性）、Procedural Fairness（程序公正性）[④]；Dunn 将政策评估标准分为六个方面，即效果、效率、充分性、公平性、回应性、适宜性[⑤]；卡尔·帕顿、大卫·萨维奇将政策评估标准分为四个方面，即技术可行性、政治可行性、经济和财政可能性、行政可操作性[⑥]。

（二）国内公共政策评估标准

国内学者对于公共政策的评估标准有多种不同的主张。例如，张金马提出的标准包括有效性、效率、公平性、可行性（政治可接受性、经济可承受性、社会可接受性、管理可行性）[⑦]。

林水波、张世贤认为评价标准有八个方面：投入工作量、绩效、效率、充足性、公平性、适当性、执行力、社会发展总指标[⑧]。

宁骚提出七项标准，即政策效率、政策效益、政策影响、回应性、社会生产力的发展、社会公正、社会可持续发展[⑨]。

---

① ［美］威廉·邓恩．公共政策分析导论［M］．谢明，等译．北京：中国人民大学出版社，2002：435.

② Schman E. Evaluative Research：Principles and Practice in Public Service and Social Action Programs［R］．1967.

③ Poister T H. Public Program Analysis：Applied Research Methods［M］．Baltimore：Baltimore University Park Press，1978.

④ ［美］斯图亚特·内格尔．政策研究：整合与评估［M］．长春：吉林人民出版社，1994.

⑤ Dunn W N. Public Policy Analysis：An Introduction（4th edition）［M］．London：Longman，2009.

⑥ ［美］卡尔·帕顿，大卫·萨维奇．政策分析规划的初步方法［M］．北京：华夏出版社，2001.

⑦ 张金马．政策科学导论［M］．北京：中国人民大学出版社，1992.

⑧ 林水波，张世贤．公共政策［M］．台北：五南图书出版公司，1997.

⑨ 宁骚．公共政策学［M］．北京：高等教育出版社，2003.

陈振明把政策评估的标准分为三大类，即政策系统的评估标准、政策过程的评估标准和政策结果的评估标准①。政策系统的评估标准包括政策主体、政策客体、政策环境、政策工具四个方面的评估标准，如合法性、合理性、适当性、有效性、回应性、适应性、充分性、社会发展总指标等；政策过程的评估标准包括政策制定、执行、监控、评估、终结等过程的评估标准，如执行能力、反应度、充分性、适当性、公众参与度、可预见性、程序公正性、可行性、执行力、政治可接受性、经济可承受性、社会可接受性、政策影响、社会可持续发展等；政策结果的评估标准包括效率、效益、效能、工作量、公平性、充足性、回应性、适宜性、绩效、有效性、生产力等。

上述这些政策评估标准提供了一个较为全面的清单，但是在具体的公共政策评估中标准会有所差异，还有一个选择、排序和组合的过程。例如，政治性公共政策以过程评估为重点，相应的评估标准的选择也就侧重于公众参与度、程序公正性、政治可接受性、社会可接受性等评估标准。这些标准中哪些作为主要标准，哪些作为次要标准，要根据政策环境来进行排序。排序组合一般遵循如下原则：一是可行性标准与可接受性标准相结合；二是定性标准与定量标准相结合；三是直接标准与间接标准相结合；四是总量标准与具体标准相结合。

国内外学者对政策评估标准的看法不尽相同，但都对效果标准、效率和效应标准予以了充分关注。

在中国，强调以人民为中心。要从人民根本利益出发，把是否符合人民利益、人民群众是否满意作为政策评估的重要标准。要始终以实现好、维护好、发展好最广大人民根本利益为最高标准，带领人民创造美好生活。对于关系国计民生、关系重大公共利益的重大公共政策，只有通过深入群众、深入基层的评估工作，才能检验是否真正践行全心全意为人民服务的根本宗旨，是否公平公正地惠及广大人民群众，才能对偏离人民至上理念的行为予以纠偏。

第四节　评估伦理与评估文化

公共政策评估为决策提供可信、可靠和有用的循证信息。评估伦理是对政策评估行为进行约束的职业伦理规范，确保评估行为不受到来自偏见以及利益相关者的不当控制和影响，提高评估的可信性和评估质量。可信是可靠和可用的前提，只有可信的证据才能够助力决策主体做出审慎合理的判断，提升评估结果和建议的有用性。

① 陈振明. 政策科学——公共政策分析导论［M］. 北京：中国人民大学出版社，2003.

一、评估伦理

由于不同文化体系、价值观、社会伦理规范之间的差异，以及不同评估领域的伦理困境和相应的道德准则之间的差异，评估伦理规范的内容会有所不同。但从根本上说，评估伦理与规范要与国家的政治价值观、社会伦理、法律以及公序良俗保持一致，并将这些置于个人利益之上。

关于评估伦理的定义总体上可以划分为两类：

第一类是在公共伦理或者行政伦理学的研究和实践中使用的宽泛定义。既然评估属于行政行为或者带有公共性质的行为，评估伦理是规范评估过程所有环节和行为的道德规范。这一定义几乎将规范公职人员或者评估人员行为的所有法律法规和伦理规范纳入其中，如美国于 1989 年颁布的《政府道德法》列举了收受外界礼物和例外、工作人员互赠礼物、财务利益冲突、兼职、滥用职权等多项条目，收录了所有相关的法律和对应条款。

第二类定义同伦理判断本身的类型有关。伦理是对行为是否“正确”的判断，可以划分为义务判断和价值判断①。义务判断常常同个人的职责、角色有关，判断行为是不是正当的或者不正当的、尽义务的或者不尽义务的，某一责任该不该被履行。价值判断是判断他们在道德上是善的、恶的、有德的、无德的，是应该受到指责的或者卑鄙的，等等。价值判断常常同人的动机、意图、品质等相关。根据以上的类型，政策评估伦理的定义可以从义务判断和价值判断两个角度来理解。有些学者认为两种应该兼有，如陈振明认为职业伦理规范主要包括两个方面：一是指导行为的道德品质；二是实现职业功能的能力。美国公共伦理学家库珀（Terry L. Cooper）认为，要解决政策评估人员面临的伦理困境，不仅要改革外部控制资源（法律、组织制度和规章等），还要求政策评估者积极运用自己的伦理自主性，抵制不道德的组织或组织的上级的不负责任行为，而这种伦理自主性的获得需要政策评估者有意识地培养自己的内部控制资源（个人价值观、信仰等），即政策评估的职业伦理②。

以下从两个角度阐述了政策评估伦理：一是从责任和职业的角度对评估者的道德规范、程序和制度保障进行了介绍；二是从道德品质的角度阐述了评估者的道德准则以及实现内在品质和态度塑造的组织和文化建设。

（一）评估者与评估伦理

评估者或者组织是评估的起点③，评估者或者组织处于评估所嵌入的伦理关系中之中，不仅涉及评估者如何通过规范性的道德行为符合评估的质量标准，同时又能够在

---

① ［美］弗兰克纳．伦理学［M］．上海：三联书店，1987：2-10.

② ［美］库珀．行政伦理学：实现行政责任的途径［M］．张秀琴，音正权，译．北京：中国人民大学出版社，2001：75-125.

③ Vedung E. Public Policy and Program Evaluation［M］. London：Routledge，2017：35-60.

更宽泛的层面上与国家、社会的价值观、伦理规范和道德结构保持一致。已有的不同范式和方法论阐释了评估者介入评估过程的特定角色和立场，评估模式和实践又往往是范式和方法在特定情境中的融合，由此评估伦理展现出高度复杂和情景化的特征。

归纳起来，评估理论的范式以及方法论对评估者或者组织者本身的角色设定是阐述伦理问题的逻辑出发点之一。除此之外，评估流程中的典型性情境（场域）也有着常见的利益冲突或者伦理困境。

第一，政策评估的事实判断与价值判断。公共政策评估是现代意义上理性决策发展的结果，20 世纪 30 年代以来评估工具的发展也得力和借鉴于科学、社会科学的高速发展和繁荣，推动了决策部门使用实验研究等科学的方法和工具来评估政策影响和因果机制。科学研究同政策评估相比较，两者在数据收集、测量以及因果推断等方面是相同的，会很容易将科学研究的客观性带入政策评估中，认为科学研究本身的客观性是等同于价值真空或者价值中立。科学研究是为了创新，而评估是为了行动。社会科学的研究针对某个具体的问题和相对狭小的领域采集数据，如实验研究等，进而得出因果推断判断政策的影响①。但政策通常面对更为复杂的背景、利益以及更为深层的制度和体系，这些因素远远超出了科学研究的范畴，进入了价值判断的层面。

第二，评估者的价值取向是潜在的。对于政策科学、经济学或者绩效管理角度的政策评估来说，政策评估是为了在最优方案和次优方案之间进行权衡和选择，但究其根本是在一定的价值取向下对方案进行了取舍。信息与证据是有差异的，证据的原始成分是信息。循证的系统研究得到的是“外部证据”，从信息到证据的转换，经过了个人经验、专家知识、信念和价值观等对证据的加工②。由此可见，政策评估参与者的动机、偏好、态度等都潜在地影响着政策评估过程和结果③。

阅读材料

官员偏好如何影响政策制定

Julian Christensen 等对绩效信息的使用如何服务于官员的治理偏好进行了一项调查研究。市场化工具或者政府规制是两种常见的治理工具类型，决策者由于个人经历、经验以及知识背景等原因会偏好于使用其中一种治理工具。

---

① 实验性的方法广泛应用于政策评估中，如 2010 年政府绩效与结果（GPRA）现代化法案中规定，“对于影响评估来说，实验性的方法往往是最适合的。只有在随机分配不可行的情况下，才应采用其他方法”。参见李志军，等．国外政策评估文件与手册选编［M］．北京：经济管理出版社，2022：228.

② Davies H T O, Nutley S M. The Rise and Rise of Evidence in Health Care［J］. Public Money & Management, 1999（19）：1-16.

③ Christensen J, Dahlmann C M, Mathiasen A H, et al. How Do Elected Officials Evaluate Performance? Goal Preferences, Governance Preferences, and the Process of Goal Reprioritization［J］. Journal of Public Administration Research and Theory, 2018, 28（2）：197-211.

研究团队对丹麦市政委员会的 2445 名官员发放了调查问卷，回收了 988 份问卷。问卷调查的官员经常做出是否外包特定服务的决策。

丹麦的高中分为两种类型：私立院校和公立院校。私立院校是运用市场化工具提供教育公共服务，公立院校则是政府设立或者资助的。私立院校在学生成绩方面的表现好于公立院校，而公立院校在校园环境等福利指标上的表现好于私立院校。在评价指标设置上，如果学生成绩指标在评估中的权重高于福利指标，评估结果会有利于私立院校；如果福利指标的权重高于学生成绩指标的权重，那么评估结果会有利于公立院校。

研究结果发现，当偏好于使用市场化手段来实现政策目标的官员发现现有的绩效评估体系有利于公立院校时，他们会重置绩效评估指标项的权重分配从而使评估的标准、证据和结果更有利于私立院校。

资料来源：Christensen J，Dahlmann C M，Mathiasen A H，et al. How Do Elected Officials Evaluate Performance? Goal Preferences，Governance Preferences，and the Process of Goal Reprioritization [J]. Journal of Public Administration Research and Theory，2018，28（2）：197-211.

第三，利益相关者的协商是价值优先性的取舍。任何一个政策行为以及评估政策的行为，不论是政府主导的评估还是社会组织承接的第三方评估，政策涉及的目标群体、直接受益者和间接受益者之间存在着诉求差异甚至冲突。针对这些多元化的利益诉求和利益冲突，评估人员要面对置于其中的特殊且具体的情景，在动态的变化中做出复杂的判断①。这些判断会持续地影响政策制定、修订甚至撤销，改变资源配置并影响相关方的利益分配。

一种观点认为利益与偏好类似，评估者只能收集这些偏好/利益而不能做判断。另一种观点强调参与式的评估理论或者模型，如协商评估则认为，协商（评估）是一个认知的过程，评估者以及利益相关者之间可以通过理性地说服来达成权威性的共识。在两种观点中，评估者介入评估的角色是不同的，前者是保持客观中立的角色，而后者更为广泛和深度地介入了协商过程。

（二）典型伦理问题

在评估过程的每个阶段或者环节都可能会出现伦理困境，但在其中一些环节或者情景下评估者面对伦理问题的概率要高于其他环节，具有典型性。这些环节和相应的典型伦理问题如下：

第一，签订合约阶段。具有参与性环节的评估模型，如协商模型、CIPP 评估模型等认为，需要在评估早期阶段通过与利益相关者的参与和沟通来确定下一个阶段判断“谁的目标/价值”具有优先性。因此在签订合约阶段，“以谁的议程为主导”意味着

① 参见李志军，等. 国外政策评估文件与手册选编［M］. 北京：经济管理出版社，2022：3-25.

特定的利益被置于评估的焦点，而其他的利益则可能因为日程被忽略①。

第二，数据收集阶段。政策评估是以证据为基础来论证政策干预的有效结果的，数据和信息收集是至关重要的。很多社会项目的信息收集会涉及特殊群体，比如实验研究中对贫困、特殊群体、贫困社区等进行分组会导致伦理问题，或者将负面的刻板印象信息带入研究，或者涉及个人隐私的信息被收集来支持进一步的评估。这一阶段涉及的典型伦理问题主要与透明度、披露和保密性等相关。

第三，确定评估方法阶段。评估者与评估委托方的信息不对称可能导致委托方未能从评估者那里充分了解评估方法与项目的适用性、优势或者不足，违背了评估者应具有的忠实和一致性的道德准则。例如，评估者对创新型项目采用总结性评估，事实上这些项目尚处于实施的初期，更适合形成性评估。除此之外，评估者未能充分了解项目背景、历史以及利益相关者的诉求，容易形成偏颇的判断并忽略利益相关者的处境，导致包容性和公正性不足。

第四，评估结论的使用与传播。在这一阶段，评估结论和信息可能被有意或者无意的选择性使用并造成误导性的公共传播，比如有利于部分利益相关者的信息被披露等，对决策者、其他利益相关者以及公共利益都会造成一定程度的损害。

二、评估伦理规范与道德准则

（一）评估伦理的基本原则

政策评估伦理主要处理两类问题，即偏见和利益冲突。偏见是与政策评估的科学性与客观性联系在一起的，克服偏见维护可信性是保证评估质量的因素之一。利益冲突是指影响评估参与者的客观性和独立性的任何利益或者影响。评估伦理的基本原则是随着19世纪以来公共行政的专业化、20世纪以来绩效管理和循证政策的发展以及公共政策评估的理论演进与实践逐步形成的，可以归纳为如下四个原则：

第一，公正性。公共政策评估首先是一种循证分析，建立在证据基础上，运用严谨的方法检验结果链、过程、背景因素和因果关系，确认政策作为干预措施与结果的相关性、影响、有效性、效率等。公正性原则主要是为了确保评估参与者在数据收集、分析和制定结果、结论、建议方面保持中立客观的态度，减少偏见的影响，有助于提高评估的可信度。

第二，独立性。独立性是指不受他人控制或不当影响的自由。评估活动通常是在不同利益群体的诉求中展开的，而评估本身也会对利益相关者产生影响，独立性作为一项重要原则是不受利益相关方的控制和不当影响的。这一原则是现代化国家治理以及保障政策评估公共性的基石，从审计到公共部门的绩效评估以及重大规制的成本收

① Morris M. Evaluation Ethics for Best Practice：Cases and Commentaries［M］. Greensboro：Guilford Press，2008：35-40.

益分析等，都强调了独立性是开展评估工作的合法性保障。例如，世界银行集团评估原则中提出：

“评估的可信度建立在专业性、客观性、透明度和严谨的方法上。要确保可信度，就必须以符合道德规范的方式进行评估，并由评估者进行管理，这些评估者应在实现商定的质量目标的过程中展现出专业性和技术能力。独立性是可信度的先决条件。”①

第三，包容性。包容性是指公共政策评估要充分考虑多种利益相关者的诉求、期望和主张。利益相关者不仅包括政策的直接受益者和间接受益者，也包括根据性别、民族、收入、社群等维度划分的群体。利益诉求既包括经济层面的诉求，也包括伦理和价值取向的诉求，如环境伦理等。在公共政策评估中应将这些诉求本身也作为信息加以收集，并作为证据在政策评估中加以考虑。

第四，一致性。一致性原则不仅要求细分领域的政策评估道德与实体道德之间保持一致性，也要求在利益冲突发生时评估行为与伦理规范和道德准则保持一致性。除此之外，不同评估阶段的价值取向和伦理原则要保持一致。例如，在评估中将公平原则适用于性别、社会和经济地位、种族、民族等，那么应在所有评估阶段将这些公平维度问题纳入其中，并在所有环节的处理过程中保持一致性。

（二）评估伦理规范

为保障评估行为符合伦理要求，管理利益冲突是一个持续的过程，贯穿于整个评估过程。

第一，评估前明确利益冲突类型与处理标准。评估者应对评估专属领域的利益相关方和相应的诉求有充分的调查和认识，根据潜在的冲突类型建立利益冲突管理的原则以及处理的道德标准。利益冲突的处理原则要并入评估过程的具体操作或者程序中，分散在不同评估环节的利益冲突处理标准之间要保持一致性，也要确保不同的评估参与者在处理复杂且分散的利益冲突问题时能够保持一致。

阅读材料

如何管理利益冲突?

《联合国系统评估人员行为守则》（UNEG，2008）

评估人员必须通过签署《联合国系统评估人员行为守则》（UNEG，2008），遵循 UNEG 评估人员道德指南中所载明的道德原则要求。评估工作计划应解决任何潜在或实际的利益冲突，并说明为减轻其负面影响而采取的措施。

资料来源：李志军，等．国外政策评估文件与手册选编［M］．北京：经济管理出版社，2022：27-33.

① 李志军，等．国外政策评估文件与手册选编［M］．北京：经济管理出版社，2022：174.

《世界卫生组织评估实践手册（节选）》

评估人员必须将任何潜在或实际的利益冲突告知世卫组织和利益攸关方。外部评估人员应签署一份利益声明书。世卫组织工作人员必须遵守《世卫组织电子手册》和《工作人员的道德原则和行为：世卫组织政策和实践汇编》（WHO，2009a）。

世卫组织工作人员必须根据世卫组织的指南（WHO，2011b），将任何利益冲突告知评估管理员。

资料来源：李志军，等．国外政策评估文件与手册选编［M］．北京：经济管理出版社，2022：153.

第二，设置程序与机制保障。程序和机制保障是管理利益冲突的治理结构，这是一种事先约定，通过构建明确的框架事前澄清利益相关者之间的角色、责任、期望，对潜在的冲突进行程序化的处理并降低风险。

程序设置和机制保障遵循独立性原则。评估机构的独立性包括结构独立性、职能独立性和行为独立性。结构独立性通常指评估职能部门有自己的财务预算、人员配置和工作计划，尽管也接受一定程度的内部监督，但不需要经过上级部门或者管理层的批准。职能独立性是指管理评估的机构能够决定评估的内容以及如何进行评估。结构独立性和职能独立性保障了评估者的行为独立性。

事先设置程序来处理评估人员可能或者事实上违背道德准则的情况也非常必要，如要求评估人员汇报可能存在的角色冲突、关联交易以及需要回避的其他情况，并遵循相关法律规定更换评估人员。

第三，数据采集过程中的伦理规范。数据采集过程涉及的伦理问题包括数据的敏感性、访谈人群的敏感性、数据负担以及潜在的心理和行为影响等。数据敏感性是指数据采集对象根据年龄、残疾、性别等是否属于特殊的或者受保护的群体。对于敏感性群体需要提前对可能带来的心理影响进行专业评估并采取措施降低影响。数据搜集过程还应该减少不必要的资料收集，避免对评估对象或者受访者造成过多的数据负担或者行政负担。

阅读材料

数据收集过程中的伦理问题

在确定回答评估问题所需的数据时，选择并不简单，应向具有相关专门知识的人请求提供。下列内容概述了在规划评估收集数据时需要考虑的关键问题。

- 数据获取问题（如法律问题、内部程序、确定目标群体、收集比较数据）。
- 数据敏感性/伦理问题（如研究敏感人群、数据访问问题）。

- 提供必要的抽样范围。
- 对受访者来说潜在的“数据负担”：要求人们提供数据是否合适？
- 谁负责收集数据？
- 数据收集任务是否与其价值相称？
- 还有其他方法吗？
- 收集个人数据的行为会影响他们的行为吗？

资料来源：李志军，等．国外政策评估文件与手册选编［M］．北京：经济管理出版社，2022：325.

数据收集应尊重受访者的隐私，在保障知情权的基础上事前就评估的目的等进行沟通并获得被访者的同意，同时避免因收集评估数据而造成的侵权行为。在一些政策评估过程中，尤其是案例型的评估，收集信息可能需要受访者分享不愉快的个人信息，包括疾病或者痛苦经历等，讲述过程可能会带来心理伤害。政策评估的所有阶段都应该避免侵犯个人隐私，并通过专业评估和相应的举措尽可能将心理伤害降到最低程度。当伤害不可避免时应不进行评估。信息收集过程中不仅要注重隐私权的保护，也要防止信息被用于不被授权的范围。

第四，评估结果公开、传播与使用的伦理规范。项目以及评估结果的公开需要避免可能带来的伦理问题，包括评估细节公开的程度是否透露敏感信息、是否泄露组织的敏感信息和个人的身份信息等。遵循信息公开和透明度的要求，通过社交媒体公布评估结果也应避免被断章取义，并充分考虑评估细节公布可能带来的伦理困境和风险，如评估的技术附件、数据表、同行评审意见等作为评估文件和记录的重要部分是否需要公开等。

（三）评估参与者的职业道德准则

第一，使命与责任。评估伦理的首要准则是具有社会主义国家实现人民利益至上的使命感，并在政策评估过程中履行责任、践行使命和承诺。责任原则要求评估者对所有决策和采取的行动负责并在评估的所有环节贯彻责任。

第二，忠实。忠实原则是对道德价值观和专业标准的积极遵守。在评估中忠实原则要求评估人员保持忠实，在评估的沟通和行动中诚实守信，具有专业精神和胜任力，做出可靠的、可信赖的行为并保持独立、公正和廉洁。

第三，尊重。尊重原则是对评估中所有人的尊严和福祉的尊重。在评估中尊重原则要求评估人员平等地对待和尊重所有的利益相关者，无论其性别、年龄或者能力方面的差异。在评估中关注可能阻碍特定群体进入评估的因素，并在评估流程和评估结果中公平地表达不同的声音和观点。

第四，良善。良善是将公共利益的实现视为最高目标，能够最大程度地实现公共利益的同时将对个人以及组织的损害最小化，包括在评估中全面和持续地考量评估过程、评估结论和产出等可能给公共利益带来的长/短期风险和收益，同时关注评估过程中的潜在伤害，并在无法减轻伤害的情况下使其最小化或者不进行评估。在生态文明的系统视角下尊重生态伦理，并为人与自然之间生态系统的维护做出积极的贡献。

三、评估文化

（一）评估文化的内涵与必要性

评估伦理并非只在评估时适用的伦理原则和道德规范，或者独立于其他伦理的存在，而是归属于共同的文化体系框架之内，是广泛共享的一系列信念和行为①的一个部分。政策评估不只是被动的、结果导向的问责依据，而是服务于提升政策制定的科学化水平和决策能力，强化问责机制与政策学习②，推动创新发展和国家治理能力现代化。那么，评估中适用的伦理原则、规范以及管理利益冲突的准则和方式等应成为决策者或者利益相关者的共同价值取向以及“做事”方式的一部分。

广义的文化内涵包括价值取向、行为规范以及文化的学习和模仿。由此，评估文化之于评估伦理即在于价值取向和行为规范的学习和模仿，从认知、行为层面把评估伦理作为良好政策的标准之一贯彻于日常的决策和管理行为之中。具体而言，评估文化在以下三个方面有利于评估伦理的应用与利益冲突的管理：

首先，评估文化有利于推动利益冲突管理的经验学习。政策评估过程包括了评估者与被评估者、利益相关方之间的沟通，是获取经验的过程，能够学习处理复杂利益冲突的处理标准和原则。尽管决策者可以从自身以及其他的工作经验交流中获取处理利益冲突的原则和实例，但政策评估提供了更具合法性且更为专业的利益冲突处理原则和示范。

其次，评估文化服务于复杂环境下的发展创新。在复杂的国际政治经济和社会背景下的政策创新与政策实验会面临伦理层面的诸多困境与问题。评估文化的学习模式下，对“做事方式”的认同有利于决策者更充分地走向“下一步”，评估中的伦理原则、规范管理利益冲突的准则、措施也为相似情景下的决策提供了详细的专业性指南，这也是一种预见能力。同时，评估文化推动了认同和理解，从而可以为创新提供一个较为积极的环境。

最后，评估文化有利于伦理争议的解决和形成社会共识。随着数字治理时代的到来，数字政府及其治理要素的变化使评估面对更为复杂的决策环境以及富有争议的伦理问题。政策评估不可避免地要面对伦理争议，评估文化有助于为争议中的利益相关者构建共同认可的解决框架，如通过充分的证据（诉求也是一种证据）和把因果链条

---

① Jensen L A. Coming of Age in a Multicultural World：Globalization and Adolescent Cultural Identity Formation［J］. Applied Developmental Science，2003，7（3）：188-195.

② 参见李志军，等．国外政策评估文件与手册选编［M］．北京：经济管理出版社，2022：179.

以及政策效果的可信分析结果作为解决争议的基础。

（二）评估文化建设的路径

第一，学习导向的文化氛围。对评估以及评估结果的接收和回应方式会持续影响的信念和行为的塑造，因而要建立积极看待和使用评估信息和评估结果的文化氛围，包括：将评估作为学习新知识的途径；容忍错误，不求全责备，视评估结果为学习和提高绩效的机会，而不是奖励或者惩罚；对政策创新可能带来的利益冲突和伦理争议有所预见但不回避，在可信的循证基础上寻找可行的方案。

第二，推动评估结果的使用。评估只有服务于决策实践才能够发挥作用，评估结果不仅要成为决策的依据，也要推动组织在管理层设计和执行新项目时有效地利用评估时提出的政策建议。根据评估结果系统地生成相关的绩效指标（包括道德维度）并纳入/改进既有的绩效管理，同时结合一定的激励措施，促进所有相关参与者的工作能够持续地改进和优化。

第三，组织能力和环境建设。组织能力建设即是将评估嵌入组织的运行结构之中。评估也是一种促变因素，即通常所说的以评促建、以评促改、评建结合等，其中也包括了伦理以及道德层面的能力建设。通过组织能力建设来推动评估伦理的学习包括以下三个方面：一是高层管理者以身作则，培养问责和学习的文化；二是调整组织的结构和流程，使评估伦理和规范成为重要的维度；三是明确地将伦理规范和职业道德准则纳入入职培训和定期的专业培训之中。环境建设是指塑造一个能够安全提出伦理和道德问题并且能够有相关投诉渠道和处理程序的系统。

第四，学习与交流机制。在评估实践中，被评估对象通过对评估指标、流程以及决策依据的持续学习、交流与分享，能够提升决策过程中的利益冲突管理能力，并通过政策复制来不断地强化。通过对评估参与者的能力培训可以不断发展评估能力，无论是评估者还是评估对象，只有提高评估能力才能够在对评估有充分认识和理解的基础上愿意从评估过程、反馈以及实际情况中学习，理解评估的成功也乐于从失败中吸取经验。交流机制对于利益相关者之间的理解和对话至关重要，可以形成具有一定共识性的争议解决框架并尊重和遵循这一框架的评估结果。

复习思考题：

1. 简要论述公共政策评估体系及其构成要素。
2. 简要论述公共政策评估的一般内容。
3. 简要论述事前评估、事中评估和事后评估的具体内容。
4. 简要论述公共政策评估的原则。
5. 简要论述公共政策评估的标准。
6. 评估中的伦理困境主要有哪些？

7. 简要论述评估的道德准则主要包括什么。

8. 简要论述包容性原则的含义以及在评估流程中如何贯彻包容性原则。

9. 简要论述一致性原则的含义以及在评估流程中如何贯彻一致性原则。

10. 简要论述政策评估者的职业伦理规范基本原则。

11. 评估过程中的信息收集应注意哪些伦理问题？

12. 管理利益冲突的机制保障都有哪些？

第二章　公共政策评估基本理论

本章要点：

自20世纪30年代至今，作为政策科学的评估理论演进主要受到多元化范式和政治社会因素的影响。

20世纪30年代到60年代，政策评估理论以测量和描述为特征。

20世纪60年代到80年代，实证主义范式和解释主义范式下的评估方法论都得到了长足发展，并呈现出实证与规范统一的理论发展趋势。

20世纪80年代后期至2000年具有代表性的是建构主义范式下的第四代评估理论，提出了以利益相关者诉求为核心的理论。

2000年以后复杂适应性系统理论促成了评估理论的复杂性转向，计算社会科学等工具应用于政策评估并发展出新的评估模式和方法。

政策评估的实践可以追溯到中国古代及至18世纪，中国古代在12世纪以及法国、英国等在18世纪都曾经使用相似的“评估”来选拔合适的官吏或者任用朝臣。尽管评估的历史很长，但政策评估作为政策科学所取得的进展，较早时候受益于美国科学管理之父泰勒的科学管理理论。科学管理理论认为，应使用目标分析和标准化管理替代传统的经验管理，并且对工作成果进行测量以提升效率。尽管泰勒的理论受到多方批评，特别是没有关注到管理过程的人的维度，但是科学管理推动了评估理论付诸应用，数据分析不再停留于描述，而是应用于管理过程的改进。

评估理论的发展经历了几个较为重要的时期，但对于如何分期有较多不同的观点。Madaus等认为1930年以后政策评估历史可以划分为以下五个时期：泰勒时期（1930~1945年）、幼稚时期（1946~1957年）、发展时期（1958~1972年）、专业化时期（1973~1983年）、扩展与综合时期（1983~2000年）[①]。幼稚时期泰勒的思想被迅速接受，但这一时期也被认为是“不负责任”的时期。当时，随着战后经济的发展美国出台了大量的社会项目，却并没有考虑到长期的影响。随后是20世纪60年代前后的政策

① Madaus等将政策评估的演进历史划分为七个时期，在泰勒时期之前还有改革时期（1792~1900年）和效率与测量时期（1901~1930年）。

评估发展时期，约翰逊总统的“伟大社会”计划付诸实施，大量经济发展和社会项目启动导致公共支出大幅攀升，催生了越来越高的问责呼声，政策评估随即进入了发展时期。

今天的政策评估是与政策研究或者政策科学密不可分的，1951 年 Lasswell 和 Lerner 的著作《政策科学：近来在范畴与方法上的发展》开创了运用社会科学进行政策研究和评估的先河。20 世纪 60 年代，政策研究和评估日益成为政策制定的具有决定性的成分①。随后，专业评估机构和组织以及相应的研究日益壮大，评估的方法论逐步成熟，很多大学也相继开设了教授政策评估的课程，如斯坦福大学、伊利诺伊大学、波士顿学院、明尼苏达大学等。20 世纪 80 年代以后也被称为政策评估的成年时期②。20 世纪 80 年代中期美国评估协会（American Evaluation Association，AEA）由两个小的学会合并创立而成。在这个扩展与综合时期，里根政府削减了大量的评估项目和预算，20 世纪 90 年代早期随着经济反弹政策评估再度崛起，领域进一步扩张并且更为综合。

在 20 世纪 90 年代政策评估发生了一次重大的转向，从实证主义的政策科学转向更具公民包容性的“政策辩论”。政策科学对应的是事实判断，而政策辩论对应的是价值判断，需要在公民包容性基础上就价值优先性达成共识。由此，协商民主等政治学理论在 2000 年前后被应用于政策评估领域，解决评估过程的价值判断和共识形成问题，而不是事实判断问题。

与以上较为直观的历史分期不同，Guba 等在《第四代评估》一书中将评估理论演进的历史裁定为测量、描述、判断以及建构式评估四个阶段。第四代评估理论也被称为回应式的建构主义评估，主要依据范式来划分评估理论。在 Guba 等看来，重要的分野是建构性评估与前三代评估之间的差异，即背后的实证主义范式与建构主义范式的转换。但从建构主义范式的角度看待政策评估的发展史，倾向于忽略和简化实证主义范式下评估方法论的发展。

从两种较为代表性的分期理论可以看出，政策评估主要受两大因素的影响，即范式和政治社会环境。评估是一种知识，知识是什么以及我们如何累积知识，在不同的时期有着不同的标准。在库恩看来，科学知识是“范式”（Paradigm）转换的结果，范式是科学共同体的集体信念，会随着时代的变迁发生改变进而影响评估理论的发展。除此之外，评估也是一种“公共政策”，威廉·邓恩将政策评估定义为政策分析或者政策科学的应用活动，处于政治与科学的重叠之中。在政策评估的理论发展过程中，责

---

① Nathan R P. Research Lessons from the Great Society [J]. Journal of Policy Analysis and Management, 1985, 4 (3): 422-426.

② Conner R F, Altman D G, Jackson C. Evaluation Studies Review Annual [M]. Beverly Hills, CA: Sage, 1984.

任政府通过回应获取政策执行的合法性、信任和合作基础，是促进政策评估理论发展的另一个重要因素。

本章包括五节：第一节归纳阐述了影响评估理论发展的因素，即范式转换和政治社会因素。其后综合 Hogan 和 Guba 的分期理论对理论发展进行了介绍。第二节对 1960 年以前的政策评估理论进行了简要介绍，这一阶段的理论先后展现出 Guba 定义的“测量”和“描述”特征。第三节对 20 世纪 60 年代至 80 年代实证与规范统一的理论趋势进行了详述，分别从实证主义和解释主义阐述相应的理论观点和进展。这一时期评估理论的发展也促进了评估模式的开发，本节简要介绍和比较了代表性的评估模式。第四节详细介绍了 20 世纪 80 年代后半期到 90 年代具有代表性的理论，即建构主义范式下的第四代评估理论。第五节介绍了 2000 年以后复杂适应性系统理论对政策评估理论和工具的影响。

历史分期并非新的理论取代旧的理论或者范式，在不同阶段提出的实验研究、实地调查、结果评估和过程评估等都逐渐被综合纳入评估体系和评估工具中，被各国政府、智库、专业评估机构以及国际组织等付诸评估实践。

第一节　评估理论发展的影响因素

一、多元化的范式

政策评估理论的发展受到科学范式的主导，这些范式包括建构主义、实证主义、解释主义、自然主义等，但大致可以根据本体论和认识论的差异划分为两个阵营，分别以建构主义和实证主义为代表。以建构主义范式为代表的阵营包括现象学社会学、解释主义等。这一阵营的评估理论代表人物有 Fischer 等。实证主义范式主导的阵营主要以逻辑实证主义为代表，后者为当前的社会科学和政策科学提供了认识论的理想型①。建构主义的评估理论也将实证主义及其相近的其他范式统称为科学范式。

第一，本体论和认识论的差异。简单而言，本体论（Ontology）和认识论（Epistemology）分别回答了世界是什么和如何认识世界。实证主义范式的本体论是客观主义（Objectivism）的，人与现实是分离的，客观现实是人类思想之外的存在，认识论则主要是运用自然科学模型的实证主义（Natural Science Model，In Particular Positivism）。建构主义的本体论认为人与被研究的对象以及生活的世界是不可分离的，人的认知是与经历密不可分的，具有主观性，因而建构主义的认识论是解释主义（Interpretivism）

① Kelly M，Maynard-Moody S. Policy Analysis in the Post-Positivist Era：Engaging Stakeholders in Evaluating the Economic Development Districts Program ［J］. Public Administration Review，1993，53（2）：135-142.

的。解释主义认为，人对世界的认知是受到经历的影响，会形成不同于实证主义的知识类型，是一种辩论性的知识主张（Defensible Knowledge Claim）。

第二，方法论的差异。实证主义认为客观事物是可观察和可测量的，测量与真实的世界是对应的，因而通过科学的方法分析数据可以得出普适性的因果推断，并认为随机分配的实验是得出因果推断的黄金标准。实证主义遵循结论与现实之间的同构性与相似性标准，把效度、可靠性即可复制性等视为评价结论（知识）的标准。

真理是有意建构的产物，建构主义通过解释主义来匹配研究者和研究对象共同生存其中的经历世界。辩论性的知识主张需要置于特定的体系或者背景中才能够被合理化[①]，因此解释主义方法论通过归纳推理和访谈、参与式观察、过程追踪以及案例分析等定性研究方法解释其意义和合理性。更进一步地，由于具有辩论性知识主张的性质，在确认研究结论（知识）的标准上需要遵循一致性标准，即利益相关者之间达成共识。建构的共识可能有多种，建构主义的结论可能存在多个，并不具有唯一性。

在政策评估中，不同范式或者方法论是否可以在同一个项目中混合使用？或者说，评估是否应始终坚持一种范式或者方法论？对于这个问题，代表性的观点如 Patton 所言，一个评估者“应让自己的思维在范式之间来回跳跃”[②]。从政策评估理论的应用实践来看，20 世纪 80 年代以后的评估理论逐渐走向综合，如世界卫生组织、联合国等国际组织评估框架多数采纳了多元方法和范式，合并在评估工具与程序中。

第三，科学与政治之间的关系。事实与价值的关系对应着科学与政治的关系。实证主义认为，科学是对事实的描述，价值问题超出了科学的合理领域而构成政治过程以及日程的一个部分。科学与政治是分开的，政策评估是价值中立的。在决策分析以及评估过程中，科学的客观与中立往往使结论具有一种毋庸置疑的“权威”，成为解决利益冲突的依据。在建构主义看来，政策评估作为政治科学的应用，是政治行动和协商的一部分，把事实和价值分开会导向科学和政治的分裂。例如，费希尔（Fischer）就指出，被认为逻辑实证主义黄金标准的实验评估也是具有政治性的，因为很多项目存在本身是由于在政治上被赋予了合法性[③]。每一个政治行为都具有目的性，因而对政治现象的调查不可避免地具有价值取向[④]。20 世纪 90 年代随着评估的政治性一面被不断提升，评估理论发生了重大的转向，从政策科学转向了更具公民包容性的“政策辩论”，将解决争议、寻求广泛包容性之上的共识视为评估的一个重要部分。

---

① Lehrer K, Lehrer K. Defensible Knowledge and Exemplars Representation, Exemplars of Truth［M］. Oxford: Oxford University Press, 2019.

② Patton M Q. Utilisation-focused Evaluation in Africa［R］. 1999.

③［美］弗兰克·费希尔. 公共政策评估［M］. 吴爱明，李平，译. 北京：中国人民大学出版社，2003.

④［美］埃贡·G. 古贝，伊冯娜·S. 林肯. 第四代评估［M］. 秦霖，蒋燕玲，译. 北京：中国人民大学出版社，2008.

阅读材料

方法论的终结

大多数方法论导向的教科书会设定与之适配的程序。我们会看到 Rosi 等对评估者的任务以及完成任务所要使用的定量技术有着相同的假设。这看起来具有内部一致性，并且使读者从相对固定的角度看待评估的具体主张，但是这种一致性是不可能的，总是会过度掩盖潜在冲突和争议。大多数作者不愿意提供与自己的方法论、本体论相反的主张！

另外，House 把评估研究的实践划进不同的方法论阵营。除了为分析和研究设计比较提供词汇表，House 还在评估者之间提供了交流的语言。他展示了八个模型或者评估研究的体例（系统研究、行为对象、决策研究、无目标、艺术批评、专业评议、准合法性以及案例研究）。

……

20 世纪 80 年代发生了几个主要的变化，可以总结为三个趋势：①定性与定量技术的调和。②更关注评估主体的背景，以及合适的研究设计与研究背景之间的关系。③评估实践与组织理论的融合。

House 没有提出任何严格的方法论参照，评估者可以使用任何合适的方法，只要这些方法符合非方法论的一些原则，如正义、平等、公平等。当前的兴趣点是项目评估中，在与所有非方法论的原则——如正义保持一致的基础上，将所有方法论在一个评估中合并使用。

第三个趋势是大多数的文献都会提到的，但并没有具体到哪位作者。评估的研究实际上并没有什么内在差异，大多数书中的都差不多。Rossi 和 Freeman 的书看起来像是有关政策评估研究方法的书，是因为所有的实例都是在研究背景下被使用和讨论的。方法论的部分并无区别，在其他书中也能找到。

资料来源：Hennessy M. The End of Methodology? A Review Essay on Evaluation Research Methods [J]. The Western Political Quarterly, 1982, 35 (4): 606-612.

第四，评估者的角色与责任。在实证主义范式下，评估者的角色是描述者，不进行价值判断。在建构主义范式下，首先评估者的角色是参与式的。调查者要走进剧情本身，从各种角色自身的目标、价值和观点出发来理解社会现象的意义。①

评估者与被评估者之间是相互建构的，评估者在与利益相关者之间的互动中建构评估问题、确定项目的优先顺序以及收集信息等。在调查与评估流程中，评估者与被

① ［美］弗兰克·费希尔. 公共政策评估［M］. 吴爱明，李平，译. 北京：中国人民大学出版社，2003.

评估者的社会行为是在价值体系当中展开的，评估者的判断也离不开被评估者的价值观。与科学范式下的价值中立相比，评估者的角色、道德准则以及评估行为要遵循的伦理规范都同时受到不同范式的约束，既是分析人员又是公民和决策者，评估者具有管理利益冲突的伦理自主性更为重要。

评估者的角色差异也对应着其与被评估者之间权力、责任分配的不同模式。实证主义范式下的评估者承担的是分配的责任（Assignation of Accountability），而建构主义范式下的评估者通过授权让渡了部分权力给被评估者，被评估者因而与评估者具有共享的责任（Sharing Accountability）①。

二、政治社会因素

评估理论发展的另外一个推动力是政治社会因素。政策评估理论在美国等西方国家发展过程中形成两个目标，即问责与说服，背景是西方国家社会运动和思潮的不断涌现以及协商民主、回应性政治等更深层的国家建构问题。

第一，回应性政治下的问责。责任政府是对现代国家的伦理要求，公共政策是对一项行动的政治上的决议，目的在于解决或者缓解那些政治日程上的问题如经济、社会、环境等问题②。作为广义公共政策的一个部分，社会思潮、多元化利益需求以及对社会项目的广泛争议，促使政府运用政策评估来反馈政策效果，回应公众的问责和对公共支出以及决策合法性的要求。实证主义范式的政策评估提供了客观的政策干预的影响，那么作为“信息传递”的评估者不需要对自然规定的事物负责③。建构主义范式的第四代评估对于问责和回应性的理解不同于实证主义范式，在社会诉求存在广泛分歧甚至冲突的情况下，与其被问责，不如授权给利益相关者去建构所有利益相关者的共担责任。无论哪一种范式和何种回应，都是责任政府回应性的一种思路和策略，是互补而不是竞争性的。

第二，协商民主下的“说服”。政策评估也是政治的一部分，特别是不同的研究方法被不同诉求的利益相关者使用以支持各自的主张，因而政策评估的方法论以及评估体系所具有的另一功能是说服（Persuade），即通过可靠和可信的证据说服公众或者在利益相关者之间形成共识，这构成了政策执行所需要的权威、信任和合作基础。说服，体现了政策制定和执行作为权力的行使方式，不是凌驾于社会之上而是抵达和渗透于社会（Power Through Society）④，是20世纪后半期西方国家通过协商民主弥补选举民主不足的形式之一。

---

① Hall P S. Exploring Authenticity Criteria of Fourth Generation Evaluation［R］. 1995.

② ［美］弗兰克·费希尔．公共政策评估［M］．吴爱明，李平，译．北京：中国人民大学出版社，2003.

③ ［美］埃贡·G. 古贝，伊冯娜·S. 林肯．第四代评估［M］．秦霖，蒋燕玲，译．北京：中国人民大学出版社，2008.

④ Mann M. The Autonomous Power of the State：Its Origins，Mechanisms and Results［J］. European Journal of Sociology，1984，25（2）：185-213.

从评估理论演进的历史来看，不同的范式以及方法论对于“说服”有着不同的理解和进路。20 世纪 60 年代实验研究方法逐步取代非实验研究方法，主要原因之一是非实验研究的结果不确定性带来了政治争议，而实验研究的结果更具可信性和可靠性，决策者可以在政治争议中保持“信息提供者”这样的中立态度，从而在回应和沟通的过程中更能够使利益相关者信服。与此类似，在奥巴马时期推动的循证政策运动中，政府各机构也是扮演“翻译者”或者“筛子”的角色，通过信息公开和远距离的沟通，运用一些用户友好型的表格等来系统回顾已有研究并展示可复制的政策干预效果，在回应争议和形成共识方面也更具说服力。建构主义范式下的“说服”体现在政策评估理论演进的每个阶段或者环节的设计上，通过解释主义辩证循环的方式持续性地建立利益相关者之间的连接以形成共识。

阅读材料

为什么政府机构将实验方法视为评估的首选方法?

20 世纪 60 年代以前，实验方法在社会政策上的应用局限在研究人员和政府资助部门组成的圈子之内，较少受到圈外公众以及决策者的注意。20 世纪 60 年代到 70 年代，对收入维持政策（向低收入家庭提供现金补贴）的四个实验吸引了更大范围的关注，特别是研究群体之外的决策者也注意到这些研究。

美国经济机会办公室（U. S. Office of Economic Opportunity，OEO）和卫生、教育与福利部（Department of Health，Education，and Welfare，HEW）认为这些研究方法在以下三个方面较之前更为新颖：第一，这些研究比之前的随机实验样本量更大，从原来的 800 个家庭拓展到 5000 个家庭。第二，研究收集的数据不是来自教室、医院以及心理实验室，而是受到行政或者其他制度因素影响的场合。第三，实验研究抛出了一个高度可见的和政治性的议题。由于以上的原因，20 世纪 70 年代早期的美国联邦机构纷纷采用这种新颖的研究技术。Greenberg 等发现，截至 20 世纪 80 年代共启动了 55 个社会实验，截至 2003 年则启动了 261 项。

政府一开始对非实验研究怀着很大期待，但总是以失望告终。在很多应用案例中，结果不清晰或者不一致；在另外一些研究中，研究结果陷于争论之中，甚至非常尖锐，对得出这些结论的方法的可靠性都充满质疑。

社会实验方法之所以被决策者接受主要是政策评估促发了非常多的非实验研究，他们使用同源数据，结果却高度离散。原因是这些研究使用了不同研究方法的不同假设，而这些假设无法被验证或者证实，也无法确认可靠性。相反，如果非实验研究的数据来自社会实验，那么社会实验会提供一个无偏差的基准。实验研究的好处是可以避免方法论上的争议，美国当时的很多机构都接连采用了实验研究。

如果说实验研究在当时是政府机构或可选择的方法，随后则在很多的政策制定和法案中成为强制使用的方法。布什当政期间的项目评估定级工具（PART）强制要求每个项目使用随机实验的方法每五年进行一次严格的评估。随后，奥巴马时期启动的循证政策倡议（Evidenced-Policy Initiative）也遵循了这一做法，在奥巴马执政的第二个任期内，管理与预算办公室指示各机构使用严格的证据来支持预算请求，并尽可能首选随机实验。

资料来源：Orr L L. The Role of Evaluation in Building Evidence-Based Policy ［J］. The Annals of the American Academy of Political and Social Science, 2018（678）：51-59.

第二节　测量与描述时期

一、测量时期

早期的政策评估受到20世纪初期社会科学兴起与迅速发展的影响。19世纪功利主义哲学的代表人物密尔建议在人文社会科学中运用“科学方法”，科学在物理学以及动植物研究领域的成功逐步拓展到人文社会科学领域。Guba等第四代评估理论的提出者认为，科学范式下的“测量”是第一代评估理论具有的特点。

政策评估的应用也受到20世纪30年代泰勒的管理科学理论的影响。管理运动始于19世纪工业革命后由于生产规模扩大带来的一系列现代管理问题。在科学管理运动中，通过观察和测算工作时间与工人行动之间的关系来确定更为有效的计件工资方法被应用于管理实践，以改进管理方式实现更有效率的结果。早期的“测量”主要在学校展开，因为学校的管理与工厂非常接近，学生作为类似于工厂的原料可以通过管理来进行加工，并通过测试来确定是否达到了学校的标准。

这一时期的测量也为之后量化实证的政策评估方法应用奠定了基础，如使用对照组的方法评价效果。斯坦福大学和哥伦比亚大学的教育心理学者用统计学的方法评估社会政策的效果。他们使用实验组和对照组去检验教室环境因素的影响，如新鲜与循环的空气、教师性别、记忆方法、惩罚和表扬等教育手段的效果①。在1914~1916年教育心理学杂志（Journal of Educational Psychology）有14%~18%的研究使用了对照组的方法。这种测量方式逐渐被广泛应用和发展，更为严谨的随机对照试验于20世纪60年代开始在美国联邦政府机构的政策评估中被逐步采用。

① Orr L L. The Role of Evaluation in Building Evidence-Based Policy ［J］. The Annals of the American Academy of Political and Social Science, 2018（678）：51-59.

二、描述时期

早期的“测量”约可等同于政策效果的量化评估[①]，但 Smith 和 Tyler 对课程体系的评估开创了测量之后的另一个时期，即“描述某些规定目标的优劣模式为特征的方法”[②]。描述时期的评估被认为是一种程序性评估。

Smith 等进行的课程评估并非运用统计学以及对照组的方式对教育这类社会政策效果的评价，而是对课程的设计体系优劣以及运行效果进行描述性的评价。评估中的优劣评价还被用来改进课程体系的设置以及影响效果的其他因素，这个过程被反复重复直到出现符合预期教育效果的课程体系。

这一研究以及其后的课程体系评估引发了进一步的讨论，为后续的评估理论和模式发展提供了很多发展线索：

第一，评估者的角色转变为“优劣”的描述者。在课程体系的评价中，教师是课程体系的开发者，评估者应重视这一角色对于评估的重要性。评估者或者评估的目标以及评估者对优劣的“描述”会受到教师的经历以及认知的影响。教师、学生以及管理者，多样化的信息来源如何用于描述，以及不同类型的数据处理和分析应如何进行，这些都是政策评估理论发展接下来面临的重要问题。

第二，政策效果之外的行为目标也是评估对象之一。在课程体系评估中，后续的研究和实践部分将重点放在了特定的行为目标上，即发展出一些过程或者阶段性的测验来塑造某些行为并测试结果。

第三，评估模式和方法论的讨论。课程体系的评估也引发了评估模式的讨论，如在评估目标方面，评估目标是无目标的，还是限定于项目开发者的目标；对目标进行分解还是根据直觉来确定目标；是否细化行为目标或者等级等问题。这些讨论进入 20 世纪 60 年代以后日益专门化，并逐步演化融合形成不同的评估模式。

第三节　规范与实证统一的时期

20 世纪 60 年代美国“伟大社会”项目的成果之一就是公共政策研究产业的创立[③]。从 20 世纪 60 年代到 80 年代末期，政策评估理论先后经历了发展时期（1958～

---

① Stake R E. Chapter IX：Testing in the Evaluation of Curriculum Development［J］. Review of Educational Research，1968，38（1）：77-84.

② ［美］埃贡·G. 古贝，伊冯娜·S. 林肯．第四代评估［M］．秦霖，蒋燕玲，译．北京：中国人民大学出版社，2008.

③ Nathan R P. Research Lessons from the Great Society［J］. Journal of Policy Analysis and Management，1985，4（3）：422-426.

1972年）和专业化时期（1973~1983年）。在此期间，两个范式阵营的政策评估方法论都取得了较为迅速的发展，并在评估实践中日益融合形成较为综合性的框架。

这一时期，评估中的更多争议来自道德与价值取向的差异①。20世纪60年代公认的评估困境是缺乏能够判断道德上正确或者错误的模型，或者为道德判断提供或者推荐一些标准②，以及在冲突的价值之间对价值优先性进行判断。

判断是评估的一部分，当时的众多学者都意识到评估带有判断维度，Scriven在1966年将评估定义为"运用方法论将目标（判断）与绩效信息结合在一起的行为"③。Stake在1967年的研究中也指出评估包括两个部分：描述与判断④。但当时缺乏正式的评估理论和标准，大多依赖因果观察、不明确的目标、直觉以及主观判断，这些评估的质量非常不稳定，有时候很有见地，有时候非常肤浅⑤。由于无法确知评估者的偏见程度，结论的准确性也无从判断。这一阶段社会科学（政策评估理论）要面对的主要挑战：首先，开发出能用于做出价值判断且以实证为基础的理论或者战略⑥。其次，形成将事实与价值整合在一起更加系统化的分析模式，将经验主义和规范判断在方法论上统一⑦。最后，项目评估中如何使用定性数据以及何时、何阶段做出价值判断。

价值判断需要收集的并不是绩效数据，而是需要了解特定情境下的利益相关者诉求、主张等，具体来说就是解释利益相关者的经历和意见，界定所处情景和识别问题，这通常需要参考利益相关者自身的经验和知识。因而，解释主义的评估方法论以及实证主义的定性研究方法得到迅速的改进和发展。

一、实证主义的方法论进展

第一，知识以及证据的类型不断深化。随着"伟大社会"项目的实施，运用社会科学去"改变世界"的乐观主义受到了来自内部和外部的质疑：社会科学有能力影响决策并且是精确的吗？由于社会科学特别是实证主义强调通过证据来展示政策干预的影响，"什么是证据"的辩论在20世纪70年代后期更加激烈。学术共同体开始认识到证据的产生和使用与科学过程一样具有社会性和历史性⑧。研究结论有着相互竞争的基础，而同样的研究结果会被利益相关者使用论证各自的主张，给出相互冲突的解释。严谨的评估结论（知识）是从证据中产生的，20世纪80年代后期知识（证据）被进

①⑥ Berlak H. Values, Goals, Public Policy and Educational Evaluation [J]. Review of Educational Research, 1970, 40 (2): 261-278.

② Scriven M. Student Values as Educational Objectives [C]. Princeton, N.J.: Educational Service, 1966.

③ Scriven M. The Methodology of Evaluation [R]. 1967.

④⑤ Stake R. The Countenance of Educational Evaluation [J]. Teachers' College Record, 1967 (68): 523-540.

⑦ Martin R. Social Science and Public Policy [M]. New York: Penguin, 1976.

⑧ Rycroft-Malone J, Seers K, Titchen A, et al. What Counts as Evidence in Evidence-Based Practice? [J]. Journal of Advanced Nursing, 2004 (47): 81-90.

一步类型化，Eraut认为知识类型可以划分为命题的或编码的、非命题的或个人的①。命题的或者编码的主要是用于科学研究，非命题或者个人的知识则属于价值判断范畴。知识类型的划分进一步为评估中不同研究方法的使用与综合分析框架的构建提供了认识论和方法论的基础。

第二，确认政策干预后果的定量方法和技术发展迅速。科学范式下政策评估的核心在于得出具有普适性的因果推断，20世纪60年代随机分配的实验设计在教育以外的更广泛政策分析领域内普及开来，并被美国联邦政府各部门纷纷采纳。迄今为止，随机分配的实验设计一直被看成是实证论证的“黄金标准”或者评估分析的理想型，通过实验研究采集的数据和结论被作为其他非实验方法的基准。但实验研究在20世纪八九十年代也不断受到质疑，首当其冲的是实验研究需要大量的资金支持，通常会带来较大的财政负担。除此之外，实验研究方法并非完全没有争议。Heckman认为，实验研究结果有时会与观察和经验的结论相反，或者未能将影响政策结果的其他因素考虑进去，缺乏对于复杂情境下因果机制的解释②。

20世纪六七十年代，计量经济学在实证分析领域对因果关系量化研究取得的进展也极大推动了经济学科学化以及政策科学和评估技术的长足进步。20世纪70年代因果推断和机制的分析在哲学和技术上不断取得突破。1973年刘易斯的《反事实》（*Counterfactuals*）提出了从反事实依赖角度分析因果关系的方法，之后经济学发展出借助准实验（Quasi-Experiment）机会使用工具变量等评估政策处理效应（Treatment Effect）的一系列方法，被广泛应用于政策分析与评估中。

阅读材料

实验方法优于非实验方法吗？（节选）

尽管随机分配实验（和双盲临床试验）广泛作为产生严谨科学证据方法的“黄金标准”，但这些方法并非没有争议。Cochrane Collaboration的一项研究汇总了8项随机对照试验的结果，涉及3417名患者，其中一些患者参加了匿名戒酒会（AA）。AA由自助小组组成，提供12个步骤的方法和情感支持，以帮助酗酒者实现戒酒。该研究认为，与其他可用的实验证据相比，现有的实验证据未能“证明AA或其他12步方法在减少酒精使用和实现戒酒方面的有效性”。然而，研究作者也发现随机对照实验在许多方面都存在不足。这些研究的设计没有考虑到影响治疗成功的特定

① Eraut M. Knowledge Creation and Knowledge use in Professional Contexts［J］. Studies in Higher Education, 1985, 10（2）: 117-133.

② Heinrich C J. Evidence-Based Policy and Performance Management: Challenges and Prospects in Two Parallel Movements［J］. The American Review of Public Administration, 2007, 37（3）: 255-277.

因素——未确定有助于预期治疗结果的过程或因果机制，并且仍然是一个“黑匣子”——作者还建议在未来的研究中使用更长的随访时间。此外，他们批评这些研究对质量的关注极少。并且，很多观察和经验与实验研究的结论是相反的。

实验方法的一个重要假设是随机分配不会改变选择项目或干预的典型过程，因此参与的人与如果没有实验也会参加的人之间没有不同。非实验方法旨在对产生项目结果的过程进行建模，包括选择项目的过程与结果产生之间的关系。实际上，这两种方法都需要一些假设，尽管那些支持实验方法的人认为随机实验涉及更合理的假设并产生更可靠的结果。Heckman 等反驳说，非实验方法有可能提供更丰富的信息，说明程序为什么起作用或不起作用（不仅仅是它是否起作用）。

资料来源：Heinrich C J. Evidence-Based Policy and Performance Management: Challenges and Prospects in Two Parallel Movements ［J］. The American Review of Public Administration, 2007, 37 (3): 255-277.

第三，将定性数据的程式化处理框架进一步发展。20 世纪 60 年代前后的定性研究在政策评估中也得到广泛应用，但缺少数据采集和分析过程的共识性框架，无法像定量研究那样通过严谨的程式化框架确认评估结论的可信性和可靠性。Glaser 和 Strauss 于 1967 年出版的《扎根理论之发现：质化研究策略》一书，提供了对数据进行系统化的概念化（编码）等定性研究的方法论，之后被广泛应用于政策评估中定性数据的处理①。1984 年 Miles 和 Huberman 提出了定性研究处理数据流的三阶段理论。三阶段包括数据缩减、数据展示以及描述和确认结论。数据缩减是分析的一部分，通过数据的锐化、排序、聚焦、删减和组织得出和验证最终结论。数据展示，是根据结论和决策建议对信息进行组织和安排、展示。描述与确认结论是从展示和所见的数据中提取和描述意义，并指出其中的规律、模式、解释、可能的集合和因果流、命题或者假设②。

二、解释主义的方法论进展

在政策评估中不会对所有的政策目标进行评估（限于预算约束等），而是要确定哪些是优先性目标（界定问题）。优先性选择的标准是目标的适当性，需要结合对情景的理解和阐释来分析，这就从实证主义进入了解释主义的方法论范畴。

20 世纪 60 年代后，现象学社会学理论（Phenomenological Sociology）在美国兴起，同期及之后的评估理论深受社会现象学的解释主义认识论逻辑转换的影响。现象学社会学的代表人物是移居美国的奥地利哲学家和社会学家舒尔茨（Schutz）和社会学家加芬克尔（Garfinkel）等。在现象学社会学看来，人们对情景的认知取决于自身的概念和

① Glaser B G, Strauss A L. The Discovery of Grounded Theory: Strategies for Qualitative Research ［M］. New York: Aldine Publishing Company, 1967.

② Miles M B, Huberman A M. Drawing Valid Meaning from Qualitative Data: Toward a Shared Craft ［J］. Educational Researcher, 1984, 13 (5): 20-30.

框架。评估过程中的各种行为在逻辑上也受到社会规则的影响，社会规则是社会系统成员感知的、彼此相互作用形成的①。在现象学社会学影响下的政策评估倾向于解释主义的方法论，具体包括：

第一，评估也是价值判断。在此前的政策评估理论和实践中，评估通常被看作是对政策影响的测量。但受到现象学社会学影响的评估理论认为，评估也包含了价值判断而不只是验证（测量）。这种价值判断不仅受到项目限定的情景影响，也在更大范围内与制度和社会选择相关，受到社会态度中对价值排序的影响，如平等这样的现代社会基本价值。政策评估应在逻辑上从因果解释转向对这些因果关系发生的情景的阐述。

第二，实证与规范的统一。政策目标需要先确认，后验证。费希尔认为政策分析是实证评估与规范评估的统一②，政策评估可以划分为两个层次，即确认和验证，从顺序的角度，在验证被考虑之前，政策目标和焦点必须先被“确认”。验证，通常是运用统计分析和相关技术决定调查中的事项是否与其他现象（政策干预的影响）具有相关性以及相关性的程度。政策评估的验证阶段是测试原因（作为结果的原因）的充分性，确认阶段则是调查内涵（项目目标）的适当性。

第三，将定性研究方法纳入评估过程和工具之中。由于政策评估首先要确认情景与政策目标，多种定性研究方法，包括案例研究作为定性的或者解释性调查中常见的结构形式，被建议用来检测和证明政策评估的目标与特定的情景。案例研究的优势是能够深入情景内部并领会情景动态，非常有助于政策问题的识别以及对相互冲突的目标的理解。

但定性与定量研究往往被用于政策评估的不同阶段，解释主义的定性研究主要用于确认目标这样的规范阶段，但当规范性层面的目标或者原则已经被确认时，那么进一步则需要从规范层面的讨论转移到验证层面，从实证角度阐明不同主张对于最高层次的政策目标所起的作用或者价值③。

三、范式与方法论的混合

尽管范式之争如火如荼，但在政策评估模式的开发与实践应用中却是另一番景象。很多学者呼吁在评估中忽略范式之间的冲突，根据评估目标在政策分析和评估中混合使用定量与定性研究方法④。

当时对于定性与定量研究方法的混合使用主要基于以下共识：首先，定量研究无法排除数据归纳过程的主观因素，即使“最硬的假说—演绎派的鼻子也要在数据集中

---

①②③ ［美］弗兰克·费希尔．公共政策评估［M］．吴爱明，李平，译．北京：中国人民大学出版社，2003.

④ Miles M B，Huberman A M. Drawing Valid Meaning from Qualitative Data：Toward a Shared Craft［J］. Educational Researcher，1984，13（5）：20-30.

进行归纳嗅探"①。其次，研究人员会把自己的愿景、偏好、价值取向等强加给复杂的世界。最后，研究者会根据直觉命名客观的发现，在设置权重等研究和评估环节进行相对主观的设定。例如，在实验研究中，给受试者在实验后所说的话与他们按下按钮的类型和频率赋予同样的权重②。由此可见，方法论的纯粹性并不是研究的全部，也无法完成一项研究或者政策评估。无论是实证主义、后实证主义还是解释主义、建构主义，都不应因为范式的对立而采取非此即彼的立场，任何一方都应最大限度地保持方法论上的开放性、连续性和兼容性。

但与同时代的定量研究相比，20 世纪 60 年代的定性研究缺乏对数据进行分析的可靠、有效的共识性程序。要在评估实践中符合实用主义对方法论的开放和兼容，需要定性研究在严谨性、样本的代表性、结论的可靠性方面做出较大改善。随后的几十年，定性研究在数据分析的程序与标准方面不断地改进以更接近实证研究的严谨性和结论的可信性。

时至今日，以建构主义和实证主义为代表的两个范式阵营的争论从未停止过，针锋相对是理论发展和演进呈现的常态。但在政策评估的实践中，通常秉承实用主义的因地制宜和范式融合。简而言之，政策评估者更为务实和朴素的信条是在科学的世界实现建构主义设定的最好状态。

阅读材料

混合研究方法的使用

大多数研究者都同意，要知道自己正在做什么，必须知道认知模板如何影响了正在做的事情。然而，你的模板可能和你的同行是不一样的。一直以来，教育学的研究人员都在范式层面上争论不休。

这场争论主要围绕以下一些主张，如逻辑实证主义、科学主义、假说—演绎方法、现实主义、实验主义、工具主义等本质上都是不同的——实际上是不兼容的，相互冲突的认识论和现象学、阐释学以及批评理论。很多学者认为，定量的与阐释学的观点是不可调和的；目前并未发现它们具有补充性的特征，因而两种研究方法的混合会导致模棱两可的结论。

这是一场非零解的争论，因为挑战了研究事业特别是任何一个实证研究的基础。但是我们更愿意把争论放在一边，这主要基于以下几个原因：第一，我们需要工具和程序去判断研究的效度与有用性。第二，没有人会认为这场争论会有一个令人满意的解决方式，因为争论的双方都有非常明确的立场，忠诚于自身的学科。第三，如

①② Miles M B, Huberman A M. Drawing Valid Meaning from Qualitative Data: Toward a Shared Craft [J]. Educational Researcher, 1984, 13 (5): 20-30.

果仔细观察以这种或者那种范式名义进行的真实的研究就会发现，几乎很少会有研究者不使用混合的方法。这种混合的后果之一是不仅使用定量的数据也使用定性的数据。

很多领域的研究历史都展现出从非此即彼到两者兼容的方法混合趋势。

资料来源：Miles M B，Huberman A M. Drawing Valid Meaning from Qualitative Data：Toward a Shared Craft［J］. Educational Researcher，1984，13（5）：20-30.

四、主要评估模式的发展

20 世纪 60 年代到 80 年代，范式与方法论的争论、转换，实证方法和技术的进步以及评估产业化的迅猛发展都极大推动了评估模式的开发和应用。评估模式是一种路径设计（Approach），即通过特定的路径达成对项目或者实体的有效描述（Description）与判断（Judgments）①。通常而言，评估模式（路径）包括认识论基础、价值取向、数据来源与分析方法、利益相关者参与、评估者的资质以及报告形式等构成要素以及程序性的安排。这一时期开发了多种评估模式，既包括 20 世纪 60 年代早期基于逻辑实证主义的实验设计评估，又包括 20 世纪 80 年代后期展现多种范式融合的 CIPP 评估模式。

20 世纪 60 年代到 80 年代末开发的评估模式主要包括实验与准实验设计（Experimental and Quasi-Experimental Design，1963）、差异评估（Discrepancy Evaluation，1969）、EPIC 评估（EPIC Evaluation，1972）、无目标评估（Goal-Free Evaluation Scriven，1973）、回应性评估（Responsive Evaluation，1976）、自然主义评估（Naturalistic Evaluation，1978）、教育鉴赏力与批评主义评估（Educational Connoisseurship and Criticism，1983）、CIPP 评估模型（CIPP Evaluation Model，1983）等。四种评估模型的比较如表 2-1 所示。

表 2-1 四种评估模型的比较

比较的维度	实验研究与准实验研究（1963 年）	差异评估（1969 年）	回应性评估（1976 年）	CIPP 评估（1983 年）
评估目标	政策干预效果	政策目标导向的，确定政策是否可持续	回应项目的利益相关者	政策改进与责任
认识论的逻辑	科学范式、逻辑实证主义	客观主义	解释主义	客观主义

① Stufflebeam D，Zhang G. The CIPP Evaluation Model：How to Evaluate for Improvement and Accountability［M］. New York：The Guilford Press，2017.

续表

比较的维度	实验研究与准实验研究（1963年）	差异评估（1969年）	回应性评估（1976年）	CIPP 评估（1983年）
评估实施的过程	通过控制的随机比较实验实施评估并报告结论	识别项目设计与执行项目过程和结果之间的差异	案例研究方法	描述、获取、报告和应用评估结果
价值取向	价值中立	没有特定的价值取向	多元主义	民主社会的价值观
问题来源	因变量或者实验组设计	项目的目标	利益相关者或者专业人士	利益相关者及相关的价值
数据收集的焦点与类型	自变量与因变量	项目的目标、实施过程以及结果	项目背景、主张以及结果	需求、输入、计划、过程、结果
是否有利益相关者参与，以及参与范围	极少	利益相关者的广泛参与	有，持续和广泛的参与	有，广泛和持续的参与
主要研究方法	随机、变量控制	检验、焦点小组	案例研究方法	多种定量与定性研究方法
判断评估结论的标准	内部与外部效度	信度与效度	共识与价值	效用、可行性、准确性、责任

资料来源：笔者整理。

第四节　建构主义时期

20 世纪 80 年代后期至 90 年代是建构主义评估理论主导的时期。第四代评估理论（Fourth Generation Evaluation，FGE）是由 Guba 和 Lincoln 提出的，FGE 建立在多元的范式之上，包括建构主义、自然主义、解释主义等[①]。

一、科学范式评估的局限

第四代评估的核心观点正如代表人物 Guba 和 Lincoln 的言简意赅之语：建构，即创建的现实[②]。这与之前科学范式或者以定量为主的实证评估理论有着根本性的不同，FGE 认为后者普遍存在以下问题：

第一，过度依赖于科学的权威。科学范式认为科学方法提供了反映事物真实情况的信息，无可争议。通过收集可测量的硬性数据和以数学、统计学为基础的计量方法，

① Guba E G，Lincoln Y S. Fourth Generation Evaluation ［M］. Newbury Park，CA：SAGE，1989.

② ［美］埃贡·G. 古贝，伊冯娜·S. 林肯. 第四代评估［M］. 秦霖，蒋燕玲，译. 北京：中国人民大学出版社，2008.

科学范式的定量研究更为精确，因而（科学）评估结论具有普适性和不可抗拒的权威性。第四代评估理论对此持批评态度，认为科学范式倾向于提供具有普遍适用性的结论，忽视了情景等局部因素或者条件，而这对评估结果应用于其后的决策和行动是不利的。科学范式也过度依赖于测量工具，忽视了那些不可测量的事物，而政策评估要面对利益相关者的焦虑和利益诉求属于定性数据，无法被测量则不能够进入被评估的范围成为决策的依据。更重要的是，科学范式下的评估者是信息的传递者和翻译者，这种角色的设定排除了评估者和决策者进一步探索政策问题和责任承担的能动性。

第二，接纳多元价值方面的失败。20 世纪 60 年代以后，后现代思潮解构了现代社会所具有的整体性、中心性、同一性等思维方式，美国等西方发达国家逐渐步入了一个多元价值的社会。1958 年英国哲学家以赛亚・伯林（Isaiah Berlin）提出了价值之间的不可通约性（Incommensurability），认为不同价值之间不存在一个可通约的标准，不同的价值无法也不能划归为一种单一的价值①。当时较为激进的观点甚至认为价值冲突是不可避免的，这些冲突包括了西方发达国家日益凸显的种族、性别以及代际的冲突。在这种背景下，FGE 认为科学范式下的评估测量和分析在接纳价值差异方面是失败的，当价值多元化问题避无可避时，价值优先性以及价值结构的排序问题应成为政策评估的重心。

第三，管理主义的局限。20 世纪 60 年代后评估不只意味着科学和政策分析，也意味着评估产业以及相应的组织管理。评估者通常要与管理者签订合同获取资金并完成评估要求，评估者的中立以及其与管理者之间的委托代理关系会导致评估的主动权掌握在管理者手中。当利益相关者的诉求和主张与管理者之间发生冲突时，评估者很难违背管理者的决定。这些状况会导致利益相关者无法在评估中阐明自身的诉求并被公正地对待②。

二、重置评估方法论

第一，FGE 评估结论是建构性的共识。第四代评估的结果不是像实证主义那样对政策干预得出可靠和可信的结论，而是形成利益相关者之间的建构性共识。建构即创建的现实，评估结果并非终极意义上的“事实”，而是由包括评估者以及由于评估而处于风险之中的利益相关者通过互动而实际创造的一种结果（共识）。这种共识是建构性的，建构性的“现实”不是真实的现实，不是对“事情是什么”“事情如何进行”以及事物的真实状态进行描述，而是个体或者群体行为者为理解自身所存在的环境而做的建构③。建构性的结论是可变的，而实证主义的结论是不变的。由于现实的利益分歧不断产生，从建构所要达成的一致性共识来看，第四代评估永远停不下来，只可能暂

① Berlin I. Two Concepts of Liberty［M］. Oxford：Oxford University Press，1969.

②③［美］埃贡・G. 古贝，伊冯娜・S. 林肯. 第四代评估［M］. 秦霖，蒋燕玲，译. 北京：中国人民大学出版社，2008.

时停止[①]。

第二，FGE 评估路径（Approach）是解释学的辩证循环。FGE 评估路径简单来说是建构性共识的形成过程，即首先识别利益相关者以及相应的主张，通过内部连接不断地形成新的建构（共识），之后再通过反复的循环过程将多个建构（局部的共识）引向结合（绝对共识）。这种结合通过两种方式加以引导，一种是通过建立利益相关者之间的连接来形成建构性共识，另一种是通过引入外部信息以及改善利益相关者的信息处理能力不断地深化建构，逐步排除一些局部共识进一步引向绝对共识。

由此可以理解为什么建构主义评估的方法论是解释主义的，建构主义共识的形成需要对不同群体的建构有深入的理解，同时一种建构又要接受其他建构的批判，这些都建立在解释主义方法之上。综上所述，建构主义的政策评估是一个不同于科学范式的信息处理过程，是在可得信息的基础上通过评估者的系统化“合理”模式进行整合。为了能够形成最后的绝对共识，整合过程具体来说就是解释学的辩证循环，通过循环再循环形成共识的合理化过程。

第三，FGE 运用真实性标准判断结论。实证主义是根据研究与真实世界的同构性来判断研究或者评估的质量[②]，遵循内部效度、外部效度、可靠性和客观性等标准。FGE 是建构利益相关者之间的共识，衡量共识（建构）与衡量事实判断的标准有所不同，FGE 遵循的是真实性标准和公平性标准。真实性标准包括公平性和本体真实性。建构利益相关者的共识，需要对不同的构思以及潜在的价值体系进行核实并且以一种平衡且公平的方式来考量，即公平标准。本体真实性具体包括教育真实性、接触反应的真实性、策略真实性，从沟通和协作的角度来看，个体尊重其他人的价值系统（教育真实性）并在互动中与其他利益相关者发生积极的和真实的连接（接触反应的真实性和策略真实性），进而形成正确的和合适的建构。由于不同的利益相关者群体的建构都会有所不同，无法设定判断结论为好（Goodness）的标准[③]。公平性和本体真实性标准是针对过程的标准，类似于程序正义之于实质正义，只要在过程中贯彻这些标准，那么就能确保形成正确的和合适的结论。

第四，FGE 重置方法论的潜在假设。方法论是一种以解决问题为目标的理论体系或系统，评估方法论通常包括实现评估结论的路径、方法和工具的集合以及方法之间的一致性关系。从步骤和阶段来说可以划分为评估目标设定、测量、方法、验证以及结论等，每个步骤或者阶段都有潜在假设，这些假设也是“共识”，构成了评估数据的收集分析的过程以及评估结果能够被理解的基础。FGE 解构了实证主义方法论的潜在假设，提出了以形成利益相关者共识或者信仰体系为核心的评估方法论概念体系。FGE

①②③ ［美］埃贡·G. 古贝，伊冯娜·S. 林肯 . 第四代评估［M］. 秦霖，蒋燕玲，译 . 北京：中国人民大学出版社，2008.

与科学范式评估理论的潜在假设比较如表 2-2 所示。

表 2-2　FGE 与科学范式评估理论的潜在假设比较

	科学范式	回应性的建构主义评估
有疑问的调查	科学调查是没有疑问的	建构主义调查是有疑问的
真理的局限	未被经验主义检验的学说不能被看成是真实的。被经验主义检验的学说也永远不能证明是真实的	学说只要依据完善且成熟的建构就可以被看成是“真实的”（可信的）
问题的起源	科学的识别现象	只存在于某些建构中，并且在其被辨别和描述的范围外无意义
可测量性	任何事物都具有可测量性，如果无法测量，那么它就不存在	建构只存在于建构者的头脑中，为不可测量的实体。如果事物可以测量，那么需要与建构相匹配，并只能起到支持性作用
数据的类型	可被测量的	诉求、焦虑、利益
问题解决方法的适用性	科学的设置解决方法，并具有一定的普适性	局部适用性
解决方法的稳定性	超越时间具有稳定性	问题的解决方法不断变化，并受到作用范围内的诸多因素的影响
变化过程	变化是一个线性过程	是一个非线性的过程，建构不断地被输入

资料来源：[美] 埃贡·G. 古贝，伊冯娜·S. 林肯 . 第四代评估 [M] . 秦霖，蒋燕玲，译 . 北京：中国人民大学出版社，2008.

第五，FGE 以利益相关者参与为核心的评估步骤与程序。首先，签订协议、明确评估委托人和评估对象、评估目的等，并开始组织实施评估。其次，界定利益相关者、明确利益相关者和相关的主张、焦虑和争议，并发展利益相关者的内部连接。当利益相关者的连接建立起来以后，还要通过引入外部信息深化建构，包括使组织成员发展出更高层次的信息处理能力，检验和扩展群体内部的建构。再次，挑选出已经达成一致统一的主张、焦虑和争议并按照优先次序排列。最后，准备谈判议程并进行谈判协商。谈判可能出现三种情况，利益相关者的主张、焦虑或者争议被完全解决、不完全或者部分解决以及未被解决。在后两种情况下要进入再循环就未被完全解决和未被解决的争议进行再建构①。

三、对建构主义的评价

首先，FGE 与其他的建构主义评估理论有着高度相似性，如参与—规范方法、情境评估（DICE）模型以及 Colaizzi 所描述的现象学研究。FGE 的调查方法论即解释主

① [美] 埃贡·G. 古贝，伊冯娜·S. 林肯 . 第四代评估 [M] . 秦霖，蒋燕玲，译 . 北京：中国人民大学出版社，2008.

义的辩证循环也高度借鉴了扎根理论，该理论由 Glaser 和 Strauss 于 1967 在《扎根理论之发现：质化研究策略》中提出①。具体来说，FGE 在数据分析环节使用了扎根理论将数据收集和处理同时进行的方法，这样可以将利益相关者的观点合并到接下来的参与者访谈中。另外，与扎根理论相似的是，需要不断将参与者和他们的观点纳入每个利益相关者小组，直至信息饱和并对相关主题达成一致共识②。

其次，较少有研究解释 FGE 应该如何使用③，也较少有案例研究展示第四代评估理论的实际应用过程或者将其作为研究战略④。但是很多研究会将 FGE 融合进评估方法论和评估实践中作为利益相关者参与的指南，FGE 比其他理论更重视利益相关者在更早阶段的参与。以往的理论在确认评估焦点等早期阶段会默认一些利益相关者的共识，但 FGE 会针对这些共识展开利益相关者的参与和沟通。从政策评估最终需要付诸行动的角度来看，更早期的参与、协作与沟通更有助于政策执行。

最后，FGE 的一致性标准在评估实践中难以应用。一致性标准的含义：调查的过程和结论是通过调查者与调查对象或者利益相关者之间的谈判与沟通进行持续的建构，并不断地循环重复达成绝对共识（Absolute Consensus），即一致同意。绝对共识在评估实践中是很难达成的，相对共识或者更可取，但是在评估的哪些阶段采用绝对共识标准，哪些环节使用相对共识标准，需要更为细致的解释并提供真正的应用案例。

阅读材料

绝对共识还是相对共识？何种水平的相对共识？

尽管（在最初的调查中）有口头共识，但要指出的是，在其后的书面调查中并没有达成绝对共识（即一致同意）。相对共识被定义为多数共识。

如何解释缺乏绝对共识？发生这种情况是否因为问卷是利益相关者真正能够一起查看所有回复的第一个地方？是不是书面调查没有面试官那么吓人？难道利益相关者并没有真正不同意列出的任何组件，他们只是对某些组件感觉比其他组件更强烈？还是利益相关者持有不同的价值体系？另外，也许这些是错误的问题。

也许真正需要研究的是“绝对共识”的概念。利益相关者之间的共识被认为是 FGE 的主要目标。鉴于我们的经验，我们建议期望所有利益相关者就评估的单一结构达成一致意见充其量是理想主义的——尤其是考虑到利益相关者群体之间必须包含多样性。相反，我们建议评估的重点应该是定义“共识”的决定性因素。

① Glaser B, Strauss M. The Discovery of Grounded Theory [M]. Chicago, IL: Aldine, 1967.

②③ Laughlin R, Broadbent J. Redesigning Fourth Generation Evaluation: An Evaluation Model for Public-Sector Reforms in the UK? [J]. Evaluation, 1996, 2 (4): 431-451.

④ Swenson M. Using Fourth-Generation Evaluation in Nursing [J]. Evaluation and the Health Profession, 1991, 14 (1): 79-87.

一旦明确定义了计划或更具体的评估，评估的焦点就会变化，可接受的共识水平也应该进行调整。评估焦点的类型与共识水平之间的微妙关系应该在评估方法中得到解决。

资料来源：Laughlin R，Broadbent J. Redesigning Fourth Generation Evaluation：An Evaluation Model for Public-Sector Reforms in the UK？［J］. Evaluation，1996，2（4）：431-451.

第五节 复杂适应性时期

一、评估环境的“复杂性”转向

21 世纪后的政策评估面向更为复杂的环境，复杂性转向是当下政策评估理论发展和应用的特征①。评估复杂性的主要体现：政策背景的复杂性，背景因素可能会关联新媒体环境下对政策焦点和议题的讨论与传播，也可能会连接某种产业或者技术的供应链；政策范围的不确定性，项目评估通常包括子项目以及嵌套的政策，都与评估目标以及因果机制相关；环境的不可预见性，食物、水、能源以及环境还包括传染性疾病等都带来不可预见的安全危机和治理环境的变化②。

为应对这些复杂性，评估理论面临着很多发展选项，如发展协作关系以重构评估委员会适应复杂性，重温价值判断并对工具的应用进行再评估，考察被评估对象的背景、历史以及优先性价值，评估者与受益者以及利益相关者之间保持动态的协作关系以应对外部冲击，并通过互动性的监督等方式不断更新对政策干预的事后评估等③。

二、研究方法与工具的协同和创新

为应对环境的复杂性开发出更具有复杂适应性的创新方法和工具，计算社会科学应用于政策评估是回应复杂性的方法之一。评估方法的创新性，不仅体现在新锐研究方法和工具的应用，还包括将已有的研究方法合并应用于评估模式中。

例如，Corey 和 Schimpf 提出了一种基于案例的建模和情景模拟进行事后评估的方法。项目或者政策发生在真实的世界，是动态的和开放的系统，作为评估对象的政策或者项目受到相互交织的因素的影响并且呈现出多重路径。为帮助评估者提前理解复

① Barbrook-Johnson P，Castellani B，Hills D，et al. Policy Evaluation for a Complex World：Practical Methods and Reflections from the UK Centre for the Evaluation of Complexity Across the Nexus［J］. Evaluation，2021，27（1）：4-17.

② Barbrook-Johnson P，Proctor A，Giorgi S，et al. How do Policy Evaluators Understand Complexity？［J］. Evaluation，2020，26（3）：315-332.

③ Larson A. Evaluation Amidst Complexity：Eight Evaluation Questions to Explain How Complex Adaptive Systems Affect Program Impact［J］. Evaluation，2018，24（3）：353-362.

杂性，他们开发了一个免费的开源软件工具 COMPLEX-IT，评估者可以用来探索反事实、趋势以及某些潜在的、真实或预想干预的假设情景①。这种基于案例的情景模拟可以使评估人员在低风险、低成本的模拟环境中检验不同的场景，以最好的方式实现他们的评估目标。

三、新的评估理论和模式

2000 年以后新的评估理论和评估模式包括协商评估（Deliberative Democratic Evaluation，2000）、关键评估清单（The Key Evaluation，2007）、成功的案例方法（The Success Case Method，2003）、效用焦点评估（Utilization-Focused Evaluation，2008）、CBSS（Case-Based Scenario Simulation，2021）等。

协商评估是将协商理论应用于政策评估的一种模式。协商评估、效用焦点评估以及 CBSS 评估模式的具体内容详见评估模式的介绍。成功的案例方法评估由 Robert Brinkerhoff 开发，用于评估组织干预（如培训和辅导）的影响。成功案例法是通过识别和检查极端情况，关注项目中最成功和最不成功的部分，从而回答“当政策运行时，它运行得如何？什么有效？什么无效？”

阅读材料

美国疾病预防控制中心：完成一个有效的评估报告

参与评估报告的过程

第 3 步：聚焦评估设计

您能收集到的项目相关信息是无限的。然而，评估始终受到实际可提出和可回答的问题数量、可采用的方法、数据收集可行性以及可用资源的限制。这些问题就是 CDC 框架中“第 3 步：聚焦评估设计”中的核心。

任何项目评估的范围和深度都取决于项目和利益攸关方优先事项、可用资源（包括金融资源）、人员和承包商技能与可用性以及评估所需的时间。理想情况下，项目工作人员和 ESW 基于所述目的、优先事项、发展阶段以及可行性等考量共同确定评估焦点。

因此，指导评估的问题是那些被认为对项目工作人员以及利益攸关方进行项目改进和决策最重要的问题。但即使是那些被认为最重要的问题，也必须通过可行性测试。

资料来源：李志军，等. 国外政策评估文件与手册选编［M］. 北京：经济管理出版社，2022.

① Schimpf C，Barbrook-Johnson P，Castellani B. Cased-Based Modelling and Scenario Simulation for Ex-post Evaluation［J］. Evaluation，2021，27（1）：116-137.

复习思考题：

1. 科学范式的认识论和方法论主张是什么？
2. 事实与价值判断分别对应着哪些研究方法？
3. 量化实证包括哪些方法？为什么实验研究会成为首选方法？
4. 价值判断在评估哪个阶段做出？应如何做出价值判断？
5. 2000 年以前的评估模式有哪些？哪些模式中出现了范式的混合？
6. 在第四代评估理论中，评估者的角色是什么？
7. 评估的复杂性转向包括哪些方面？

第三章 公共政策评估模式

本章要点：

20世纪60年代至今评估模式的开发层出不穷，也形成了不同的评估分类方法把握评估模式的类属特征和适用领域等。

五个具有代表性的评估模式：①代表逻辑实证主义的实验研究与设计评估；②代表公民包容性“政策辩论”转向的协商评估；③21世纪复杂适应性系统的CBSS评估；④面向管理的CIPP评估；⑤具有发展性评估特点的效用焦点评估。

第一节 评估模式的发展与分类

一、评估模式的发展

评估模式是指一种路径设计，即通过特定的路径达成对项目或者实体的有效描述与判断[①]。20世纪60年代到80年代，随着政策科学化和评估产业化的加速，评估模式层出不穷，代表性的评估模式有实验与准实验设计（Experimental and Quasi-Experimental Design，1963）、差异评估（Discrepancy Evaluation，1969）、EPIC评估（EPIC Evaluation，1972）、无目标评估（Goal-Free Evaluation Scriven，1973）、回应性评估（Responsive Evaluation，1976）、自然主义评估（Naturalistic Evaluation，1978）、教育鉴赏力与批评主义评估（Educational Connoisseurship and Criticism，1983）、CIPP评估模式（CIPP Evaluation Model，1983）、参与式评估（Participative Evaluation，1984，1992）[②]、协作式评估（Collaborative Evaluation，1986）、发展型评估（Developmental Evaluation Patton，1994，2011）等。这些评估模式自提出以来经过不断地完善日益成熟，评估模

---

① Stufflebeam D，Zhang G. The CIPP Evaluation Model：How to Evaluate for Improvement and Accountability ［M］. New York：The Guilford Press，2017.

② Cousins J B，Earl L M. The Case for Participatory Evaluation ［J］. Educational Evaluation and Policy Analysis，1992，14（4）：397-418.

式之间也相互借鉴，在范式和方法上体现出融合或者补充的趋势。其中，实验与准实验设计评估、CIPP 评估、建构主义评估等是较为久远且较具代表性的评估模式，经历不断完善，至今仍广泛应用于政策制定、项目管理和评估领域。

20 世纪 90 年代以后政策研究领域经历了一次重大转向，政策评估从政策科学转向具有公民包容性的政策辩论，这些争论将评估从技术层面带入平等、社会公正等议题的价值判断层面。政策科学可以进行事实判断，但价值层面不适用事实判断；价值层面适用的是优先性判断，优先性判断是否合理，取决于是否基于广泛、包容性的公民参与和集体共识。政策科学无法有效适用于价值判断和集体行动的评估，需要新的政策框架来应对。由此，公民参与、协商民主等政治学领域解决集体行动和共识形成的理论框架被应用于政策评估子领域，如协商评估（Deliberative Democratic Evaluation，2000）等。除此之外，评估模式的发展也更为多元化，适用于更为广泛和特定的评估对象，针对项目特征满足评估客户的多样化要求等，如关键评估清单（The Key Evaluation，2007）、成功的案例方法（The Success Case Method，2003）和效用焦点评估（Utilization-Focused Evaluation，2008）等。

21 世纪后政策评估面临的新挑战主要来自评估环境的变化，从传统意义上的复杂性转向"复杂适应性系统"。计算社会科学的发展为复杂适应性系统的政策评估提供了工具，如运用数学建模和场景模拟的 CBSS（Case-Based Scenario Simulation，2021）评估等。

二、评估模式的分类

迄今为止，已有的政策评估模式数量可观，并且它们之间有着极为复杂的交叉性和相似性。例如，与协作式评估相近的就有十几种评估模式，贡献分析评估（Contribution Analysis，2001，2012）、文化回应评估（Culturally Responsive Evaluation，2015，2016）、发展评估（Developmental Evaluation，1994，2011）、授权评估（Empowerment Evaluation，1994，2005）等。

目前业已形成的评估分类标准或者体系，各自有所侧重，尽管不能非常整齐地归类，但总体上有助于理解评估知识和理论的演进、认识论和方法论的差异，同时也能够把握评估的适用性及其与特定评估要求之间的关系。

第一，从"组织者"角度归类评估模式。瑞典学者 Vedeng 认为目前较难有一个具有普遍适用性且清晰的标准去归类已有的评估模式。评估研究领域内普遍认为组织者是评估的逻辑出发点，是评估提出的首要问题，因而可以从组织者的角度来建立类属。Vedeng 首先将评估模式划分为实质性模式和程序模式。实质性模式关注政府干预的实质性结果，程序模式则审查程序的合法性、公平性、代表性和其他质量，通常由政府部门或者专业机构来处理。政策评估模式通常是指实质性模式。

根据评估组织者来建立类属，可以把实质性模式划分有效性模式、经济模式和专业模式①。有效性模式是较大且非常多样化的类属。除了经典的目标达成评估（Goal-Attainment Evaluation）之外，有效性模式还包括连带效用评估（Side-Effects Evaluation）、无目标评估（Goal-Free Evaluation）、综合评估（Comprehensive Evaluations）、面向客户的评估（Client-Oriented Evaluation）和利益相关者模式（The Stakeholder Approach）。经济模式中的两个基准变体是生产力模式（Productivity Model）和效率模式（Efficiency Model），整合了政策干预的成本和有效性方面。专业模式是指专家或者同行之间对专业领域内的绩效进行评价。政策评估模式通常是指有效性模式和经济模式。Vedung 的评估模式分类如图 3-1 所示。

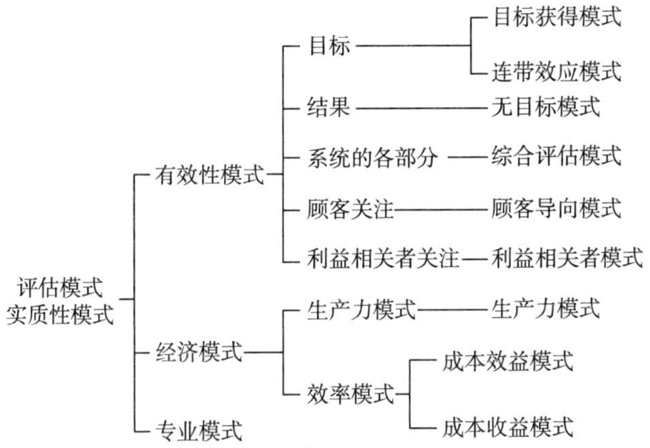

图 3-1　Vedung 的评估模式分类

资料来源：Vedung E. Public Policy and Program Evaluation［M］. New York：Transaction Publishers，2000.

第二，Worthen 的五种类型。Worthen 将评估模式划分为五种类型，分别为绩效导向的、决策—管理导向的、判断导向的、论辩对抗导向的、多元—制度主义导向的。绩效导向的类别以泰勒的"测量"为代表，是受到建构主义批评的一种评估模式。管理导向的类别旨在为组织领导者提供高层管理决策者所需的信息，最重要的面向管理的评估模式是由 Stufflebeam 等开发的 CIPP。判断导向的类别是一直以来得到最广泛使用的方法，非常依赖于专家应用专业知识来对项目做出深思熟虑的判断。在论辩对抗式类别中，评估是包含对抗性意见的评价集合，有意在内部产生对立的观点并将这些对立观点纳入一个单一评价，进行平衡并阐明两者的优势和程序的弱点。在多元—制度主义导向的类别中，评估者是不同价值观和需求的描绘者，权衡和平衡多种判断和标准②。

① Vedung E. Public Policy and Program Evaluation［M］. New York：Transaction Publishers，2000.

② Worthen B. Program Evaluation［M］// Walberg H，Haertel G. The International Encyclopedia of Educational Evaluation. Toronto：Pergammon Press，1990.

第三，以形成性评估、总结性评估和发展性评估进行分类。在业已形成的诸多评估模式中形成了一些分类标准，其中之一就是形成性评估（Formative Evaluations）和总结性评估（Summative Evaluations）。形成性评估是前瞻性和主动性的，在政策执行前和执行期间实施，通常用于指导决策、改善项目和确保质量。总结性评估是在政策执行后开始，为了回应问责制的要求对政策干预进行总结并评估结果，评估的焦点是项目历史、最终结果、成本和附带效应等。形成性评估是互动的、弹性的和响应式的，可以为总结性评估提供大量的信息，更有助于为项目改进提供持续性的指引。与之对比，总结性评估的结论则相对固定。在评估的数据收集方面，形成性评估更关注在评估的特定时间点哪些信息是最重要的、需要收集的。然而总结性评估的焦点是结果以及因果贡献。总结性评估和形成性评估在很多评估模式中会混合使用，如 U-FE 评估可以被看成是一个总结性的形成性评估。

发展性评估是在形成性评估基础上更具动态适应性的政策评估类型，适用于高度不确定和不可预测的情况。例如，政策干预的对象是系统的改变：正在发展中的组织或在组织之间建立协作关系，或以一些新的方式在组织和社区之间建立连接。创新者或资助者希望“让事情做起来，看看会发生什么”①。协作式评估和焦点效用评估是典型的发展性评估。

第四，以评估适用的环境特征进行分类。评估适用的环境可以划分为线性复杂性与复杂适应性系统。逻辑实证主义的实验研究或者非实验室研究的定量评估方法，都适用于线性复杂性（Complicated）。例如，火箭制造等是复杂精密的大型工程，但是可以通过精确和精细的操作流程等逐步完成。线性复杂性是可以通过简化的方式来分析的。非线性的复杂适应性系统（Complex Adaptive System），无法使用简化的方式来分析，简化就等同于“杀死”了这个系统。计算社会科学通过社会网络分析以及仿真等方式进行数学建模开发出具有复杂适应性的政策评估模式。

阅读材料

形成性评估与总结性评估的差异是什么？

总结性评估为决策提供信息——通常是重大决策。这意味着要决定该计划是否已成功实现其结果并记录该计划的最终状态。因此，总结性评估的结果可能会导致决定是继续该计划还是放弃该计划，或者更广泛地实施该计划：“我们已经尝试过了，它起作用了。让我们在其他三个地点推广。”

① Patton M Q. Essentials of Utilization-Focused Evaluation［M］. California：Sage Publications，2011.

因此，总结性评估主要由那些做出项目重大决策的人来推动。对此，著名的评估学者 Robert Stake 有以下精辟的比喻：当厨师品尝汤时，是形成性评估。当客人品尝汤时，是总结性评估。

让我们进一步分析这种区别。当厨师品尝汤时，他想确定是否所有的配料都加齐了。他想，“我做对了吗？我忘了放食谱中的配料吗？”如果“不”，他可能会继续加配料。或者，一种成分可能属于不同的品牌或有不同的来源。在这种情况下，根据形成性评估，配方可能需要对来源进行细化。形成性评估的另一方面问题是“味道好吗？”其中，第一个问题（我做对了吗？）与过程有关——汤中成分的特征（或在评估中，这可能是各种程序活动）。第二个是关注中期成果，即结果是积极的吗？（在项目评估中，这可能就是查看项目正在完成的短期成果）。现在考虑客人何时品尝汤。这里的主要问题是“客人喜欢吗？怎么样？好吗？（或者它有优点和价值吗？）”从表面上看，这似乎是一个总结性的。厨师会考虑客人是否喜欢汤，以确定是否继续将汤放在菜单里。但也许还有更多，如厨师会见客人——餐厅的顾客——并询问他们对餐厅的喜爱程度如何。

如果客人们说汤里需要多放一点盐，怎么办？显然，我们已经到了总结阶段，厨师已经确定汤适合为客人服务，但这个过程仍然有一个形成性的因素。厨师可能会再次品尝汤，并决定放更多的盐。因此，我现在提出一个与以往描述政策目标略有不同的看法，我个人认为在实践中会进行大量的形成性评估，我们只是偶尔进行总结性评估。

然而，更常见的情况是，我们进行评估练习，我称之为“总结性的形成性评估”——也就是说，有一个形成期已经发生，但在某个时间点它被总结了或者被下了结论。在我的例子中，厨师决定上汤。在项目评估中，我们经常有年终评估报告，会发送给出资方（用户），但年终报告仍然会提供改进配方的建议（厨师将添加比原始食谱规定更多的盐）。

资料来源：Alkin M C，Vo A T. Evaluation Essentials：From A to Z［M］. New York：The Guilford Press，2018.

评估模式的类属提供了一个体系化的理解角度，除此之外，Vedung 在评估模式分类之外提供了一个理解评估路径或者模式的问题清单，可以帮助评估组织者或者参与人把握评估模式之间的差异、特点及其与项目之间的适用性。这些问题包括：

目标问题：评估的总体目标是什么？

组织（评估者）问题：谁应该进行评估？应该如何组织？

干预分析问题：评估对象，即政府干预，是政策、计划、政策和计划的组成部分，还是服务和商品的提供？被评估对象是一种手段还是一个独立的实体？

转换问题：干预和最终输出之间的执行情况如何？

结果问题：干预的直接、中间和最终的输出与结果是什么？

影响问题：哪些意外事件（因果因素、操作因果力量）——包括干预措施——解释了结果？

准则问题：根据什么价值准则？[①]

本章的第二节至第六节简要介绍了五个具有代表性的评估模式，分别为代表逻辑实证主义的实验研究与设计评估、代表公民包容性“政策辩论”转向的协商评估、形成性与总结性评估结合的CIPP评估（面向管理的）、具有发展性评估特点的效用焦点评估以及21世纪复杂适应性系统的CBSS评估。

第二节　实验研究与设计模式

一、实验研究与设计评估简介

公共政策的制定、实施或者终止需要提供政策干预有效性的证据和结论。迄今为止，至少有五种类型的政策干预效应评估方法：实验研究、统计分析、基于理论的评估、案例研究和参与式评估。一直以来，逻辑实证主义的实验研究因其严谨性被认为是首选方法和黄金标准。

20世纪60年代，美国约翰逊执政时期推出的“伟大社会”计划造成了巨额财政支出从而引发了社会上广泛的问责和质疑。为回应这些质疑，社会项目的管理者和政策制定者需要向公众提供政策干预效果的证据和结论。在当时，非实验研究和实验研究都是论证干预效果的方法，但非实验研究存在较大争议，如同源数据有不同的研究结果以及研究假设各不相同等。特别是不同的结果被利益相关者用来支持自己的主张，因而联邦政府将目光转向了争议较小的实验研究。随机实验可以提高严谨性，严格受控的干预以及排除降低内部效度的干扰因素等可以生成干预效应的精确估计。也正由于此，实验研究具有确信不疑的说服力，可以有力回应持续发酵的争议。20世纪60年代以后实验研究逐渐成为政策评估的首选方法，2019年美国在奥巴马执政时期出台了循证政策倡议，要基于评估研究的结果决定政策实施、改进或者终止。

实验设计将因果贡献问题视为首要，通常适用于特定类型的项目评估，即项目被看成是一个简单的政策干预，政策结果产生于一个有边界的和有着线性因果关系的过程[②]。非线性的复杂适应性系统也不适用于实验研究方法，新近的发展是通过计算机建

① Vedung E. Public Policy and Program Evaluation [M]. New York: Transaction Publishers, 2000.

② Patton M Q. Essentials of Utilization-Focused Evaluation [M]. California: Sage Publications, 2011.

模来模拟复杂适应性系统和政策干预（详见本章第六节“基于案例的场景模拟”）。除此之外，很多评估模式会进行方法上的混合，而实验研究由于严谨性的要求非常难以与其他方法混合。

实验研究与设计评估的政策结果并非过程性结果。Weiss 等将项目产出称为“中间结果”，将项目结果称为“目标成果”。前者指项目实施产生的（其输出或中间结果），后者则是项目或者政策实施旨在实现的内容（其目标结果）。[①] 从目标结果上来看，实验研究与总结性评估更为兼容，但新项目和创新项目需要经过一段时间的总结性评估后再应用于实验研究与设计评估。

在使用实验进行评估的子领域，主要有五种方法：大规模实验、机会主义实验、快速循环评估、荟萃分析和系统评价[②]。

二、实验研究与设计方法论

第一，基于反事实的随机对照。因果推断的实验设计需要有对照物作为标尺或者证据，表明如果没有政策干预会发生什么。通过对照干预（处理组）与未干预（控制组或者对照组）的结果，可以更好地排除竞争性假设得出政策干预与其结果之间的因果关系。如果未能满足这一要求，任何观察到的处理组和控制组之间的差异都可以归因于其他解释，无法排除竞争性假设。

“反事实”（Counterfactual）是最理想的对照，类似于让同一个人处于平行宇宙，这样可以观察一个人受到干预或者没有受到干预的结果。简单地说，同一个人，意味着处理组与控制组（作为标尺或者对照）具有基准可比性，平行宇宙意味着排除了其他干扰因素；否则就可以合理地认为，结果是由两组参与者之间的固有差异等原因引起（竞争性假设）。

阅读材料

为什么事前—事后测试不足以得出因果推断?

如果想测试参加匿名戒酒会（AA）对饮酒的影响，可以假设参加 AA 会减少过度饮酒，因为这是一个合乎逻辑的主张。但是，如何知道只有 AA 会导致这种变化？什么样的系统证据会让你相信 AA“有效”？一种方法是将参与者当前的饮酒习惯与他们加入 AA 之前的饮酒习惯进行比较（如计算每周的饮酒次数）。这种“前后”分析——同一组在接触干预之前测量，然后在接触干预之后再次测量——是一种常见的设计。

---

① Weiss M J，Bloom H S，Brock T. A Conceptual Framework for Studying the Sources of Variation in Program Effects［J］. Journal of Policy Analysis and Management，2014，33（3）：778-808.

② Peck L R. Experimental Evaluation Design for Program Improvement［M］. California：Sage Publications，2011.

然而，仔细观察会知道，这是一种建立因果关系的弱方法：除了 AA 干预之外，在“之后”每周喝更多或更少的饮料还有许多其他原因。我们不知道如果这些人不参加 AA 组，他们是否会减少饮酒。我们无法确定参与愿望的某些特征是否导致饮酒行为的改变，也许另一种酒精治疗会比 AA 更有效。

对于前后设计，我们甚至不能排除其他事情恰好与他们不断变化的行为相吻合。这可能是酒精价格的变化或天气的变化。在新型冠状病毒肺炎封闭期间被限制在室内也可能在某种程度上对饮酒行为的变化有所贡献。更复杂的是，即使“事前”和“事后”之间存在明显差异，研究人员仍然不能排除饮酒差异的竞争性解释。

资料来源：Ariel B，Bland M，Sutherland A. Experimental Designs［M］. California：Sage Publications，2021.

第二，从项目逻辑转换到评估逻辑。政策（干预）是以项目的方式实施的，项目则包括了程序设计、组织结构以及领导等方面。项目逻辑即政策实施的要素如何安排以完成（政策干预）预期的结果，阐明了规划的活动、产出和结果之间的关系。实验研究的对照需要从项目逻辑着手，依据反事实的对照将其转换为评估逻辑①，简单而言就是把项目逻辑中与结果（是否变化）相关的部分与控制组进行对照，按照评估框架重新组合，以评价政策干预的影响。

例如，项目的输入（如项目设计、实施以及行政计划等）与控制条件下的输入之间的差异，具体来说可以是项目服务提供的数量、质量、服务内容等输入环节、领导力等过程环节的差异②。

第三，评估标准。实验研究与设计需要遵循内部效度、外部效度以及可信性、可靠性等标准。实验研究设计的框架：项目效应、处理组的对比与项目实施（见图3-2）。

三、基准实验设计与变体

第一，基准实验设计。基准实验设计是以随机方式分配形成实验组和控制组，通过对照得出因果关系。实验研究通常需要排除竞争性假设，这就需要尽量降低或者消除影响内部效度的因素：①历史经历或者时间。经济、政治、社会、自然灾害等因素可能会影响一段时间内发生的研究结果，如经济形势以及政治领导人的变化影响实验对象的感受和行为。②选择偏差。③成熟或自然发展的影响。时间被视为影响结果的一个变量，随着时间的推移，参与者不断学习和成长，新项目随着时间成熟达到相对稳定的管理状态等。这个成熟过程可能会被误认为是项目的影响。④统计回归效应，

① Peck L R. Experimental Evaluation Design for Program Improvement［M］. California：Sage Publications，2011.

② Weiss M J，Bloom H S，Brock T. A Conceptual Framework for Studying the Sources of Variation in Program Effects［J］. Journal of Policy Analysis and Management，2014，33（3）：778-808.

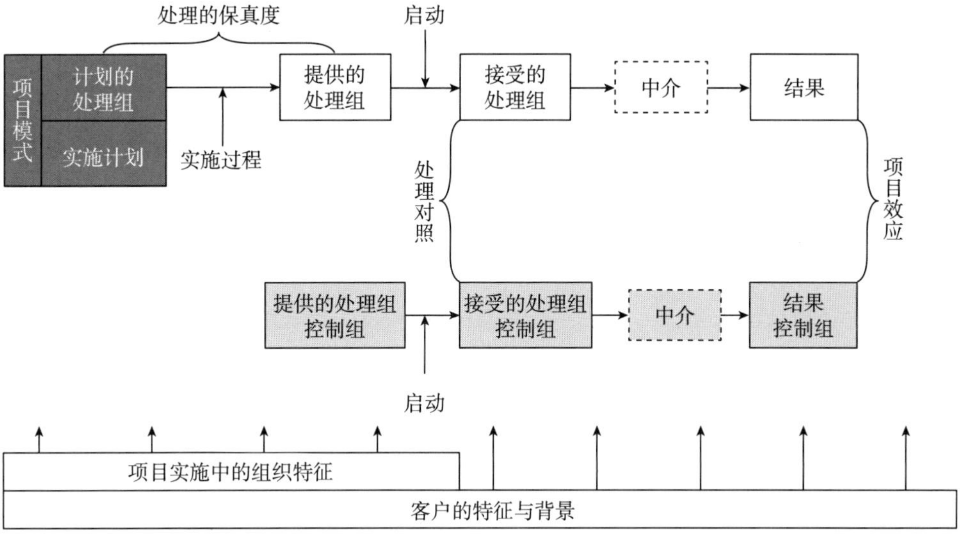

图 3-2　实验研究设计的框架：项目效应、处理组的对比与项目实施

资料来源：Weiss M J, Bloom H S, Brock T. A Conceptual Framework for Studying the Sources of Variation in Program Effects［J］. Journal of Policy Analysis and Management, 2014, 33（3）: 778-808.

也指"向平均数回归"。在重复测量时，前测时获得的极高或者极低值会在后测时倾向于"向平均值移动"。⑤测试。使用相同的措施反复测试参与者会影响参与者的回答。⑥工具。一些工具会以某种方式"引导"研究的参与者，导致他们的反应与其他人不同。⑦互动或者扩散。研究中的干预通过交谈等相互作用从处理组传播到控制组。

第二，实验设计的各种变体。实验设计的各种变体可以为政策干预以及程序设计的改进提供更多的信息。首先，在基准实验设计随机分配两组的基础上，可以随机分为三组和四组（可能更多），即多组随机对照的实验设计。其次，可以通过替代性的处理组设计（Competing Treatments Design）来评估不同的政策干预的效果。例如，这些组分别代表不同的替代性政策干预或者程序设计，如替代性的时间安排。最后，可以通过改进的处理组设计（Enhanced Treatment Design），如与更高强度干预的处理组进行对照，衡量政策干预强度的影响①。

阅读材料

如何通过实验设计为政策干预提供改进信息？

20 世纪 90 年代的国家福利工作策略评估（NEWWS）是"替代性处理组"设计的一个例子……将有资格获得福利援助的申请人随机分配到对照组或两种不同策略

① Peck L R. Experimental Evaluation Design for Program Improvement［M］. California: Sage Publications, 2011.

的组。在一种策略中，个人可以获得基于劳动力依恋（LFA）模型的福利援助。这种模式强调“工作优先”，鼓励参与者获得劳动力市场经验有助于他们以后找到更好的工作。在另一个替代性处理组中，个人可以获得基于人力资本发展（HCD）模型的福利援助，该模型强调教育和培训是改善劳动力市场（结果）的途径。实施该研究的几个地方福利办公室中的每一个都运行两种政策计划变体，以及一个没有接受任何福利工作援助的控制组。这种设计使研究能够回答有关程度的问题。

关于改进的处理组设计，社会保障局（SSA）正在进行的福利抵消全国示范（BOND）项目应用了这种方法。该研究将一个实验组中支付社会保障残疾保险（SSDI）福利的更慷慨方式与第二个实验组中相同的福利调整加上增强的就业咨询进行了对比。该研究还将两个处理组与代表标准SSDI支付规则的营业对照组进行了比较（Gubits，2014）。这种设计使政策制定者能够了解，与当前规则相比福利支付变化是否会影响个人收入。与当前规则相比，支付变化加上增强咨询是否会影响收入，以及增强咨询本身是否会增加新福利规则的影响。

资料来源：Peck L R. Experimental Evaluation Design for Program Improvement［M］. California：Sage Publications，2011.

四、准实验设计

第一，基于反事实的准实验设计。真实验设计所需的各项条件在现实条件下往往难以满足，如被试对象不能按照研究者的意图随机分配到不同的组别中、在开始进行处理时结果和被试对象的分配就已经完成了等。除此之外，组建一个严格可对照的控制组有时也十分困难。当研究人员无法操纵自变量变化（处理）的时间，也无法选择或随机分派被试对象时，就需要采用准实验设计（Quasi-Experimental Design）。

准实验设计中的“技巧”是创建一个与“处理组”相同的比较组，这些方法本质上是统计性质的，但仍然被认为是“实验性”设计①。例如，当研究人员获取了特定现象的数据集——警察记录、调查答复或法庭案件时，可以观察一组自变量与另一组因变量的关系。准实验设计可以采用不同复杂程度的统计程序，利用数据中的子组，作为处理组（另一子组）的反事实条件②。

第二，准实验研究的设计。已有的准实验设计包括多时间序列设计（The Multiple Time-Series Design）、非等价控制群设计（Non-Equivalent Control-Group Design）、中断时间序列设计（Interrupted Time Series Design）、离散样本的前测—后测设计（The Separate-Sample Pre-Test-Post-Test Design）、回归不连续性设计（Propensity Score Matc-

① Rubin D B. For Objective Causal Inference，Inference，Design Trumps Analysis［J］. Annals of Applied Statistics，2008，2（3）：808-840.

② Cox D，Reid N. The Theory of the Design of Experiments［M］. California：Sage Publications，2011.

hing)、倾向性得分匹配（Propensity Score Matching）等。

第三节　协商评估模式

一、协商评估模式

协商评估模式（Deliberative Democratic Evaluation）是以协商民主理论为基础发展而来，由 House 和 Howe 于 2000 年前后提出。协商评估与 20 世纪 80 年代前后至今发展的很多评估模式有着相近的范式和方法论基础，如参与式评估（Participative Evaluation，1984）、回应性评估（Culturally Responsive Evaluation，2015）、民主评估（Democratic Evaluation，1977）、对话式评估（Dialectical Evaluation，1979）以及 Weiss 等的理论和观点。

协商评估是政治学领域的协商民主理论在政策科学子领域的应用。20 世纪 80 年代以及 90 年代早期发生了一次重要的转向，即以专家为核心的政策科学转向更具公民包容性的政策辩论[①]。政策辩论将评估置于一个特定社会系统的权威性结构之中，评估不再只是方法论的或者逻辑的，而是需要一种框架将评估嵌入更大的社会政治体系和道德结构之中，协商评估正是在此背景下形成的。

二、协商评估的方法论

第一，基于需求（Need）的利益。评估作为政策科学或者广义政治过程的一个部分，本质上都是对利益的分配。因而，什么是利益、确定主要利益相关者的诉求并进行排序，将主要利益相关者的诉求确定为首要目标，进而使用一系列方法评价首要目标是否实现等，是通行的评估程序。评估理论通常不会对利益做非常具体的定义，利益可以解释为需求、目标、偏好等的实现。但协商评估理论认为，需求是与人的基本生存以及福祉相关的，是评估首要考虑的价值。评估理论所指的价值应该是“紧迫而重要”的需要，而不是欲望、偏好。尽管需求、偏好、欲望之间的差异非常复杂且容易引起争议，评估者仍需要保持这一立场[②]。

第二，协商理论。协商是一种以更为包容的方式解决政策辩论的方式，具体来说是就支持和反对某个提议进行深思熟虑的理性权衡[③]。理性的权衡（决定）是协商区别于其他群体活动的特征，也是所有带有参与式评估过程的评估理论所具有的共性。理

① Chambers S. Deliberative Democracy Theory［J］. Annual Review of Political Science，2003，6（1）：307-326.

② House E R，Howe K R. Deliberative Democratic Evaluation［J］. New Directions for Evaluation，2000（85）：3-12.

③ Fearon J D. Deliberation as Discussion［M］// Elster J. Deliberative Democracy. Cambridge：Cambridge University Press，1998.

性的权衡逻辑地引出了协商的另一个特征，即允许不同背景和立场的利益相关者去表达利益和说服，如果人们改变自己的立场和观点是由于被说服，而不是迫于权力、利益集团的俘获或者其他压制性的因素。因此，在围绕共同利益而形成共识的过程中，权力应该被排除在外，并尽量减少参与和对话中的不对等因素。

从以上可以得出协商理论之于评估的方法论基础：协商是认知的过程，而认知的改变只有通过基于对话的理性说服而改变，理性说服形成了一种基于权威而不是权力的影响力。

三、协商评估的实施

第一，包容。评估中需要对利益进行衡量，这是非常复杂且具有争议性的过程。在很多评估理论和模式中是对利益的“分量”进行优先性排序，从而决定哪些利益被优先考虑，哪些利益用来做交换。但协商评估理论认为，所有人都有相同的道德“分量”，评估应考虑所有的利益相关者，而不只是重要的利益相关者。根据包容性的原则，协商评估对利益相关者中存在的权力不均衡问题非常关注，因为权力不均衡意味着特定利益群体将被排除在外，不符合所有利益相关者都应被包容在内的要求。

第二，对话。对话是为了通过互动来揭示人们真正的利益（基于需求），因为评估者不能自动地识别这些利益。人们对自己的利益未必能够有明确清楚的认知，考虑到人的教育水平和认知能力以及利益群体的哄骗和宣传等，人们认为的利益与真正的利益之间可能存在差异，或者利益未必能够被正确表达或者被代表。另外，由于政策评估可能会涉及非常复杂的利益相关者群体，主要的利益相关者更容易被准确识别，但间接的利益相关者则不容易被发现或者被代表。评估嵌入社会体系之中，对话是一种参与和互动，可以发现真正的问题，甚至在一些评估案例中去创建这些问题①。

第三，协商。包容和对话两个原则（步骤）是包容利益相关者并通过对话识别利益的过程，但政策评估并非考虑所有主张和利益，而是要就利益（价值）优先性形成一个共识，后面这个过程是通过协商来完成的。通行的观点认为，公民的偏好、利益和价值等是既定的，只能做选择而不能用来推理。评估是满足利益并使之最大化，而不是去评判。但协商理论认为，协商作为评估工具之一，是一种建立于推理、证据以及有效论证基础上的认知过程。既然是认知，那么就意味着偏好、利益、价值等应通过协商（认知）过程能够被检视并被转化为评估发现，即利益相关者被理性地说服从而形成权威性共识（评估发现）。协商因而是一个决定价值排序的合理性过程。

第四，全过程充分考虑利益相关者的需求。在评估过程中应该如何实施包容、对话和协商的要求？House 和 Howe 列举了一个清单，包括了需要在评估过程中持续关注的问题：“谁的利益被代表了？主要的利益相关者被代表了吗？有利益相关者被排除了

---

① House E R, Howe K R. Deliberative Democratic Evaluation [J]. New Directions for Evaluation, 2000 (85): 3-12.

吗？存在严重的权力不均衡吗？存在对权力不均衡有所控制的程序吗？人们如何参与评估？人们的参与在多大程度上是真实的？他们应该如何参与？协商是只为了截止日期而匆忙进行的吗？”①

四、对协商评估的评价

第一，什么时候开始协商。协商需要一个能够开放的平台，但何时进入协商是一个较难明确的问题。并且，协商也不适用于那些无法通知或者限制利益相关者的情景，如对资格进行限制的项目或者政策②。

第二，针对“对话”的评论。在协商评估中，对话是揭示“真正的利益”并形成共识的过程。但是，利益的表达有口头的也有非口头的方式。因此评估的重点并不是说了什么，而是利益相关者如何表达利益，特别是非口头的表达方式也应受到关注③。

第三，参与式评估可能导致评估者受到偏见的影响。有些学者认为，评估者过多地参与利益相关者的对话，可能会导致不能够正确无偏见地理解利益相关者的处境。

第四节　情景、输入、过程和结果的评估模式

一、情景、输入、过程和结果的评估模式简介

情景、输入、过程和结果评估模式的开发者是 Daniel L. Stufflebeam（1936～2017年），1973 年他创建了俄亥俄州立大学的评估中心，之后迁移到西密歇根大学并一直担任指导直至 2002 年。CIPP 是对“情景、输入、过程和结果”进行评估的模式，是 Context、Inputs、Process、Products 的首字母缩写，对这四个部分的评估以及综合构成了 CIPP 评估。根据第一节对形成性评估和总结性评估的分类和特点分析，CIPP 评估将自身定位为形成性评估与总结性评估的结合，不是去证明（Prove），而是服务于改进（Improvement）。形成性评估主要应用于决策，而决策的基础在于信息。CIPP 在信息提供方面非常强大，通过“情景、输入、过程和结果”四个方面的评估，可以非常系统化地提供决策信息以及进行信息整合。

具体而言，CIPP 的特点体现在与实验研究模式和目标效用模式的比较中：

CIPP 与实验研究与设计模式存在差异。通常实验研究与设计是评估方法的首选，但在灵活性、反馈、信息丰富性、伦理可行性等方面存在不足：①新兴、发展和创新

① House E R，Howe K R. Deliberative Democratic Evaluation［J］. New Directions for Evaluation，2000（85）：3-12.

②③ Hood S. Commentary on Deliberative Democratic Evaluation［J］. New Directions for Evaluation，2000（85）：77-83.

的项目需要不断发展和改进，特别是在项目实施的早期，这种灵活性与实验设计中实验组的恒定性相矛盾。②受限于实验研究的设计，评估收集前测和后测数据（按照经典实验设计要求）阻碍了员工持续获取评估反馈，以及使用反馈来改善项目和记录实施过程。③在社会项目评估中，实验组和控制组的分配需要根据评估对象的特征进行分配，如是否贫困等，会导致伦理争议，因而不具备可行性。④实验设计研究只关注预先确定的因变量，无法发现至关重要的、未预料到的连带效应①。

CIPP 与以目标为基础的评估模式也存在差异。Tyler 提出以目标为基础的评估模式最早应用于学校的课程体系设计评估中，主要的不足在于事前确定评估目标通常脱离实际情况，事后收集的结果信息不能反馈项目执行过程的优势和不足等②。

二、情景、输入、过程和结果的评估方法论

第一，CIPP 的评估逻辑。政策通常是以项目的形式来实施的，项目是指与主要用户合作达成预期目标的一般性路径，主要包括服务和结构化行为、项目行进的程序等。项目逻辑则是指一种描述或者图解表述，来解释不同的项目行为及其与项目结果之间的（逻辑）关系③。项目逻辑有很多种表述方式，评估逻辑与项目逻辑之间的对应性因评估模式不同而有所差异。例如，实验研究与设计评估是对政策干预效果进行评估，并不关注项目实施的过程性。

CIPP 的评估逻辑和项目逻辑之间具有较为完整的对应性，是对一个项目实施的情景、输入、过程以及结果进行系统化评估，即“把所有碎片拼在一起”，这四个部分对应着连贯的逻辑问题。

情景：需要做什么?

输入：如何做?

过程：执行了吗?

产品：成功了吗?④

CIPP 的评估逻辑与目标驱动的任务（即项目）执行过程是有着对应关系的。目标驱动的任务最终是要实现核心价值（中心圆），这些价值的实现分别通过项目的目标、计划、行动与结果（第二圈层）来实现，CIPP 通过对应的情景、输入、过程以及产出评估来论证和判断目标、计划、行动、结果每个部分对核心价值的贡献（中心圆），以及作为整体的核心价值的实现程度（中心圆）。在评估进程中，评估各组成部分所占比重会发生变化，过程评估会随着评估进程而逐渐降低，结果评估的比重会持续上升。

CIPP 的组成部分与项目之间的对应关系如图 3-3 所示。

---

①②④ Stufflebeam D L，Zhang G L. The CIPP Evaluation Model：How to Evaluate for Improvement and Accountability [M]. New York：The Guilford Press，2017.

③ Alkin M C，Vo A T. Evaluation Essentials：From A to Z [M]. New York：The Guilford Press，2018.

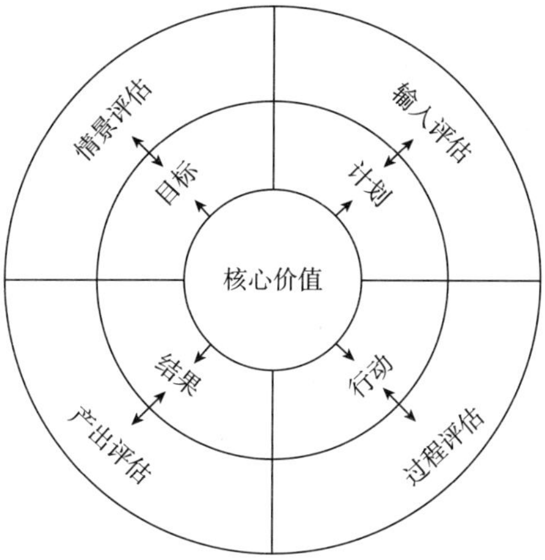

图 3-3　CIPP 的组成部分与项目之间的对应关系

资料来源：Stufflebeam D L，Zhang G L. The CIPP Evaluation Model：How to Evaluate for Improvement and Accountability［M］. New York：Guilford Press，2017.

第二，形成性评估和总结性评估贯穿全过程。在情景、输入、过程以及结果的每个部分都要基于形成性评估和总结性评估两条线索来收集信息和进行分析评价。

在情景评估部分，形成性评估对需求、问题、风险以及机会进行汇总和评价并以此为基础设置优先项，可能包括的问题：最具优先性的需求是什么？应服务于哪些群体？为满足优先性的利益需求而设置的目标有哪些？这些目标如何进行优先性排序？有哪些可用的资源有助于实现目标？总结性评估则是通过收集信息对目标和优先性做出评价，包括的问题：政策干预在多大程度上解决了优先性需求？项目的目标在多大程度上反映了项目（政策）针对的需求，目标在多大程度上考虑到了成功的阻碍因素，利用了可用储备（资源）？目标在多大程度上被认真对待并被解决？①

在输入评估阶段，形成性评估是为项目战略的选择提供指南，并制定合理的执行计划，可能的问题：满足需求和达成项目目标的最可靠路径是什么？如何基于过去的使用、成功的潜力成本、可行性等比较这些备选方案？应该如何以最有效的设计、人员配备、资金支持等来实施政策干预？总结性评估是通过比较目标需求、问题和风险与实施计划之间的差距来判断计划与预算，并评价其与执行环境、相关法律法规等的相容性。可能的问题：选择了哪些战略？与其他战略进行比较后为什么选择以上战略？已选战略如何转化为合理可行的方案？②

①② Stufflebeam D L，Zhang G L. The CIPP Evaluation Model：How to Evaluate for Improvement and Accountability［M］. New York：Guilford Press，2017.

阅读材料

项目目标（质量标准）如何转换为“情景、输入、过程与结果”评估？

优质服务学习项目对服务的质量标准有着非常明确的定义。以下对该项目的公共服务质量标准与 CIPP 的四个评估组成部分，即“情景、输入、过程与结果”评估的一一对应关系进行了说明。

CIPP 模式与优质服务学习标准之间的联系

质量标准	CIPP 模式的四个部分情景、输入、过程与结果评估
积极地让参与者参与有意义和与个人相关的服务活动	情景评估：帮助员工识别预期受益人的需求 投入评估：协助项目领导设计一个具有吸引力并针对目标受益人需求的服务—学习项目
作为一种教学策略，以满足学习目标或内容为标准	情景评估：帮助项目人员确定和评估服务—学习提供者的学习目标和内容标准 输入评估：帮助员工设计一个项目，并确保项目计划提供一个有效的教学策略，以满足服务的学习目标
服务学习结合了多种具有挑战性的反思活动，这些活动是持续进行的，并促使人们对自己和他人、个人与社会的关系进行深入思考	输入评估：协助员工在选择服务研习方法前，认真考虑其他不同的方法，并确保所选择的项目包括多项具有挑战性的反思活动 过程评估：使项目工作人员和其他参与者参与对项目活动的持续审查和评估过程，方法是通过反思性期刊、焦点小组访谈和自我认知调查等程序
服务学习促进所有参与者对多样性的理解和相互尊重	背景评价：评估个人受益人的需要以及整个群体的需要，从而提供为个人以及整个受益群体服务的服务学习活动的信息 投入评估：协助设计一个项目，以促进对受益人多样性的了解，在所有参与者之间产生相互尊重，并酌情使服务学习活动个性化 过程和结果评估：形成性和总结性的评估项目是否促进了对多样性的理解、所有参与者之间的相互尊重和适当的个性化服务学习活动
在成年人的指导下，服务学习在计划、实施和评估服务学习经验方面为青年提供了强有力的发言权	情景、输入、过程和成果评估：通过调查、焦点小组访谈和角色扮演等程序，有意义地让受益人参与到计划、实施、服务学习的评估中
服务学习的伙伴关系是合作的、互利的，并且可以解决社区需求	情景评估：让所有项目利益相关者的代表参与到评估受益人的需求和验证项目目标中 输入评估：参与并帮助利益相关者设计一个互惠互利的项目，让参与者合作解决社区需求，并确定和评估预计服务学习项目的替代方法
服务学习让参与者参与到一个持续的过程中来，评估实施的质量和实现特定目标的进展，并根据结果进行改进和维持	过程和成果评估：让参与者参与到评估项目的实施和完成的持续过程中来，并根据结果进行改进和维持
服务学习有充足的时间和强度来解决社区需求并达到指定的结果	情景评估：定期更新目标受益人的需求评估 输入评估：帮助设计一个有足够时间和强度的项目 过程评估：对项目的质量、期限和强度进行持续更新 成果评估：评估社区需求和指定成果是否得到满足，评估项目的成本效益影响和可持续性

资料来源：Stufflebeam D L，Zhang G L. The CIPP Evaluation Model：How to Evaluate for Improvement and Accountability［M］. New York：Guilford Press，2017.

在过程阶段，形成性评估是通过监测的记录和周期性报告等收集项目行动和支出信息，为执行计划提供指南。总结性评估通过比较计划的执行过程与真实过程来全面地描述和评价实际过程和成本，并评价行为是否遵从了法律法规①。

在产出阶段，形成性评估通过评价中长期的产出为项目持续、调整和采纳或者终止提供指南，可能提出的问题：项目在多大程度上有效处理了锚定的需求，项目在多大程度上达到了既定目标？如果没有，那么是否出现了没有预期到的新情况或者负面的效应？如何对执行进行调整以提升成功可能性或者消除不好的结果？总结性评估将结果和连带效用与项目认定的需求与既定目标进行比较，如通过成本效益等方法判断项目是否成功，可能提出的问题：项目在多大程度上成功处理了最初锚定的需求？有未预料的正面结果或者负面结果吗？从项目的质量、影响、成本收益、可持续性以及广泛适用性等方面能够得出什么样的结论？②

第三，评估的专业（质量）标准。CIPP 是一个全面性的评估框架，总体上是客观主义导向的。CIPP 收集的信息既包括定性数据又包括定量数据，评价过程既包括逻辑实证主义的量化评价，又包括使用建构主义的利益相关者协商和共识框架，还被广泛应用于管理过程。因而，评估的“一揽子”标准也体现了 CIPP 框架的综合性和多元性，包括效用、准确性、适当性、可行性和评估责任。即使同一质量标准也具体包含了从建构主义到实证主义范式下的多重含义。例如，效用标准，既包括项目实施完成了质量目标或者产生了效应（如成本收益），又包括这些质量目标是根据利益相关者的需求以及优先性的判断而设定的。准确性则体现了实证主义的严谨性标准。

三、情景、输入、过程和结果的评估步骤

第一，设计评估。评估是内部的非正式评估还是外部资助的正式评估对评估设计至关重要。对于外部资助的大范围正式评估，评估设计既要完整、专门化，又要具有可实施性。在这个阶段可以通过清单的方式列出评估问题，明确评估价值和标准，形成评估问题并确定评估的方法、技术和工具，收集以往的评估方法、评估结果以及媒体报道等相关信息，提前开展利益相关者的沟通等。设计阶段还需要对人员配备、团队等做出行政安排③。

第二，评估预算。预算要保障评估能够满足在评估质量标准方面的制度性要求，同资助方保持充分的沟通，并提供阶段性预算的细节。由于 CIPP 评估是形成性评估与总结性评估的结合，预算要充分考虑到形成性评估带来的弹性④。

第三，签约。在签约阶段要坚持评估的质量标准，确认评估的可行性以及评估的一致性。在签约阶段要确认可能导致评估失败的因素并能达成一致：包括判断评估质

①②③④　Stufflebeam D L，Zhang G L. The CIPP Evaluation Model：How to Evaluate for Improvement and Accountability［M］. New York：Guilford Press，2017.

量的标准、评估对象与范围、评估参与人的保护、信息收集的合约、实施评估的个人与集体责任、评估信息的安全性等。

第四，收集评估信息和分析信息。信息的收集要考虑到四个组成部分，即情景、输入、过程与产出评估的需要。在初步的分析中，定性和定量的分析都会涉及。定量分析用到的方法包括分数、平均值、中位数、等级、评级、标准差和成本分析。如果项目评估中包括了对竞争替代方案之间的比较，还可能需要卡方检验、t 检验和方差分析①。

第五，合并信息。在信息合并阶段根据合理分析和可靠的综合得出结论，遵循的原则：评估结论的得出要考虑项目的主要影响和副作用；当定量和定性分析呈现相互矛盾的结果时，要考虑这些分析中的每一个对于评估的底线问题有多重要，以及每条信息应如何加权；当信息分析的结果有必要时，提出底线结论以及合理的替代结论，并提供提出这些替代结论的理由；为项目的优点、价值、重要性和正直提供一个合理的陈述，坦率地提出最佳判断，不投机也不过于谨慎；向受众提供有关评价结论依据的完整信息，包括受众信息需求、评价问题、评价设计、项目过程、信息收集和信息分析。让代表利益相关者审查结论并提供他们的反馈②。CIPP 的应用案例：评估框架、评估因素与方法如图 3-4 所示。

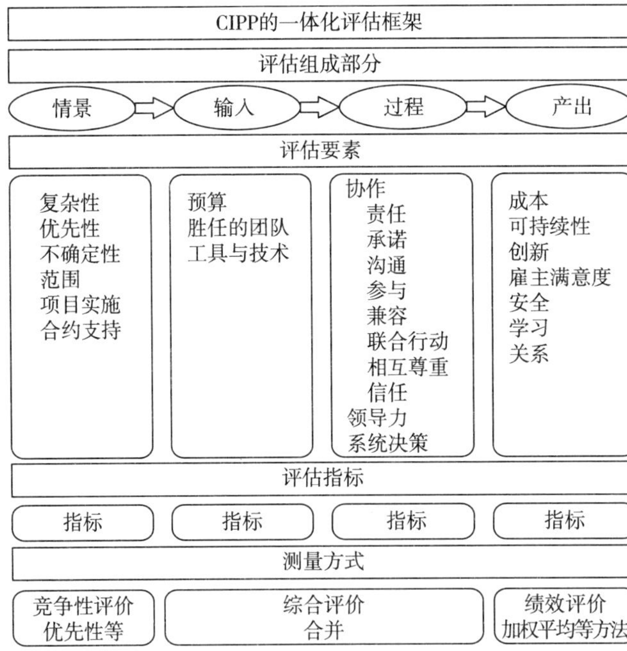

图 3-4 CIPP 的应用案例：评估框架、评估因素与方法

资料来源：笔者整理。

①② Stufflebeam D L, Zhang G L. The CIPP Evaluation Model: How to Evaluate for Improvement and Accountability [M]. New York: Guilford Press, 2017.

第六，评估结论与报告。CIPP 评估的结论或者最终报告组成：①对项目背景和启动评估原因的描述；②对项目设计、实际运行和成本的客观描述；③评估设计、背景、输入、过程和产出，以及关于项目质量和价值的结论。此外，最终报告应辅以附录或单独的技术报告，记录评估的人员配备、技术细节、成本和元评估结果①。

综上所述，情景、输入、过程和结果评估的特点以及局限性如下：

首先，CIPP 是整体主义、宽泛、模糊和总结性的。四个部分提供了非常系统化的信息，但事实上每个部分的信息都有着不同的方法论来源，信息整合会导致一定宽泛性和模糊性，无法像实验研究设计那样提供更为严谨和稳健的结论。

其次，CIPP 的评估对过程与项目有过于理想化的观念。但在项目实施中，除了真实的过程之外，还能有什么更好的吗？理想化可能导致过度的管理主义。

最后，在思路上过于自上而下，并且偏重于管理。CIPP 的评估更适合决策者和管理者使用这些信息，特别是 CIPP 周期性的评估可以改善管理。以管理为导向的方法，可能导致评估者偏向高层管理人员，评价过程成本高昂，并且在评估早期阶段的假设提前清楚地预设了重要决策②。

第五节　效用焦点评估模式

一、效用焦点评估模式简介

效用焦点评估是由 Michael Quinn Patton 开发并普及的评估模式，他也开发了很多其他的评估模式，如蓝色大理石评估（Blue Marble Evaluation，2019）③、原则焦点评估（Principles-Focused Evaluation，2018）、促进型评估（Facilitating Evaluation，2018）、发展性评估（Developmental Evaluation，2010）等。

效用焦点评估（Utilization-Focused Evaluation，U-FE）认为，评估是“现实测试”（Reality Testing）④，应从效用以及实际的使用来进行评价，评估的焦点是现实世界中真实的、人如何应用评估结果，效用焦点评估命名正是基于此。效用评估的简要过程可以概括为将预期用户的用途作为评估的优先性目标，并根据这些优先性目标来收集数

① Stufflebeam D L，Zhang G L. The CIPP Evaluation Model：How to Evaluate for Improvement and Accountability［M］. New York：Guilford Press，2017.

② Worthen B R，Sanders J R，Fitzpatrick J L. Educational Evaluation：Alternative Approaches and Practical Guidelines［M］. New York：Longman，1997.

③ 蓝色大理石评估是一种对全球性倡议进行评估的模式，评估者处于一个全球化网络中。通常，设计、实施和评估被视为独立的功能，由不同角色的不同人员按顺序处理，这些人彼此之间不沟通。蓝色大理石评估打破了这种孤岛，对分离的功能进行整合，连接人和地方以及建立跨时间联系。

④ Patton M Q. Utilisation-Focused Evaluation in Africa［R］. 1999.

据、选择方法并解释实现这些目标的因果机制。现实测试的原理简而言之就是:“将你自认为相信的内容与实际行动进行比较。真实的是什么,不真实的是什么?什么有效,什么无效?你是怎么知道的?”①

U-FE 不提倡任何特定的评估内容、模式、方法、理论,相反是帮助用户选择最适合他们特定情况的内容、模式、方法、理论和用途。因而就评估模式的类型来说,项目设计可能包括任何评估目的,如形成性评估、总结性评估、发展性评估;或者使用任何类型的数据,如定量、定性、混合数据等。更有可能是任何类型的设计,如解释主义的、实验性的。评估焦点也可能是任何类型,如过程、结果、影响、成本和效益等。以效用为焦点的评估是与主要用户一起合作就以上这些问题做出决策的过程,体现出参与式评估的特征②。

二、效用焦点评估的方法论

第一,认知情景“定义”行动结果。在认识论层面,U-FE 模式以社会学者 Thomas Theorem 的定理为基本信条:任何对情景的定义都会影响当下,“如果人们把一个情境界定为真实的并按照这个界定去行动,那么其结果就将是真实的③”。将这一认识论应用于评估,可以把评估理解为“人们编辑现实、寻找证据去确认早已相信的东西”④。

第二,“现实测试”的评估逻辑。陈述的信条与实际运作之间的不一致或者不合理,是评估(现实测试)的立足点。U-FE 首先通过与应用评估结果的用户沟通来明确评估框架中的目标/价值优先性,即谁的目标/价值观将构成评估框架,之后再使用数据和模式来可信地证明实现了。Patton 生动地描述了 U-FE 模式的操作:“当我与小组成员一起理清目标时,我先让他们陈述想要什么结果(预期目标),而不考虑测量的问题。一旦他们仔细和明确地说明了他们想要完成的事情,那么接下来就要弄清楚要收集哪些指标和数据来监测结果的实现。然后他们可以在概念和操作细化(测量)之间来回移动,尝试在两者中获得尽可能高的精度。”⑤

第三,方法的适当性。U-FE 不强调任何特定的方法论,而是强调方法的适当性。方法适当性是指将评估设计与评估情况相匹配,根据优先问题和主要预期用户的预期用途、替代设计的成本和收益、要做出的决策、支持决策所需的证据、伦理考量和效用来动态地调整方法。不考虑情景、不顾及适当性或意义,任何方法设计都不应被称为黄金标准⑥。

第四,评估者的角色。在持续变化的环境之中,U-FE 模式强调无论是管理还是评估分析,与外部动态保持一致是最为核心的任务。评估者要通过互动进行持续的学习

① Patton M Q. From Evangelist to Utilization-Focused Evaluator [J]. New Directions for Evaluation, 2016 (150): 69-76.

②④⑤⑥ Patton M Q. Essentials of Utilization-focused Evaluation [M]. California: Sage Publications, 2011.

③ 原文为:“If men define situations as real, they are real in their consequences.”

和调适，而不是在系统之外进行观察。具体来说，评估者在所有阶段中都应该遵循调适—行动—反应—互动—调适的循环。随着评估者的持续调适，评估者的角色可能是任何一个或者多个角色的合并，如合作者、培训师、技术人员、政治家、组织分析师、内部同事、外部专家、方法专家、信息经纪人、沟通者、变革推动者、外交官、问题解决者和创意顾问①。

但需要强调的是，评估者也有自己的权利，在与用户沟通的过程中并不是被动的或者“装死”（Playing Dead）②。评估者自身的知识和价值观等也是沟通“混合”中的一个重要部分。评估者在任何给定情况下所扮演的角色，不仅取决于以上提到的评估目的、评估者所面临的特定情况等环境因素，还取决于评估者自己的个人知识、技能、风格、价值观和道德观念。

第五，评估的判断标准。U-FE 评估标准包括效用、可行性、合规性、准确性以及问责。效用标准旨在确保评估服务于预期用户的信息需求。可行性标准旨在确保评估是现实的、审慎的和节约的。合规标准旨在确保评估以合法、合乎道德的方式进行，并适当考虑参与评估人员以及受评估结果影响的人的福利。准确性标准旨在确保评估能够揭示决定项目价值的特征，并在技术上有充分的信息描述这些特征。问责标准旨在确保按照质量标准进行评估③。评估者与外部动态保持同步的调适循环如图 3-5 所示。

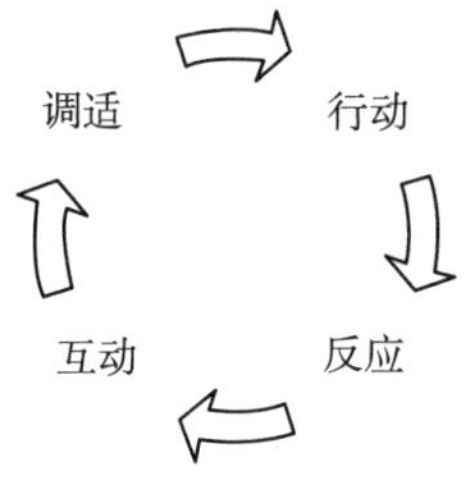

图 3-5　评估者与外部动态保持同步的调适循环

资料来源：Patton M Q. Essentials of Utilization-Focused Evaluation［M］. California：Sage Publications，2011.

三、效用焦点评估步骤

在评估步骤中，U-FE 始终围绕着“目标决策如何影响了使用”，每一步都为评估带来了更清晰和更内聚的焦点。

第一步至第三步主要是评估的准备工作，具体步骤如下：

第一步，为评估做准备，建立计划和组织团队。

①②③　Patton M Q. Essentials of Utilization-focused Evaluation［M］. California：Sage Publications，2011.

第二步，加强评估人员的准备和提升评估能力。

第三步，识别、组织和吸引主要目标用户①。

第四步，与主要目标用户一起进行项目情况的分析。这一步骤旨在确保对项目的理解，通过了解利益相关者的利益和潜在的冲突领域、项目历史和评估历程等，识别和检查所有可能有助于使用或者可能成为障碍的因素②。

第五步，通过确定优先目标来识别和优先考虑主要的预期效用。不同的评估目的需要不同的准备，但在确定目标优先性问题上，U-FE 借鉴了无目标评估（Goal-Free Evaluation），认为最重要的目标可能不是那些决策者和目标用户最需要信息的目标。在 U-FE 评估中要根据最需要和可能最有用的信息来确定目标的优先级③。

第六步，考虑过程使用的问题。这一步骤体现了 U-FE 评估模式的评估性质。过程使用是指参与评估的人从评估中学习，如使用评估逻辑和使用系统推理过程，以及以指导评估实践的标准为指导。当主要目标用户像评估者一样推理并根据评估的价值观进行操作时，他们的知识、态度和行为可能会在报告结果之前受到影响，并且会以超出结果的方式受到影响。

过程使用有以下六种主要用途：①将评估思维注入组织文化；②增进共识；③通过以干预为导向的评估支持和加强该计划；④仪表效果，测量得到的结论就是已经完成的；⑤提高参与者的参与度、主人翁意识和自主权（参与和赋权评估）；⑥计划或组织发展④。

第七步，聚焦于具有优先性的评估问题。在评估中并非对方方面面都进行关注，而是要通过沟通发现哪些是具有优先性的评估问题。在沟通中好的问题是主要的目标用户想要回答的问题，通过这些回答可以了解到他们要如何采取行动⑤。

第八步，检查评估问题是否被充分解决：实施、结果与因果贡献。第七步对设计的问题进行了优先性排序，并提供优先性和备选选项的列表。这一步则是就目标实现以及项目实施与结果之间的联系（因果贡献问题）⑥。

第九步，决定要使用的干预模式或者理论。这一步是将逻辑（因果）模式转变为理论，也就是说，逻辑模式不仅描述了一个逻辑后果，还向用户解释了为什么逻辑上的后果如此。理论是隐性的，只有将其公开阐明并要求拥护的时候才会被实际工作者认知，深思熟虑地按照理论和假设行事并通过评估去实证检验理论⑦。

第十步，协商决定适当的方法，这些方法可以生成可信的结果支持用户对使用的预期。在这一步骤，评估者和主要目标用户一起协商设计、选择方法并做出测量决策。U-FE 评估者会向目标用户提供有关方法选项的建议；指出各种选择的后果，或主动、或被动、或互动、或适应性地与用户互动以考虑替代方案；并通过谈判促进他们参与

---

①②③④⑤⑥⑦ Patton M Q. Essentials of Utilization-focused Evaluation［M］. California: Sage Publications, 2011.

方法决策。在选择方法的阶段，评估者以技术顾问、顾问、教师的身份参与进来①。

第十一步，确保目标用户了解潜在的方法争议及其影响。第十步侧重于通过与主要目标用户之间进行协商来选择适当的方法，这一步骤可以看成是上一步的继续，主要考虑方法分歧的影响。例如，促使用户了解方法上的差异，可信度如何受到方法论偏见和范式的影响②。

第十二步，模拟结果的使用，进行彩排。在之前的步骤中，评估的目的和预期用途已经与主要用户协商确定，并确定了优先性目标/问题和规划了调查设计、测量和数据收集。但在数据收集之前还是要进行检查，确保要收集的数据真正回答优先问题并支持了基于优先性的行动。以效用为中心的彩排目的在于让目标用户参与模拟练习，制造一些潜在的结果让用户解释和使用这些结果③。

第十三步，以“持续关注使用”的方式收集数据。前一步骤是对数据收集过程中可能出现问题的风险评估。这一步骤是真正地实施数据收集计划④。

第十四步，组织和呈现数据以供主要的目标用户解释和使用⑤。

第十五步，准备评估报告以促进使用，并通过传播重要发现扩大影响力⑥。

第十六步，跟进主要目标用户以促进和加强使用。

第十七步，使用的元评估：负责、学习和改进。

四、对效用焦点评估的评价

U-FE 是参与式的评估，需要利益相关者之间的充分沟通以确保实施步骤中的确定优先目标、确定优先问题以及评估设计和数据收集方法、分析和解释调查结果、生成建议和使用调查结果等。因此，参与过程的不充分会导致效用焦点评估面临很大的挑战。

第一，利益相关者的参与限制。在具体的评估实践中，利益相关者可能有其他的重要事务，而 U-FE 评估消耗太多的时间导致利益相关者参与不足。利益相关者也可能由于对项目评估失去兴趣而退出评估，或者评估组织方的工作人员更换导致评估过程的经验、知识等不具有连续性。

第二，利益相关者无法回答所有问题。U-FE 是参与式的评估，评估的重点在于由主要的利益相关者参与来回答评估的目标、优先性等问题。但在实践中，评估者可能无法回答所有问题，“我发现当我作为外部评估者进入一个新的项目设置时，与我一起工作的人（利益相关者）通常希望由我来告诉他们什么是评估的重点，他们被动地等待专家——我——来告诉他们答案。但我并不能回答评估中具体的问题⑦”。在 U-FE 评估中，只有利益相关者能够通过充分地就评估目标或者优先性进行沟通和交流之后，

①②③④⑤⑦ Patton M Q. Essentials of Utilization-focused Evaluation［M］. California: Sage Publications, 2011.

⑥ Schimpf C, Barbrook-Johnson P, Castellani B. Cased-Based Modelling and Scenario Simulation for Ex-post Evaluation［J］. Evaluation, 2021, 27 (1): 116-137.

评估者才能在数据基础上做出判断，如哪些数据是有用的、有意义的。

第三，U-FE 评估面临着如何平衡外部人与内部人角色的问题。作为外部人，评估者是向出资人汇报的第三方，具有客观性。但同时，作为一种参与式评估，评估者是利益相关者之间沟通的推动者、参与者。两种角色之间的张力与平衡是 U-FE 评估面临的主要挑战①。

第六节 基于案例的场景模拟

一、基于案例的场景模拟开发背景与简介

基于案例的场景模拟（Integrated Approach Case-Based Scenario Simulation，CBSS）是计算社会科学应用于政策评估的一种模式，由 Schimpf 等于 2020 年提出。这一评估模式的开发受到复杂适应性系统理论以及政策评估理论“复杂性”转向的影响。

第一，复杂适应性系统和政策评估。21 世纪以来，我们所在的生存环境已经从适应性系统（Adaptive System）日益转换为复杂适应性系统（Complexity Adaptive System），这是政策评估理论和实践面向的重要环境变化，作为科学一分子的评估面临着传统工具失效的挑战。诚如 Miller 所言，“当科学家面对一个复杂的世界，传统的工具是将系统简化为原子化的因素从而洞察世界。不幸的是，同样的工具去理解复杂世界是失败的，因为我们不可能在缩减系统的同时不去杀死它”②。政策干预发生在开放和动态的系统之内，通常政策评估只对政策干预的复杂性建模，但无法处理政策干预所在的复杂性系统。因而，对于政策干预的事后评估来说有三点需要考虑：①预想的政策干预可能受到交织的因素以多种方式影响结果；②以往评估中得出的结论或者洞见是以回顾性方式获得的，很难对复杂的情况有所预估；③在现实中控制或消除所有不可预测的事件是无法实现的③。

第二，作为工具的计算社会科学。计算社会科学将社会系统当作信息处理的对象（组织），通过先进的计算方法对社会系统进行综合性的跨学科研究。社会科学中的计算范式有双重来源：实质性的（理论视角）和工具性的（方法论）④。这里，计算社会

① Ramírez R，Kora G，Shephard D. Utilization Focused Developmental Evaluation：Learning Through Practice［J］. Journal of Multi Disciplinary Evaluation，2015，11（24）：37-53.

② Miller J H. Complex Adaptive Systems：14（Princeton Studies in Complexity）［M］. Princeton：Princeton University Press，2007.

③ Schimpf C，Barbrook-Johnson P，Castellani B. Cased-based Modelling and Scenario Simulation for Ex-post Evaluation［J］. Evaluation，2021，27（1）：116-137.

④ Cioffi-Revilla C. Computational Social Science［J］. WIREs Computational Statistics，2010，2（3）：259-271.

科学是在工具性的意义上作为方法被引入政策评估的模式中。计算社会科学的方法有五种，即自动信息提取系统（Automated Information Extraction）、社会网络分析（Social Network Analysis）、社会地理信息系统［Social Network Analysis（SNA），Socio-GIS］、复杂性建模（Complexity Modeling）和社会模拟模型（Social Simulations Models）。在政策评估中，通过模拟的方式可以让当前政策和备选政策运行起来，为观察不同政策对既定系统的影响和效果设定一个足够完善的基准模型[①]。

第三，CBSS 的优势。如果在评估中解决的问题、应用的工具和方法与其他复杂适应性的或者传统方法高度相似，CBSS 可以为评估模拟更为广泛的场景；通过案例，CBSS 可以提供从多个视角探索和审查评估数据的方法；通过对独特案例、轨迹和具有异质效应的干预进行建模来查看“在什么情况下什么对谁有效”[②]。总体而言，情景模拟方法将使评估者专注于研究中的所有因素及其复杂的相互作用，是复杂适应性系统的方法，而不是将评估减少到少数因素。

二、基于案例的场景模拟评估方法论

第一，有限的不确定性。任何模式都无法处理“变化”带给复杂系统的无限不确定性，但 CBSS 可以通过基于多案例的建模来模拟复杂系统，探测复杂系统内政策干预引起的有限不确定性。CBSS 也能够提供一个学习的环境，组合不同研究方法以增进知识的创造。

第二，案例及其关系和轨迹等同于复杂系统的方法论。案例研究通常强调其代表的属性，但在 CBSS 研究中案例强调的是跨越时间/空间的轨迹，不是它所包含的单个变量或属性。案例及其跨越时间/空间的轨迹是研究的重点，案例及其关系和轨迹等同于复杂系统的方法论。具体来说，基于案例的复杂系统方法论主要包括以下三个部分：①案例及其轨迹被视为组合（概况），由一组相互依赖、相互关联的变量、因素或属性组成。②在分析中需要考虑案例所处的更广泛的社会背景/系统。③在一组案例之间的关系很重要的情况下，对案例如何交互以及它们形成的结构模式进行网络分析是关键[③]。总体来说，案例之间的复杂关系以及轨迹是涌现的、自组织的、非线性的、动态的。

第三，CBSS 的评估逻辑。CBSS 是三种方法的结合，即案例研究、场景分析以及计算机模拟，评估逻辑包括三个连续的步骤，即基于案例建模、场景模拟和敏感性分析。

首先，基于案例建模。基于案例建模是指根据案例的不同属性、轨迹以及与其他案例的关系来收集这些案例，并以此为基础为复杂性系统建模。案例是一个完整的研

---

① Cioffi-Revilla C. Computational Social Science［J］. WIREs Computational Statistics, 2010, 2 (3): 259-271.

②③ Schimpf C, Barbrook-Johnson P, Castellani B. Cased-based Modelling and Scenario Simulation for Ex-post Evaluation［J］. Evaluation, 2021, 27 (1): 116-137.

究单位，也是一个画像，展现出案例的内部特性、因果条件、环境因素以及其他相关因素。所有这些案例被视为一个复杂性系统，一些案例会形成集群，k 均值和自组织映射（Self-Organizing Map，SOM）可以将数据对象的集合分组为由类似的对象组成的多个集群。CBSS 关注的是在早期阶段中识别的集群（而不是案例）。初步建模后，可以设定复杂系统中的一系列案例正在经历一个或者多个干预，把这些案例集群划分为重要的和次要的去检验共同的趋势，内部及其相互之间的关系以及随着事件发展的动态等。最大集群的最常见轨迹称为主要趋势；最不常见的称为次要趋势。

其次，场景模拟。完成基于案例的计算机建模后，需要进行场景分析也即场景模拟。场景模拟可以探索集群中的干预或改变是否足以将其推向或远离具有理想或不理想特征的另一个集群。例如，场景模拟可以用于反事实推断，改变变量的关键组合可能会揭示一组以上的变化如何导致相同的结果①。

最后，敏感性分析。由于系统中的任何变化都存在不确定性，可以使用多概率模拟（Monte Carlo Simulation，估算某个不确定事件的可能结果）来检验假设的变化。例如，可以对集群进行更改以根据其判断变化的精度进行敏感性分析，多概率模拟的结果显示了在不同值上的不确定性以及更改后的集群分布。由此，基于案例的建模和场景模拟共同构成 CBSS，提供了一种新方法来建模和探索复杂系统和系统中的假设变化。

三、基于案例的场景模拟评估工具与步骤

Schimpf 和 Castellani 基于 CBSS 开发了一个应用平台，即 COMPLEX-IT。该平台的数据库是基于案例的，即数据库中包含某些案例（如客户、患者、消费者或社区）的长信息画像（如变量、因素、条件等）。基于这些案例，CBSS 的一个关键目标是找到那些不明显的模式，如不同案例如何聚集以及为什么，或者对于时间序列数据，这些集群如何在时间/空间上有所不同或变化。例如，像新型冠状病毒肺炎这样的疾病如何在整个社区传播，或者公共交通战略如何在政策周期内影响不同的社区。

运行 COMPLEX-IT 的具体操作步骤如下：

第一，利用机器驱动的集群分析将数据“映射”到地理二维网格，在该网格中，可以基于案例探索后续场景。

第二，通过 k 集群分析简化研究集群，以确定案例集聚的主要和次要集群/趋势。通过探索特定集群的干预措施来识别结果差异，从而允许分析特定集群的多种可能解决方案，包括分析意外、不可用或不切实际的结果。

第三，将这些不同的干预措施（及其相对有效性）建立在它们所依据的复杂因素集（集群）的变化中，包括它们的复杂、非线性和（就纵向数据而言）动态相互作用。

① Schimpf C，Barbrook-Johnson P，Castellani B. Cased-based Modelling and Scenario Simulation for Ex-post Evaluation［J］. Evaluation，2021，27（1）：116-137.

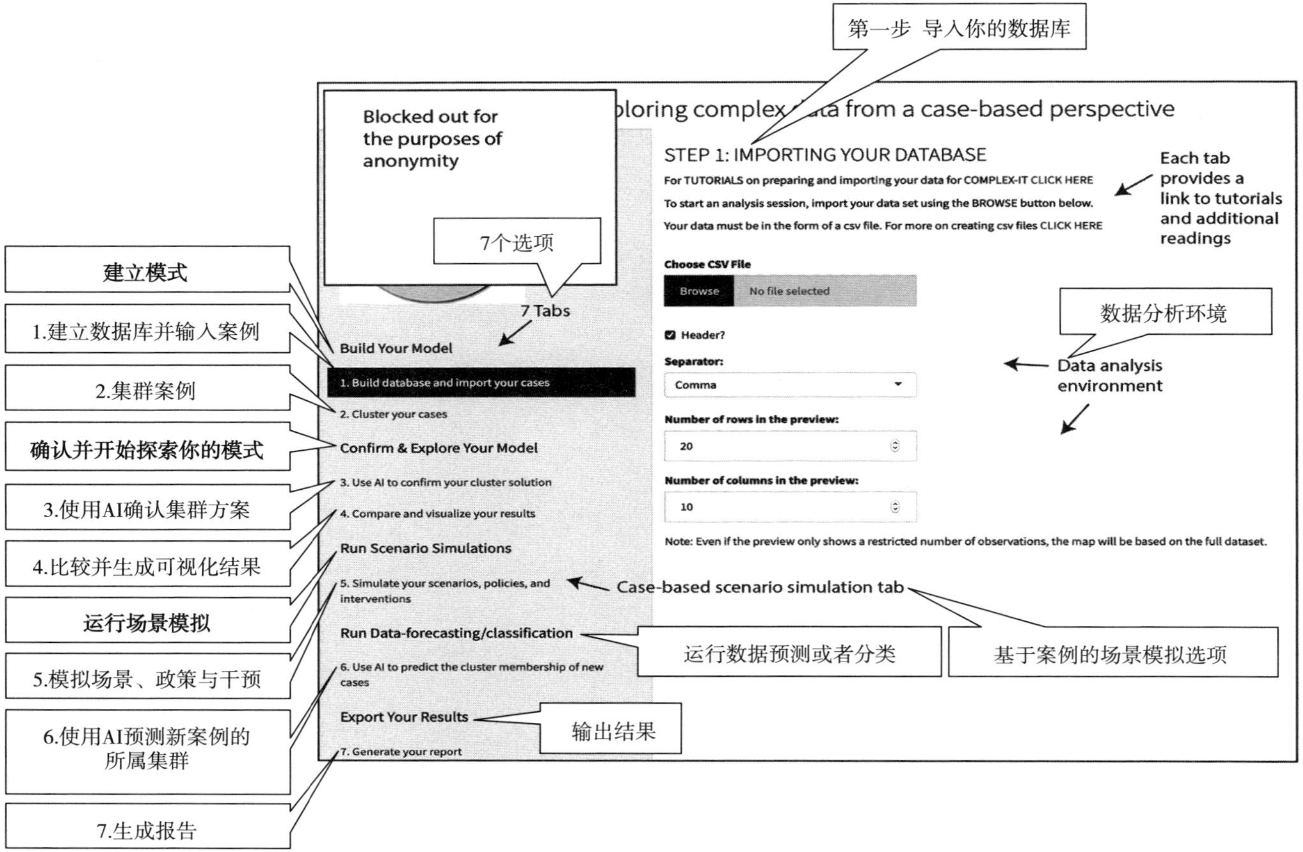

图 3-6 CBSS 模式应用平台的界面

资料来源：Schimpf C，Barbrook-Johnson P，Castellani B. Cased-Based Modelling and Scenario Simulation for Ex-post Evaluation［J］. Evaluation，2021，27（1）：116-137.

第四，检查与基于集群的解决方案相关的反事实。

第五，评估干预措施的短期和长期影响。

第六，使用多概率模拟对一组干预措施进行敏感性测试，这是一种在不同变化范围内测试结果的方法①。CBSS 模式应用平台的界面如图 3-6 所示。

复习思考题：

1. 什么是评估模式，评估模式有哪些分类标准？
2. 实验研究与设计适用于哪种特定的政策评估类型？
3. 总结性评估与形成性评估的差异是什么？
4. 发展性评估适用于什么样的评估问题？
5. 复杂适应性系统的含义是什么？计算社会科学提供了哪些政策评估工具？
6. 什么是协商？协商评估的基本步骤或者标准是什么？
7. CIPP 评估如何在评估流程中贯彻形成性评估与总结性评估结合的原则？
8. “评估是现实测试”的含义是什么？如何应用于评估实践？
9. 什么是反事实？准实验研究如何运用反事实进行实验设计？
10. 基于案例的情景模拟是如何模拟复杂适应性系统的？

① Schimpf C，Castellani B. COMPLEX-IT：A Case-Based Modelling and Scenario Simulation Platform for Social Inquiry：10. 5334/jors. 298 ［P］. 2020-03-06.

第四章 公共政策评估方法

本章要点：

公共政策评估方法可以分为：定性评估方法和定量评估方法。

具有代表性的定性评估方法：指标评估法、调查分析法和案例评估法。

具有代表性的定量评估方法：随机控制试验、工具变量法、双重差分法、断点回归法、群聚分析法、匹配法和合成控制法。

在公共政策评估实践中，定性评估方法和定量评估方法往往是混合使用的。

与社会科学研究方法一样，公共政策评估方法常被划分为定性评估方法和定量评估方法两类。虽然这两大范式在方法论、问题类型、数据分析、推断方法上都有截然不同的“传承”，但在实际的公共政策评估过程中，学者们并不单一使用定性评估方法或定量评估方法，而常常是混合使用这两种评估方法。事实上，在经历定性与定量长期的争论和交锋后，也有学者指出，定量与定性研究仅在风格上存在差异，而这些差异在方法论和实质意义并不重要①。从根本上说，无论是定性评估方法还是定量评估方法，它们都是被用来评估公共政策的工具。正如好的研究方案总是试图将定量和定性两种方法加以综合一样，一项好的评估设计也应该根据政策的实际情况灵活地使用各种评估工具。

本章简要介绍各类评估方法的基本内容、研究设计和适用范围，并辅以具体的评估案例应用。没有一种评估方法可以恰当适用于所有类型的评估，以及适用于评估所有类型的公共政策。在具体公共政策评估的设计中，根据评估的类型和评估的问题，在综合考察政策背景、评估主体、评估人员、评估数据等因素后，可以根据每个方法的优点和缺点，选取合适的评估方法并将之有效地组合起来。

---

① ［美］加里·金，罗伯特·基欧汉，悉尼·维巴．社会科学中的研究设计［M］．陈硕译．上海：格致出版社，2014.

第一节　定性评估方法

指标评估法、调查分析法和案例评估法是三种常见的定性评估方法。指标评估法通过构建指标评估体系对公共政策进行全面的评估；调查分析法通过抽样、访谈等方式针对特定对象进行调查，整理分析所收集的数据资料得出评估结论；案例评估法通过深入研究真实的案例情景，广泛收集非结构化数据，分析并完成对公共政策的评估。在公共政策评估实践中，学者们常常将三种方法结合起来使用。

一、指标评估法

评估是现代社会各领域的一项经常性工作，是科学做出管理决策的重要依据。随着学者们研究领域的不断扩大，其所面临的评估对象日趋复杂，如果仅依据单一指标对事物进行评估往往不尽合理，必须全面地从整体的角度考虑问题，因此指标评估方法应运而生。运用多个指标对评估对象进行评估的方法，称为多变量指标评估法，或简称指标评估法。其基本思想是将多个指标转化为一个能够反映综合情况的指标来进行评估。

（一）指标评估法的分类

指标评估法类型多样，主要包括因子分析法、层次分析法、灰色关联度分析法、人工神经网络评估法、模糊综合评估法和数据包络分析法六种。

第一，因子分析法（Factor Analysis）。因子分析法是由英国心理学家斯皮尔曼提出的，是主成分分析法的发展。其利用降维的思想，通过研究众多变量之间的内部依赖关系，把相关性很高的多个指标转化为少数几个互相独立的综合指标，从而实现了用较少的变量反映绝大多数信息，同时也大大简化了原指标体系的指标结构。

第二，层次分析法（Analytic Hierarchy Process）。层次分析法是美国运筹学家萨蒂等提出的一种定性分析与定量分析相结合的多准则决策方法。它的基本原理是在建立与决策相关的评估体系基础上，通过专家咨询对各层元素进行两两比较，构造出比较判断矩阵；然后将判断矩阵的最大特征值与相应的特征向量的分量作为相应的系数，最终得到最底层的方案层相对于最高层的目标层的权重。

第三，灰色关联度分析法（Grey Correlation Analysis）。灰色系统理论由我国学者邓聚龙于 1982 年首次提出。灰色关联度分析是根据因素之间发展态势的相似或相异程度来衡量因素间关联的程度，并揭示事物动态关联的特征。该方法的基本思想是根据序列曲线几何形状的相似程度来判断序列联系是否紧密，曲线越接近，相应序列之间的关联度就越大；反之就越小。

第四，人工神经网络评估法（Artificial Neural Network）。该方法通过神经网络的自学习、自适应能力和强容错性，建立更加接近人类思维模式的定性和定量相结合的综合评估模型。目前具有代表性的网络模型已达数十种，使用最广泛的是由鲁梅尔哈特等于 1985 年提出的反向传播（BP）神经网络，其拓扑结构由输入层、隐含层和输出层组成。已有定理证明，三层 BP 网络具有可用性，所以只要给定的样本集是科学的，其结果就是令人信服的。

第五，模糊综合评估法（Fuzzy Comprehensive Evaluation Method）。模糊综合评估法是借助模糊数学的隶属度理论，将一些边界不清、不易定量的因素定量化，从多个因素对被评估事物隶属等级状况进行综合性评估的一种方法，其主要分为主观指标模糊评判和客观指标模糊评判。该方法对数据的要求低且计算量小，适用于对不确定性问题的研究，如风险控制等。

第六，数据包络分析法（Data Envelopment Analysis）。数据包络分析法是著名运筹学家查恩斯和库伯在 1978 年提出的。它是以相对效率概念为基础，以数学规划为主要工具，以优化为主要方法，根据多指标投入和多指标产出对相同类型的决策单元（可以是部门或者企业）进行相对有效性或效益评估的一种系统分析方法。根据各决策单元的观察数据判断其是否有效，本质上是判断决策单元是否处于有效生产前沿面上。

（二）指标评估体系构建原则

指标评估体系构建原则主要包括科学性原则、可行性原则、代表性原则和可比性原则。科学性原则要求指标体系的构建必须具备一定的理论基础，要能够准确地、客观地反映事物发展的实质和内涵；可行性原则要求指标体系对事物发展状况进行测评要具有可行性，尤其是数据收集的便利性，对于不易收集到的数据指标不应被纳入体系；代表性原则要求指标的选取不能太多，要具有代表性，能够准确反映事物发展水平各个方面的特征；可比性原则要求所选指标应该尽可能采用国际上通用的名称、概念和计算方法，要在时间和空间上具有可比性，以方便对不同地区的事物发展水平进行动态分析和评估。

目前，指标评估法已经被应用在各行各业的研究中，学者们运用该方法需要注意以下五个问题：

第一，关于评估指标的选择问题。依据评估目标，遴选评估指标是评估工作的基础。这里主要涉及两个问题：一是对绝对指标和相对指标的取舍问题。绝对指标可以反映评估对象的规模和水平，相对指标则反映评估对象系统内部的结构配置。被评估事物的外在表现往往是一个多面体，应将多个绝对指标和相对指标结合起来，这样才能更加全面地反映事实情况。但在实践中，如何合理配置绝对指标和相对指标却并不容易。尽管绝对指标对评估对象有着重要的影响，但过多地重视规模总量也可能会影响评估结果的说服力。二是指标之间的关系问题。在当前各种研究方法中，存在将各个指标简单加总来对评估对象进行判断的问题，关于指标间的相关性问题一时还无法展开，这在一定程度上违反了系统的整体不等于局部之和的系统哲学原理。例如，科技竞争力可能是影响区域经济竞争力的重要因素，但如果一个区域的科技转化能力比较弱，不能使科技竞争力很快地转化为经济竞争力，那么即使科技竞争力再强，对区域经济竞争力的提高也是有限的。

第二，关于指标体系的构建问题。运用多指标综合评估方法，构建评估指标体系是关键。评估过程是围绕指标体系展开并最终取得评估结果，所以评估指标体系是评估活动成败的关键。指标体系的确定具有很强的主观色彩，当前学者们在研究中所建立的各类指标体系越来越庞大，少则几十个，多则数百个。指标系统中所包含的指标数量太少，则指标体系无法反映评估对象的全貌，导致评估结果的片面性，但如果指标体系过于庞大，会使评估系统变得迟钝，增删几个指标或者改变几个指标数值的大小，对评估结果几乎没有任何影响。

第三，关于评估方法的选择问题。多指标综合评估方法有多种，各种方法出发点不同，解决问题的思路不同，又各有优缺点，如何根据决策的需要和评估对象的特点选择合适的方法是一个比较棘手的问题。即使是针对同一个问题，采用不同的评估方法也会得到不同的结果。例如，张卫华曾用数种多指标综合评估方法对陕西省 10 个地级市的城市设施水平进行评估，因子分析法评估的结果中位于前三名的分别是汉中、西安、宝鸡，而灰色关联度分析法的结果中位于前三名的分别是宝鸡、安康、西安，结果可以说是大相径庭。这种情况会使人们对不同的评估结果感到疑惑，从而影响了研究成果的推广使用。

第四，关于数据标准化的处理问题。由于各评估指标的性质不同，通常具有不同的量纲和数量级。当各指标间的水平相差很大时，如果直接采用原始指标值进行分析，就会放大数值较高的指标在综合分析中的作用，相对削弱数值水平较低的指标的作用。因此，为了保证结果的可靠性，多数综合评估方法需要对原始指标数据进行标准化处理。目前数据标准化方法有多种，归结起来可以分为直线型方法（如极值法、标准差法）、折线型方法（如三折线法）、曲线型方法（如半正态性分布）。不同的标准化方法会对系统的评估结果产生不同的影响，然而目前在数据标准化方法的选择上，还没有通用的标准可以遵循。例如，叶宗裕曾对我国 10 个省市的国有工业企业及规模以上非国有工业企业的经济效益进行综合评估，选用不同的数据标准化方法会得到不同的排名。

第五，关于指标权重的确定问题。为了体现各个评估指标在评估体系中的作用及重要程度，必须对指标赋予不同的权重系数，不同的权重系数会导致截然不同的评估结论。确定权重的方法可以分为两类：一类是主观赋权法，主要由专家根据经验判断得到；另一类是客观赋权法，由原始数据在运算中自动生成。在实际应用中，两种方法皆有局限性。对主观赋权法来说，其准确程度主要取决于专家的阅历经验，即要求参加评估的专家对评估系统具有较高的学术水平和丰富的实践经验。当评估指标体系比较庞大且各指标间具有一定的相关性时，采用主观赋权法就存在相当大的困难，即使是相关领域的专家也难以确定各指标的准确权重。这样，受访的专家不同，其赋予指标权重的大小也就不一样，这对评估方法的权威性来说是一个挑战。客观赋权法虽然排除了很多主观因素，但也有学者认为，纯数学运算有时可能会扭曲真实情况，使权重与指标的实际重要程度相悖。

（1）专家判定法。专家判定法是通过专家依据自己的专业知识和历史经验做出最终评估结果的方法。专家意见包括高校教授及科研机构等的评估。专家判定法一般从受到政府委托开始，由具有学术与技术支撑的独立第三方主持开展，并且第三方评估机构与政府、民众均没有直接利益关系，所以评估结果具有客观性和公信力。公正的评估结果可以改善政企、政社之间的关系，政府在参考评估结果时也会有所侧重并加以改善。

专家判定法的具体操作为政府委托→机构评估→结果反馈。政府委托第三方机构后设立专家委员会，选择学术水平高、具有实践经验并熟悉法律法规、具有时间和精力保证评估工作的进行、具有一定社会公信力且公正诚信的咨询专家作为委员会成员，对重大决策的可行性、合法性、社会效益、社会影响等进行讨论及评估，最后将评估报告反馈给政府并给出决策意见。

因此，“专家系统”为“第三方评估”提供了专业性、独特性、权威性、公正性、客观性。评估主体中的专家构成是保证评估专业性的核心，为“第三方评估”实践赢得了专业性和权威性，进而保证评估过程的公正性，以及评估结果的客观性和有效性。无论是政府主导的评估还是第三方组织的评估，评估专家的业务水平、独立性和责任心都是决定评估工作质量的重要因素。加强评估专家队伍建设是专家判定法的关键：①提高外部专家的比例，建立评估专家库并形成比较系统的专家管理制度。这些专家以科技专家与管理专家为主，尤其是对重大项目和科技政策的评估，可以邀请一定比例的外省市专家参与。②完善评估专家的信用制度和问责机制。一是体现在广度上，即应该对所有的科技评估工作建立专家信用制度和问责制度；二是体现在力度上，对于在评估过程中故意做出虚假结论、造成不良后果的，将永久取消该专家承担科委科研项目评估任务的资格，并且追究其法律责任。

（2）同行评议法。同行评议法是由从事相同或相近领域的专家来评定一项研究工作的学术水平或重要性的一种方法。起初同行评议法被用于评估学术论文的发表，在20世纪30年代该方法又被用于评估科技项目立项。目前同行评议法主要用于科研项目立项评估、科研成果的评定、学位与职称的评定和研究机构运行效率评估等方面。

同行评议法主要包括三种方式：专家会议评议法、通信同行评议法、现场同行评议法。其中，现场同行评议法多用于研究机构的评估和重点项目的验收评估，而前两种方法在项目评估中使用较多。同行评议法的实质在于由从事相同或相近研究领域的专家来判断项目或成果的价值。由于科技研究活动所具有的创新性和成果非实物性，同行专家判断是唯一可行的办法。正是基于这一点，同行评议法成为在项目评估和成果评估中应用最多且历史最悠久的方法。由于同行评议法属于定性方法，因此操作较为简单，并且评估结果易于使用。

同行评议法也有其缺点：①同行评议法依赖专家主观判断，评估结论的主观特征较为明显，因此评估结论的可信性无法验证；②评估专家数量有限，具有典型的“小样本”特征，代表性不强，但增加评估专家数量又会导致评估结论难以收敛；③由于专家选择的局限性，使同行评议法容易受“关系网”或人情影响，并且在评估过程中，评估结论容易受权威专家的影响，导致评估结论失去客观性和公正性；④同行专家往往具有相似的思维定式和科学范式，导致同行评议法具有排斥创新的致命缺点；⑤同行评议法无法适应新兴学科和交叉学科的评估需求；⑥同行评议法仅限于对项目的技术特性做出评估，无法对项目的经济效益、市场前景及是否符合经济、社会发展宏观战略等做出判断。

（3）加权优序法。加权优序法实质上也是一种专家判断法，是专家定性地排列出各个被评估对象相对于各个指标的优劣顺序，通过建立优序数计算出各个对象相对于总目标的加权优序数（即综合评估结果）。其优点是原理简单、操作方便；缺点是当评估对象数量较多时，排序结果就会失去准确性。由于其本身也是一种主观方法，因此评估结论不具有可重复性，并且受权重影响较大。在评估中，加权优序法可与其他方法联合使用，用于对少量同类项目的优选。

阅读材料

甘肃模式

2005 年兰州大学中国地方政府绩效评估中心受甘肃省人民政府的委托对全省各职能部门绩效进行了评估，开创了第三方评估的先河。由兰州大学绩效评估中心确定评估内容框架，将“经济调节、市场监管、社会管理、公共服务”作为目标取向，基于对政府的整体绩效与满意度进行评估；设计了四套指标体系与两套调查问卷，评估指标根据评估对象及评估主体有所区别；根据 2005 年度与 2006 年度回收的调查问卷 10261 份与 9214 份进行评估信息的汇总，评估报告通过媒体向全社会发布。评估结果显示政府服务态度较之前有明显好转，服务质量与服务效率依然存在问题，企业参与环境改善的意识有所增强。

资料来源：包国宪，董静，郎玫，等．第三方政府绩效评价的实践探索与理论研究：甘肃模式的解析［J］．行政论坛，2010（4）：59-67.

二、调查分析法

调查分析法是根据公共政策评估的要求，通过抽样、访谈等方式针对特定对象进行调查，再把调查所收集的数据资料，经过整理分析，按照一定的理论和规律进行科学的判断分析，最终得到评估报告的一种评估方法。这种方法以部分调查资料推算全体，花费少、收效快；组织实施简便易行，适用性较强；既能在实际调查中取得信息，又能利用统计资料进行分析，是一种最常使用的评估方法。

（一）专项调查法

专项调查法要为各级党政部门宏观决策服务。随着社会主义市场经济的建立和完善，各级政府和各级党政领导需要随时掌握和了解社会经济的发展态势、国家各项政策的落实、政策执行过程中出现的新情况和新问题等，这就需要通过专项调查法取得在常规统计调查中难以取得的有关资料和信息，并且将这些资料和信息快速、及时、准确地提供给各级政府和各级党政领导，为宏观决策服务。例如，我国开展的“空置商品房现状和消化研究”专项调查就为我国制定和消化空置商品房政策及计算我国合理的商品房空置率提供了大量的基础资料。

专项调查可以为企业生产经营服务。目前，我国已经建立了社会主义市场经济体制，其中心环节就是要使企业真正成为自主经营、自负盈亏、自我发展和自我约束的法人实体。企业为了在激烈的市场竞争中定位和生存，就需要依靠专项调查等措施，及时了解和掌握市场的变化、消费者的需求，了解本行业及相关行业信息等，以开拓市场，提高市场竞争能力。例如，江西省企业调查队组织实施的“江西省名牌产品的跟踪”专项调查就为企业制定和强化名牌产品战略措施提供了基础信息。

专项调查还可以为社会提供服务。及时捕捉和提供各种社会公众关注的信息，为社会服务是专项调查的第三个主要作用。例如，新疆维吾尔自治区企业调查队组织实施的“家庭和社区服务需求”专项调查就为劳动者提供了大量的就业信息。

专项调查题材选择要准确、方案设计要科学、问卷设计要合理、调查要快速、分析要透彻、提供服务要及时。例如，我国进行的“空置商品房现状和消化研究”专项调查，就是紧紧抓住当时大量商品房空置这一热点问题，设计了空置商品房调查问卷，进行快速专项调查，该调查结果详细反映了我国空置商品房现状、产生的原因，并且提出了空置商品房的消化建议，该调查结果得到相关部门的高度重视并被采用。

调查包括政策性专项调查和非政策性专项调查两类。所谓政策性专项调查，是为制定政策、跟踪政策执行等服务于各级党政领导、地方各级人民政府而进行的专项调查。政策性专项调查主要包括：围绕各级党政领导和地方各级人民政府所关心的问题而进行的专项调查、围绕各级党政部门制定的政策执行情况进行的政策跟踪专项调查、围绕当前经济运行中的热点和难点问题进行的专项调查、围绕社会广大群众关心的问题进行的专项调查。所谓非政策性专项调查，是与企业生产经营相关的市场调查、委托调查等。非政策性专项调查主要包括：市场调查，如某产品的市场占有率专项调查等；企业形象调查，如企业售后服务专项调查等；企业发展意向调查，如企业产品前景意向专项调查等。

在调查中，由于调查的内容不同、范围不同、要求不同，因而具体采用何种调查方法，则需要根据不同的专项调查来选择不同的专项调查方法。通常采用的调查方法包括普查、重点调查、典型调查和抽样调查等。

普查是一个国家或一个地区为详细了解某项重要的国家或地区情况而专门组织的一次性、大规模的全面调查，其比任何其他调查方式所取得的资料更全面、更系统。普查主要统计在特定时点上的社会现象的总体情况，可以为制定长期计划、宏观发展目标、重大决策提供全面的、详细的信息和资料。其优点是收集的信息资料比较全面、系统、准确可靠；缺点是工作量大、时间较长，而且需要大量的人力和物力，组织工作较为繁重。

重点调查、典型调查、抽样调查都属于非全面调查。重点调查是在调查对象中选择一部分重点单位进行调查的方法，其既可用于不定期调查，也可用于连续性调查。重点调查的优点是投入少、调查速度快、所反映的主要情况或基本趋势比较准确；缺点是样本需具有代表性，可能存在偏差。

典型调查是从众多的调查研究对象中，有意识地选择若干个具有代表性的典型单位进行系统调查的方法。其调查方式多为面对面直接调查，如在特定的条件对数据的质量进行检查。典型调查的优点是调查范围小，调查单位少，具体深入，节省人力、财力和物力等；缺点是在实际操作中难以选择真正具有代表性的典型单位，而且容易受人为因素的干扰，导致调查结论具有一定的倾向性。

抽样调查是从全部调查研究对象中，抽选一部分单位进行调查，并据以对全部调查研究对象做出估计和推断的一种调查方法。抽样调查中的每一个单位都有一定的概率被抽中，其可以将误差控制在规定的范围之内并解决全面调查无法或很难解决的问题。除此之外，抽样调查还可以补充和订正全面调查的结果，对总体的某种假设进行检验。抽样调查的优点是经济性、时效性、准确性和灵活性；缺点是样本要有足够的代表性和随机性，否则将导致结果存在偏差。

（二）深度访谈和问卷调查

在公共政策评估中，根据调查分析的规模和深度不同，调查分析法可以分为小规模深度访谈和大规模问卷调查两类。需要强调的是，调查研究方法虽然也是收集数据常用的方法之一，但因为没有使用主流统计学方法进行数据分析，所以其仍属于定性评估方法。

1. 小规模深度访谈

深度访谈分为个体访谈和集体访谈两种，由访谈者与被访者围绕一个主题或范围进行较为自由的交谈，再通过访谈者深入的分析，从中归纳和概括出某种结论。①选择访谈对象。一般是当地熟悉了解情况、了解宏观政策，并且敢于讲真话的社会贤达。还可以从当地行政机关、纪检监察机关、司法机关、行业协会、工商企业等部门抽取一定数量人员作为访谈对象。②选择访谈内容。围绕评估主题拟定访谈内容，但允许访谈对象根据自己的情况选择自己熟悉的问题进行访谈。③控制访谈方法。访谈之前最好能对被访者各方面的情况有所了解，并承诺对所访谈内容保密，尽可能与其建立融洽轻松的访谈关系。访谈过程中要专心听，做好记录，给被访者一种正式感、受尊重感和价值感。

2. 大规模问卷调查

问卷调查主要包括自填式问卷法和结构访问法两种。自填式问卷法采用的是统一设计的问卷，被调查者在填写问卷时完全是自由意志，可以避免人为因素的影响，但如果被调查者对调查内容不感兴趣，或对问卷的理解不够，问卷的质量和回收率就难以保证。结构访问法是调查员通过当面访问或打电话的方式与被调查者联系，问卷的填答工作由调查员完成。这种方式对调查员的要求较高，有必要在正式开始之前对调查人员进行针对性的培训，包括沟通技巧及公共场所基本礼仪方面的培训，尽可能消除被调查人员的抵触情绪，使其客观作答。问卷面向对象较广，被调查者涉及在校学生、企事业单位工作者、离退休职工、自由职业者等，所有受教育程度、年龄段的居民对所评估政策的执行看法都能通过问卷调查得到。

大规模的问卷调查需要应用专业的抽样技术。例如，根据被调查对象的属性将被调查对象分为政府机关、企业单位、公民个人三大类。再如，将政府机关按照职能范围分为立法机关、行政机关、监督机关，或按照机关工作人员职务级别分为领导干部和一般干部；将企业单位根据所有制性质分为国有企业和民营企业；将公民按照年龄、性别或职业进行区分。从这些细分类型中分别抽取一定数量的样本构成总样本，其中数量多的类型应抽取较多的样本。

问卷调查的具体操作是设计问卷→发放问卷→收集并处理结果。问卷可以围绕对地方各级人民政府、官员工作态度、政策制定和执行的满意程度等方面进行设计，选项无须量化，仅包含“满意”“无感”“不满意”即可。问卷的发放可以通过网上发放与集体发放两种方式同时进行，通过网上问卷调查方式得到在校师生、IT 工作者等较常接触电脑的群体对政府政策的满意程度；通过集体发放调查问卷方式得到其他人对政府政策的满意程度。问卷收齐后得到网上发放与集体发放两组数据，这两组数据可以综合起来得到对所评估政策的整体评估结果，也可以进行对比得到不同对象对政策效果的不同评估。

由于对政府工作的评估主要是主观评估，所以评估主体的主观感觉就十分重要，“第三方评估”的必要性和重要性也因此产生，这要求“第三方”是独立于政府工作之外的利益无关方。保证“第三方评估”信息的有效性需要做到以下四点：一是增加被评估政府部门直接服务对象的参评比例，减少间接服务对象的比例。二是在组织专门的“测评团”或“监督员”队伍时，兼顾他们的职业与被评估部门的对应性。三是“评议”本身就是政府绩效管理的形式之一，组织高素质的“第三方”参评本身就是提高管理绩效。四是在有条件的地方，推行网上评议方法，因为网上参评者多数是主动参与，这需要结合电子政务建设情况，要完善网上评议政府的功能。

另外，问卷本身的质量也会影响“第三方”评议结果的准确性和真实性，因此问卷调查表应完全按照政府部门职能或工作要求设计，同时需要遵循两个原则，即分类管理和专业管理。“分类管理”是针对被评估部门而言的。根据不同工作性质、不同工作方法的部门，应该设计不同的问卷，采用不同的评估标准。例如，对行政执法部门就不适合用“满意度”评估标准，而应该侧重评估执法权限、执法内容、执法程序的合法性、政务公开、法规宣传等内容。“专业管理”是针对问卷设计工作而言的，聘请专业人员参与设计，提出一些专业性的建议，这样可以提高问卷调查表的信息量和信息内容的准确性。此外，在开展第三方评估初期，问卷调查的目的在于掌握社会不同层面对于政策或项目的总体评估和对各考量要素的基本反应，因而涉及内容较广但相对比较浅显。随着评估实践的深化，以及重点测评要素的差异，问卷内容也应做相应调整并更加注重细节的深化。

阅读材料

上海二次供水引入第三方评估

生活饮用水二次供水是用水单位将城市公共供水或者自建设施供水，经过储存、加压及深度净化处理后，再供给用户使用的供水方式。根据《生活饮用水卫生监督管理办法》和2014年出台的《上海市生活饮用水卫生监督管理办法》的规定，由原卫生和计划生育部门负责二次供水的卫生监督管理工作。实施“政府监管、行业管理、企业自律、社会监督”的卫生监督管理模式。二次供水引入第三方评估，是加强政府问责、提升政府绩效的重要管理措施，是服务型政府建设的重要手段。

以第三方专业视角，客观、公正评估上海二次供水监管的存在问题，根据评估结果分清部门责任、落实责任人，从而理顺管理体制、提高行政执法效率，促进二次供水监管体制机制改革，确保二次供水卫生安全。依照“点上评估—面上评估—深度访谈”思路，采用“工作规划—实施情况”一致性评估方法，对二次供水监管工作实施一般性结果进行全面评估，采用前后对比法对目前二次供水监管取得的成效进行重点评估。同时，为准确发现二次供水监管工作的关键问题和探讨相应解决对策，采用深度访谈法对利益相关者进行深入访谈。

（1）点上评估。用于评估卫生行政部门二次供水监管所带来的实际效果，比较某一辖区在一段时间内二次供水工作监管的效果变化，可以通过对不同特点小区（如市中心城区老式小区、郊区新建小区等）进行抽样调查，评估管理的现状，从而得出点上评估的评估结果。

（2）面上评估。围绕包括二次供水监管工作目标、内容和要求，对二次供水工作目标实现情况进行定量测量，可以通过对全市各区县一段时间内的二次供水监管数据，如对二次供水监督户次数、处罚数、监督合格率、投诉举报数、水样检测合格率等指标的分析研究，获得二次供水管理的效率指标、效果指标、卫生经济学指标，从而得到面上评估的评估结果。

（3）深度访谈。根据点上、面上评估的结果，采用目的抽样法确定深入访谈的对象、数量和具体层面，并使用半结构小组访谈和关键知情人访谈等方式，收集利益相关者对于二次供水监管的动机、认知、态度、实施模式、满意度、制约因素、导致差别的成因，以及这些背后所蕴含的社会文化乃至对现状、政策等深层次的想法和真实观点。必要时还可采用调查问卷、体验式暗访及网上评议等方法进行了解。

资料来源：朱恩洁．上海二次供水引入第三方评估模式初探［J］．中国卫生法制，2015（1）：26-28+40.

政策性农业保险农户调查

2008 年 9 月农业部软科学委员会“完善政策性农业保险经营机制研究”课题小组在财政补贴试点地区中选择了吉林、江苏两省进行了农户问卷调查，评估了政策性农业保险对于农户抵御自然风险的能力、农产品产量的稳定、农户收入的稳定方面所起的作用。

研究小组在两省内按照收入水平各抽取 2 个地区——吉林省长春市农安县与松原市前郭尔罗斯蒙古族自治县，江苏省南京市六合区与扬州市江都区，最终具体到收入水平、耕地规模相近的 160 户村民，开展了入户问卷调查。评估结果显示：政策性农业保险增强了农户对自然风险的抵御能力，收入越高的农户得到政策性农业保险的益处越多，政策性农业保险对稳定农作物产量、农户收入有良好的作用。根据评估结果提出建议：加强农业保险相关知识的宣传力度，不能使用单一的保险方式，开发不同层次的保险产品，建立巨灾保险机制。

资料来源：肖海峰，曹佳．试点地区政策性农业保险运行绩效评价：基于吉林、江苏两省农户的问卷调查［J］．调研世界，2009（6）：28-30.

三、案例评估法

案例研究是社会科学的一种重要研究方法，在公共管理、工商管理、社会学研究中发挥着重要作用。作为一种实证研究方法，不同于侧重因果推断的定量研究方法，案例研究法在通过案例比较进行因果推断之外，还可以通过对案例细节的深刻描述来展现因果的作用机制①。在公共政策评估中，使用案例评估法对于刻画公共政策的整体

① 蒙克，李朔严．公共管理研究中的案例方法：一个误区和两种传承［J］．中国行政管理，2019（9）：89-94.

图景、展现公共政策复杂的环境、理解公共政策背后的运行逻辑具有特殊的优势。

（一）案例评估法的特点与优势

在公共政策评估中，案例评估法是“一种学习复杂情形的方法，它基于对案例的全面理解，通过对案例整体和背景的广泛描述和分析而获得结论”①。案例评估法既保留了社会科学研究中案例研究方法的特点，又融合了公共政策评估的特性和需要。通过深入研究真实的案例情景，评估者广泛地收集非结构化数据，从而更好地捕捉案例的复杂性，尤其是随着时间发生的变化，能够充分了解案例的情境，包括与案例相互作用的潜在条件。

案例评估法能够帮助评估者更加全面地了解复杂的政策情况，尤其擅长帮助评估者深入评估实践中正在执行的政策，适宜评估那些政策与其所处的政策背景之间的界限并不十分明显的情况。

在公共政策评估中，案例评估法与调查研究法是常见的两种定性评估方法。两者的区别主要在于调查的个案数和评估者针对每个案例收集信息的详尽程度。一般而言，案例评估法的个案数量较少，但是针对每个案例所收集的信息要求尽可能详尽。调查研究法则研究数量众多的个案，力求覆盖更多的情况，但是对每个个案通常只收集有限的关键数据。

（二）案例评估法的主要步骤

1. 明确评估问题

评估开始时，评估者进行一些初步的数据工作，如收集公共政策制定执行过程中的相关新闻报道、背景资料等，从而大致了解公共政策的情况，并在这一过程中提炼出具有针对性的评估问题。

2. 评估方案设计

在评估问题确定后，评估者需要根据问题规划和设计具体的案例评估工作，包括选择合适的案例、设计科学可行的数据收集和分析策略。常见的案例评估设计包括单案例和多案例比较。单案例评估往往选择极端性案例、启示性案例或纵向案例；多案例评估则基于复制逻辑选择两个或多个案例，研究结论要么能产生相同的结果（逐项复制），要么由于可预知的原因而产生与前一研究不同的结果（差别复制）。

3. 收集案例数据

为了尽可能全面地呈现案例及其情景的复杂性，案例评估法强调资料来源的多样性，通过不同途径的资料相互印证，以形成“证据三角形”。文件、档案记录、访谈、直接观察、参与性观察和实物证据是常见的也是主要的案例资料来源。每种资料来源都有各自的优缺点（见表4-1），没有任何一种单独的来源能够完全优于其他来源。在实际的评

① General Accounting Office. Case Study Evaluation [R]. 1987.

估中，评估者需要根据评估问题尽可能选择多种来源的资料，以相互补充、相互印证。

表 4-1 常见资料来源的优点与缺点

资料来源	优点	缺点
文件	•稳定——可以反复阅读 •自然、真实——不是作为案例研究的结果建立的 •确切——包含事件中出现的确切的名称、参考资料和细节 •覆盖面广——时间跨度长，涵盖多个事件、多个场景	•检索性低 •如果收集的文件不完整，资料的误差会比较大 •报道误差——隐含作者的偏见 •获取——一些人为因素影响资料的获取
档案记录	•同文件 •精确、量化	•同文件 •档案隐私性和保密性都影响某些资料的使用
访谈	•针对性——直接针对案例研究课题 •见解深刻——呈现观察中的因果推断过程和个人观点	•设计不当的提问会造成误差 •回答误差 •记录不当影响精确度 •内省——被访者有意识地按照采访人的意思回答
直接观察	•真实性——涵盖实际生活中发生的事情 •联系性——涵盖事件发生的背景	•费时 •选择时易出现偏差 •内省——受观察者察觉有人在观察时，会调整、掩饰自己的行为 •成本——人力观察耗时多
参与性观察	•同直接观察 •能深入理解个人行为与动机	•同直接观察 •由于调查者的控制造成的误差
实物证据	•对文化特征的见证 •对技术操作的见证	•选择误差 •获取困难

资料来源：罗伯特·K. 殷. 案例研究：设计与方法［M］. 周海涛，李永贤，张蘅，译. 重庆：重庆大学出版社，2017.

4. 分析案例数据并撰写评估报告

在案例评估中，数据分析和数据收集的过程往往是同时进行的。评估者在整体上把握政策脉络的同时，通过一定的分析策略对收集的数据进行挖掘，逐步探寻隐藏在政策背后的机制和逻辑。最后，评估者需要把所获得的结论以规范的形式呈现在评估报告中。

阅读材料

为了支持现代农业的发展，把资金引入农业，我国出台了一系列农地抵押方面的法律政策。2015 年，全国人大常委会授权国务院在 232 个县（市、区）进行土地经营权抵押贷款试点。为了探究政策试点的实施效果，胡小平和毛雨选取试验区之一的四川省眉山市彭山区作为案例评估的样本，通过实地调研和访谈，发现试点工作的效果并不理想，与政策目标差距较大①。通过案例分析提出土地租金不是一次性付清导致土地经营权没有抵押价值和出现违约时一年一付租金所获得的土地经营权不能作为抵押品进行处置是土地经营权抵押贷款难以推进的关键原因。

第二节　定量评估方法

传统的政策评估方法在因果推理方面存在不足，难以建立关于政策措施和某个政策结果之间的确定因果关系。随着实验经济学和计量经济学的发展，公共政策评估中的定量评估方法逐渐受到学者们的关注。基于实验经济学方法的随机控制试验通过随机分配干预变量探究因果效应，被视为最为可信的公共政策评估方法。同时，由于评估数据可得性上的优势，基于非实验数据的工具变量、双重差分等准实验方法得到了广泛应用，匹配方法也日益盛行，学者们在此基础上发展了一系列政策效应评估方法，如断点回归法、群聚分析法、合成控制法等成为近年来非常热门的估计政策效应的方法，是公共政策评估中发展较为迅速的研究领域。

一、随机控制试验

因果推理是有关原因和结果关系的推理，是人类认识社会的主要追求目标之一。公共政策评估作为社会科学研究的重要领域，探究政策措施和政策结果之间的因果关系是其根本目的。现实中对于政策争论的本质就是因果推理问题，评估的目的就是科学地判断两者是否具有因果关系，从而判断哪些政策措施取得了效果，哪些政策是无效的。为进一步确定因果关系，因果推理迎来了一场可信革命，开启了从反事实框架出发探讨因果关系的时代，其核心是回归实验主义的传统。

（一）随机控制试验的基本思想与步骤

1. 基本思想

随机控制试验是一种可信的政策效应评估方法，被誉为因果识别中的“黄金准则”，在行为经济学、公共经济学、卫生经济学、公共政策领域得到广泛的应用。Fisher 在其经典著作《实验设计》中首次提出了“随机化试验”的思想，认为不必控制其他变量之间的差异，现实中也没有办法完全控制所有的其他变量，只要让随机机制决定干预变量的分配，就可以获得正确的因果效应。随机化的优势在于不需要控制其他的影响因素，因为我们关心的干预变量是随机的，从而使干预组和控制组两组个体的

① 胡小平，毛雨．为什么土地经营权抵押贷款推进难：基于四川省眉山市彭山区的案例［J］．财经科学，2021（2）：109-120.

其他影响因素之间的差异都是随机的，两组个体结果变量间的比较，就是该干预变量对结果变量的影响。

我们可以拿经典计量经济学模型来对随机控制试验的思想进行阐述。将计量模型记为：$Y_i=\beta_0+\beta_1 D_i+\varepsilon_i$，其中，$Y_i$ 是结果变量，在随机控制试验中对应两种状态（Y_{1i}，Y_{0i}）；D_i 是干预变量，其取值是完全随机化的，这意味着对于每一个个体，其都有两种潜在结果（Y_{1i}，Y_{0i}），哪一种结果会实现，是由分配机制随机决定的，即潜在结果（Y_{1i}，Y_{0i}）与干预变量 D_i 是相互独立的，干预变量的取值完全独立于两个潜在结果（Y_{1i}，Y_{0i}），这就避免了计量模型中常见的遗漏变量偏差或内生变量偏差的问题；ε_i 是干扰项，代表可能会对结果变量造成影响的其他未观测因素。由于干预变量 D_i 与 ε_i 不相关，满足经典线性回归模型的基本假设，因而可以得到 β_1 的一致估计。

如果接受政策干预的群体数量足够多，那么从统计学上就可以将随机分组的干预组和控制组的期望差值（或回归系数）等同于政策干预的平均处理效应，下面举例来说明。

假设试验对象有 N 个，则对于 N 个个体，潜在结果 Y_{1i} 有 N 个，Y_{0i} 有 N 个。基于随机分配机制决定好向量之后，假设 N_t 个个体进入干预组，那么这 N_t 个个体 Y_{1i} 实现了，我们可以观察到，另外（$N-N_t$）个个体的 Y_{1i} 没有实现，我们观察不到。由于分配机制是随机化的，这相当于观测到的 N_t 个 Y_{1i} 是来自 N 个 Y_{1i} 总体的一个随机子样本。同样地，（$N-N_t$）个个体的 Y_{0i} 实现了，其他的 N_t 个 Y_{0i} 没有实现，从而观察到的（$N-N_t$）个 Y_{0i} 是来自 N 个 Y_{0i} 总体的一个随机子样本。当 N 足够大时，由大数定律可知，样本信息近似于总体信息，从而有：

$$\overline{Y}_t=\frac{1}{N_t}\sum_{i:\ D_i=1} Y_i \xrightarrow{p} E(Y_{1i})$$

$$\overline{Y}_c=\frac{1}{N_c}\sum_{i:\ D_i=1} Y_i \xrightarrow{p} E(Y_{0i})$$

则总体平均因果效应为：

$$\hat{\tau}^{diff}=\overline{Y}_t-\overline{Y}_c \xrightarrow{p} \tau_{ATE}=E\ (Y_{1i}-Y_{0i})$$

$\hat{\tau}^{diff}$ 为干预组和控制组的期望差值，也是结果变量 Y_i 对干预变量 D_i 的样本回归系数，反映的是干预变量 D_i 与结果变量 Y_i 之间的因果关系。

2. 随机控制试验的步骤与环节

要达到识别政策干预效果的目的，试验必须具备随机化的特征，必须将被试人群随机安排于不同的试验分组中。随机控制试验一般包括六个步骤：

第一步，确定研究问题。适用于随机控制试验的研究问题大致可分为两类：一是关于新方法的探讨，如教育、健康政策干预均属于此类，此类研究对干预措施的有效性与可推广性有较高的要求；二是侧重于识别现实状况，常见于对种族歧视、性别歧视的研究。

第二步，确定试验人群并进行随机分组。选择合适的试验人群并将其安排于不同的试验分组中是试验成功的一个重要前提。对试验人群的选择需要考虑样本的特征代表性。研究者需要将试验人群分成控制组和干预组。随机分组是随机控制试验的核心环节。随机分组的目的是通过消除试验前不同组别之间的系统性差异以实现可比性，这种可比性要求不仅在过去是可比的，而且在未来如果没有试验干预措施，其也是可比的。随机分组的方法大致有三种：一是简单随机分组，即不管样本特征如何，直接对其进行随机分组；二是分组随机，即首先根据个体的特征进行分组，然后在每一个小组的内部进行随机分组，把各小组的干预组合并起来就是总体的干预组；三是匹配随机分组，即在每两个个体中，随机获得一个干预组个体和一个控制组个体。匹配随机分组是分组随机的极致，对小样本的随机分组具有重要的应用价值。此外，还有交替分组，也是现实当中经常使用的方法，它是按照列表顺序进行交替分组，虽然经常被使用，但需要注意的是交替分组不是随机分组①。

第三步，确定样本量。在进行样本选择时需要权衡质量与成本，这就存在最优样本的选择问题。List 等对如何设计最优试验进行了较为全面的介绍，他们提出计算最优样本量需要考虑三个关键因素，即显著水平、后续进行假设检验的能力和最小可识别的效应大小②。为了达到识别目的，最优的样本规模选择意味着样本量必须足够大以使研究者不会错误地拒绝干预组和对比组结果相同的原假设，当实际差异等于最小可检验的差异水平时不会错误地接受原假设。

第四步，进行试验干预。试验干预可以是个体层次上的，也可以是群体层次上的，究竟选择哪个层次需要进行三个方面的考察：一是关于样本量的考察，主要是所选择的层次需要满足随机分组的可比性，因为随机是大样本性质。二是溢出效应，有些时候所选择的干预层次会造成溢出效应，溢出效应会导致评估者无法准确评估政策效果，如果其他层次的干预造成的溢出效应较小，则应选择该层次为随机干预的单位。三是考虑干预措施的实施，如果在个体层次上干预存在很多实施困难，则应选择群体为单位进行干预。在实施干预操作时，控制组与往常保持一致，而干预组的样本会受到干预措施的影响。干预措施可以是现实当中已有的政策或方法，也可以由研究人员自己创新设计。

第五步，数据收集。试验数据收集包括干预前数据收集和干预后数据收集。因为干预措施是随机安排的，所以在结果分析当中，即使不控制任何其他变量，依然能够得到关于干预效果的无偏性估计。但即便如此，干预前数据对随机试验仍至少具有四

① 陆方文．随机实地实验：方法、趋势和展望［J］．经济评论，2017（4）：149-160.

② List J A，Sadoff S，Wagner M，So You Want to Run an Experiment，Now What? Some Simple Rules of Thumb for Optimal Experimental Design［J］．Experimental Economics，2011，14（4）：439-457.

个方面的作用：一是在分组随机和匹配随机的情况下，为随机分组提供信息；二是通过干预前变量的可比性，验证干预措施安排的随机性；三是在结果变量回归分析中，增加控制变量有利于提高估计的精确度；四是检测在不同特征群体上的干预效果，探讨干预措施的异质性效果。干预前数据的收集可以通过问卷调查进行，这种方式的经济成本较高。在试验后期进行问卷调查时，也可以顺便收集干预前的客观信息。当政策或者项目与机构合作实施时，合作机构由于业务等需求而收集的行政性数据也可以作为干预前数据。干预后数据收集方法常用问卷调查的方式。在收集干预后数据的过程中，需要注意控制组和干预组必须使用完全相同的数据收集方式。

第六步，对数据进行处理和分析，并得出结论。需要指出的是，在进行随机控制试验的过程中要遵守道德准则，如不可以给试验对象带来伤害，更不能给社会造成危害；不可以有欺骗行为，也不能强制试验对象参与试验。

（二）随机控制试验的优势与缺陷

1. 随机控制试验的优势

由前述随机控制试验的原理和关键环节可知，分组的随机性和干预措施的可设计性是随机控制试验的两个核心特征，两者为随机控制试验带来两大优势：

第一，可信性优势。Rubin 指出只有知道被干预个体如果不被干预时的表现，才能够准确地衡量干预的效果，因此潜在结果的概念对于探讨干预的因果效应非常重要①。但就像“人不能两次踏入同一条河流”一样，同一个体无法同时存在于被干预和不被干预的两种状态下，因而潜在结果必须通过其他具有可比性个体去获得。随机控制试验的一个核心环节就是进行随机分组，随机分组使得控制组和干预组在期望上都能代表整体，尽可能地模拟出一个因果关系发生的条件，提供一个“反事实的框架”，从而实现可比性。随机控制试验处理了不可观察和选择偏差的问题，可以更为纯粹地估计相关政策干预的因果效应②。如果没有干预措施，控制组和干预组无论在过去还是在未来都是可比的。因此，在干预实施后，控制组和干预组之间的差异都可以归因于干预措施。控制组和干预组安排的随机性为试验结果的可信性提供了有力的保障。随机控制试验是最佳的研究因果关系的方法，而这也在一定程度上增强了其试验结果的外部有效性和可推广性，进而也使得随机控制试验的现实应用性得到增强③。

第二，创新性优势。有一些公众关心的但现实当中还没有实施的政策，或者是公众没有意识到但从理论中可以推导出的有效措施，是无法通过观察性研究进行定量政策评估的，但这些情况都可以通过随机控制试验方法进行探讨，这也是随机控制试验

① Rubin D. Estimating Causal Effects of Treatments in Randomized and Non-Randomized Studies [J]. Journal of Educational Psychology, 1974, 66 (5): 688-701.

② Druckman J N, Green D P, Kuklinski J H, et al. Handbook of Experimental Political Science [M]. New York: Cambridge University Press, 2011.

③ Al-Ubaydli O, List J A. On the Generalizability of Experimental Results in Economics [Z]. 2012.

方法相对于其他政策评估方法的重要优势之一，这是由随机控制试验方法对干预组和控制组的分离特征决定的。也就是说，随机控制试验可以评估潜在政策机制的可行性与有效性，这些潜在政策包括预计出台的公共政策、尚未有先例但理论与相关实践经验预示可行的公共政策。此外，有一些在现实当中无法分解的机制，也可以在试验中设定相关的情境进行分解。干预措施的可设计性为随机控制试验提供了创新性的源泉。

2. 随机控制试验的不足

随机控制试验一方面可以规避传统计量经济学的缺点，另一方面在实证研究中有较高的可信度，因此日益受到经济学家的青睐，然而正如批评者所指出的那样，这种可信度适用于当时研究的干预措施，这些干预措施是由被研究的组织实施的，但不一定延伸到其他组织。另外，在更为典型的案例中，非政府组织进行的小型“概念验证”研究的结果是否可以或应该直接转化为政府大规模实施的政策建议，这一点并不清楚，也就是说局部随机控制试验结论在多大程度上可以作为一般性的理论推广、扩展及规模化仍是面临质疑的一个中心问题①。事实上，正如 2019 年诺贝尔经济学奖得主班纳吉所言，现实中大规模的随机政策干预试验无法复制小规模随机干预试验的结果的情况并不罕见②。一项典型的、大规模的、政策干预的局部随机控制试验所面临的挑战主要体现在以下七个方面：

第一，试验可能改变行为，从而直接影响试验结果的内部有效性。“霍桑效应”就是著名的例子。Zwane 等也指出，进行试验前的问卷调查有可能影响试验结果，因为问卷的调查人员通常会非常有礼貌地询问对方的问题并倾听回答，从而建立起信任，而调查人员与试验对象之间的信任关系会影响后续试验对象的行为③。

第二，随机控制试验在探讨局部均衡效应上具有优势，但在捕捉一般均衡效应问题上有些捉襟见肘。随机试验通常是小规模试验，捕捉的往往是局部均衡效应。例如，Angrist 等探讨哥伦比亚学费优惠项目的影响，对比摇号中拿到和没有拿到学费优惠的学生在未来求学和收入上的区别，这就是典型的局部均衡效应④。从一般均衡的视角看，还需要考虑以下情形：因为优惠项目具有一定的门槛，所有的学生为了获得优惠都会更加努力地学习；优惠项目资助学生去私立学校上学，把好学生从公立学校选拔出去等。

---

① Deaton A. Instruments, Randomization, and Learning about Development [J]. Journal of Economic Literature, 2010, 48 (2): 424-455.

② Banerjee A V, Dufb E, Glennerster R, et al. Improving Immunisation Coverage in Rural India: Clustered Randomised Controlled Evaluation of Immunisation Campaigns with and Without Incentives [J]. BMJ, 2010 (340): c2220.

③ Zwane A P, Zinman J, Dusen E V, et al. Being Surveyed Can Change Later Behavior and Related Parameter Estimates [J]. Proceedings of the National Academy of Sciences, 2011, 108 (5): 1821-1826.

④ Angrist J D, Bettinger E, Bloom E, et al. Vouchers for Private Schooling in Colombia: Evidence from a Randomized Natural Experiment [J]. American Economic Review, 2002, 92 (5): 1535-1558.

第三，市场均衡效应。大规模的试验干预可能会改变市场的性质。在许多情况下，一个小规模试验与部分均衡分析是一致的，可以假设其他变量相对市场价格保持不变。相比之下，全国性政策干预等大规模试验可能会影响工资和土地等非贸易商品的价格，这些价格变化可能会影响项目的整体净收益。例如，提高小部分人受教育水平的计划（如奖学金）对人口的整体受教育水平的影响微乎其微。但是，正如 Heckman 等研究发现，大规模的教育干预会使整个人口的受教育程度大幅度提高，从而降低教育的总体回报①。因此，如果扩大奖学金项目规模，奖学金项目的小型随机对照试验结果可能会高估奖学金对收入的影响②。在其他情况下，忽略均衡效应可能导致低估政策的整体效益。例如，增加一些人收入的干预可能会导致他们消费得更多，如果消费的一部分是非贸易商品，这将产生乘数效应，因为供应这些非贸易商品的人也将受益。虽然一个小试验可能无法捕捉到这种效果，但在大规模实施中，它可能会成为一个巨大的社会效益来源。

第四，溢出效应。在安排干预措施时，许多政策对相邻单位具有溢出效应，这意味着这些单位不是理想的控制组。许多溢出效应与安排干预措施相关。例如，肠道蠕虫具有传染性，如果儿童被感染，这将影响其邻居，如果一所学校的许多孩子都被感染，这也会影响到附近的学校③。长期以来，经济学家一直致力于设计小规模试验来调查这种溢出效应是否存在。例如，Miguel 和 Kremer 利用某些地区接受驱虫剂治疗的学校数量远高于其他地区这一事实（只是偶然），估算了服用驱虫药对那些没有服用驱虫药的人的积极溢出效应。Duflo 和 Saez 采用两步试验设计来衡量退休储蓄决策中的信息溢出④。但并非所有的溢出效应都能在试点试验中轻易被发现。

第五，随机化和选址偏差。参与早期试验的组织或个人可能与其他人群存在某些方面的差异，可将这种差异称为随机化偏差⑤。导致随机化偏差的原因：一是参与随机控制试验的组织或者个人通常是例外。Glennerster 列举了随机控制试验优秀的合作伙伴所应具备的特征，并指出发展中国家的许多组织不符合标准⑥。例如，优秀的合作者必须能够随机地实施试验，在治疗组中提供相对统一的干预，同时不污染控制组。二是

---

① Heckman J J, Lochner L, Taber C. Explaining Rising Wage Inequality: Explorations with a Dynamic General Equilibrium Model of Labor Earnings with Heterogeneous Agent [J] . Review of Economic Dynamics, 1998 (1): 1-5.

② Duflo E, Dupas P, Kremer M. The Impact of Free Secondary Education: Experimental Evidence from Ghana [Z] . 2017.

③ Miguel E, Kremer M. Worms: Identifying Impacts on Education and Health in the Presence of Treatment Externalities [J] . Econometrica, 2004, 72 (1): 159-217.

④ Duflo E, Saez E. The Role of Information and Social Interactions in Retirement Plan Decisions: Evidence from a Randomized Experiment [J] . Quarterly Journal of Economics, 2003, 118 (3): 815-884.

⑤ Heckman J. Randomization and Social Programs [M] . Manski C F, Garfinkel I. Evaluating Welfare and Training Programs. Cambridge: Harvard University Press, 1992.

⑥ Glennerster R. The Practicalities of Running Randomized Evaluations: Partnerships, Measurement, Ethics, and Transparency [J] . Handbook of Economic Field Experiments, 2017 (1): 175-243.

当个体选择接受政策干预时，政策的随机控制试验通常只能说明是否有效果，既无法保证项目参与者的同质性，也不能彻底揭示其内在机理与作用机制。如果政策效果在这些群体中是异质的，则那些更有可能受益的人群接受政策的可能性就越高，所以随机对照试验的估计效果可能不适用于更广泛的人群[①]。三是研究组织倾向于选择影响力较大的地点进行干预试验，这会导致选址偏差问题。研究组织进行如此选择的动因是这些非政府组织的资源是有限的，所以它们会优先选择影响力大的地区。同时，组织和研究人员都知道自己要接受评估，因此有动机选择一个项目更有可能顺利实施的地点。近几年的文献研究了大量的随机化偏差问题[②③④]，对解决随机化偏差问题有相关探讨。

第六，实施过程面临的挑战。随机控制试验往往持续周期较长，尤其是政府参与的、大规模的试验在实施过程中会存在一些突发的、不确定的情况。由于很多实地试验必须与实体机构合作，这在项目的运行中存在多重目标，很多时候实体机构为了其核心利益不得不改变试验的操作，从而偏离最优的试验设计。试验的过程还涉及各种复杂关系，也使试验可能遭到各种阻碍而存在较大的不确定性。

第七，试验结果的外部有效性问题。Harrison 和 List、Levitt 和 List 及黄湛冰和肖尔特对外部有效性进行了一定的探讨[⑤⑥⑦]。外部有效性问题首先表现在试验结果从某一人群推广到另一人群的问题。克服此问题的一个方法是，尽可能在更大范围内选择更具代表性的人群进行试验。此外，收集可能影响试验效果的背景变量，进行差异性分析，这样也能增强试验结果解释的广度。在小规模试验向大规模政府政策推广时，外部有效性问题还会涉及研究人员实施和公职人员推广的差异问题。此外，随机控制试验还具有识别理论问题的困难。相对于实验室试验，随机控制试验相对放松了对环境等各种因素的控制，这使对于造成结果的原因可能有多种解释，在不同的替代性理论中识别出真正的因果关系是随机控制试验研究者必须面临的挑战。

整体而言，随机控制试验方法的这些局限在很大程度上也是试验方法，甚至是整个实证分析方法的局限。目前国内外较为前沿的文献也在不断采用较为科学的方法去

---

① Imbens G W, Angrist J D. Identification and Estimation of Local Average Treatment Effects [J]. Econometrica, 1994, 62 (2): 467-475.

② Blair G, Iyengar R K, Shapiro J N. Where Policy Experiments Are Conducted in Economics and Political Science: The Missing Autocracies [R]. 2013.

③ Vivalt E. How Much Can We Generalize from Impact Evaluations? [J]. Journal of the Eurpean Economic Association, 2020, 18 (6): 3045-3089.

④ Allcott H. Site Selection Bias in Program Evaluation [J]. Quarterly Journal of Economics, 2015, 130 (3): 1117-1165.

⑤ Harrison G W, List J A. Field Experiments [J]. Journal of Economic Literature, 2004, 42 (4): 1009-1055.

⑥ Levitt S D, List J A. Viewpoint: On the Generalizability of Lab Behavior to the Field [J]. Canadian Journal of Economics, 2007, 40 (2): 347-370.

⑦ 黄湛冰，肖尔特. 经济学实验结果外部效度排序探索研究 [J]. 经济评论，2012 (3)：20-29+74.

解决这些局限性，任何方法都存在自身的局限，克服这些局限的过程也是方法不断完善并向前发展的过程。即便存在这些局限，相较其他的实证分析，随机控制试验具有可信性和创新性的双重优势，这也是其能够被越来越多的经济学家重视的缘由。

阅读材料

目前，随机控制试验在政策评估领域已经得到了广泛的运用，经济学家运用这种方法来帮助欠发达经济体改善诸如贫困、人力资本、儿童健康等社会困境，并取得了显著的成效。Kremer 和 Holla 以受教育年限作为评估教育政策效果的结果变量，对比了不同教育干预项目的成本收益，发现单位受教育年限增加时，补铁、驱虫等健康政策推行的成本远低于提供奖学金或有条件的转移支付政策，因而在发展中国家的贫困地区推行基础性的公共卫生政策不仅有利于当地儿童健康状况的改善，还有利于他们受教育水平的提升①。Banerjee 等研究了如何通过提供少量物质激励（如一袋扁豆）使得印度父母有更高积极性带孩子打疫苗②。美国住房和城市发展部展开的长达 20 年的 MTO（Moving to Opportunity）项目，通过提供住房补贴来帮助高贫困地区的青少年摆脱恶劣的街区环境，评估目的在于测量这项政策对贫困青少年未来发展的影响，以及发现减少贫困代际传递可能的政策方案③④。2013 年，美国劳动部发动实施的工作搜寻与援助计划（REA）意图评估这项扶助计划在减少失业保险道德风险方面的效果。REA 已经在美国的许多州开展了近 10 年的时间，最终选择在新泽西、纽约、华盛顿和威斯康星四个州开展评估⑤。

利用随机控制试验方法围绕中国的研究也较为丰富。Miller 等研究了在我国西北地区对学校校长提供以儿童血红蛋白水平的提升作为条件的现金补贴激励干预对改善儿童贫血问题的效果⑥。Kleiman-Weiner 等讨论了在甘肃为儿童直接提供复合维生素片和每天一个鸡蛋的营养干预的有效性等⑦。Loyalka 等讨论了在河北省和陕西省 131 所初中对超过 12000 名学生提供更多有关受教育回报的信息和职业规划咨询对学

① Kremer M, Holla A. Improving Education in The Developing World: What Have We Learned from Randomized Evaluations? [J]. Annual Review of Economics, 2009 (1): 513-542.

② Banerjee A V, Duflo E, Glennerster R, et al. Improving Immunisation Coverage in Rural India: Clustered Randomised Controlled Evaluation of Immunisation Campaigns with and Without Incentives [J]. BMJ, 2010 (340): c2220.

③ Larry O, Feins J, Jacob R. Moving to Opportunity Interim Impacts Evaluation [R]. 2003.

④ Sanbonmatsu L, Katz L F, Ludwig J, et al. Moving to Opportunity for Fair Housing Demonstration Program: Final Impacts Evaluation [R]. 2011.

⑤ Saunders C, Dastrup E, Epstein Z, et al. Evaluation of Impacts of the Reemployment and Eligibility Assessment (REA) Program: Final Report Appendices [R]. 2019.

⑥ Miller G, Luo R, Zhang L, et al. Effectiveness of Provider Incentives for Anaemia Reduction in Rural China: A Cluster Randomised Trial [J]. BMJ, 2012 (345): 1-10.

⑦ Kleiman-Weiner M, Luo R, Zhang L, et al. Eggs Versus Chewable Vitamins: Which Intervention Can Increase Nutrition and Test Scores in Rural China? [J]. China Economic Review, 2013 (24): 165-176.

生受教育和深造信念的影响等[①]。Wong 等讨论了为私立幼儿园提供长达一年的随机彩票和有条件现金对推进河南省鲁山县儿童早期教育普及的影响[②]。Glewwe 等探讨了在甘肃为儿童提供验光和眼镜的项目对帮助屈光不正的儿童解决近视问题的影响[③]。宗庆庆等基于北京大学经济政策研究所和中国疾病预防控制中心 2013~2014 年开展的大型慢阻肺对照干预试验数据，利用大样本随机控制试验探讨了老年健康对照料需求的研究[④]。

二、工具变量法

工具变量（Instrumental Variable，IV）法作为计量经济学中重要的估计方法之一，可有效解决内生性问题。工具变量必须与内生解释变量具有高度的相关性，否则会导致弱工具变量问题，进而使估计量出现不一致性。因此，选择合适的工具变量至关重要，现有文献也基本集中于工具变量选取的研究。

（一）基本思想

假设回归模型：

$$y_i=\alpha+\beta x_i+\varepsilon_i \quad i=1,\ 2,\ \cdots,\ n \tag{4-1}$$

其中，y 为被解释变量，x 为解释变量，α 和 β 为待估计的未知参数，i 表示个体，ε 为随机扰动项，n 为样本容量。

如果解释变量 x 与扰动项 ε 相关，即 $Cov(x_i,\ \varepsilon_i)\neq 0$，则意味着存在内生性，解释变量 x 为内生变量，内生性会使 OLS 估计量不一致，即无论样本容量 n 多大，OLS 估计量 $\hat{\beta}$ 也不会收敛至真实参数值 β。

虽然内生变量 x 与扰动项相关，但仍存在与扰动项不相关的部分，若能将其分解为内生部分与外生部分之和，就可以利用外生部分得到一致估计。要实现该分离，则需借助另一变量如 z，因其起着工具性的作用，故称之为工具变量（IV）。

并非任何变量都可以作为工具变量，首先，变量 z 能够帮助内生变量 x 分离出一个外生部分，并且其自身必须满足外生性条件，即 z 与 ε 不相关，也就是 $Cov(z_i,\ \varepsilon_i)=0$；其次，变量 z 与 x 之间必须存在一定的关系，两者之间满足相关性，即 $Cov(z_i,\ x_i)\neq 0$。

假设 z 能够作为内生变量 x 的有效工具变量，可将 x 对 z 进行 OLS 回归，从而分离出 x 的外生部分：$x_i=\gamma+\delta z_i+\mu_i$。该回归称为第一阶段回归。因为工具变量 z 与 x 之间具

① Loyalka P，Liu C，Song Y，et al. Can Information and Counseling Help Students from Poor Rural Areas Go to High School? Evidence from China［J］. Journal of Comparative Economics，2013（41）：1012-1025.

② Wong H L，Luo R，Zhang L，et al. The Impact of Vouchers on Preschool Attendance and Elementary School Readiness：A Randomized Controlled Trial in Rural China［J］. Economics of Education Review，2013（35）：53-65.

③ Glewwe P，Park A，Zhao M. A Better Vision for Development：Eyeglasses and Academic Performance in Rural Primary Schools in China［J］. Journal of Development Economics，2016（122）：170-182.

④ 宗庆庆，张熠，陈玉宇. 老年健康与照料需求：理论和来自随机实验的证据［J］. 经济研究，2020（2）：36-51.

有相关性，所以 $\delta \neq 0$；否则将无法完成该分离。该回归的拟合值为 $\hat{x}_i = \hat{\gamma} + \hat{\delta} z_i$。其相应的残差为：$\hat{\mu}_i = x_i - \hat{x}_i$。显然，第一阶段回归可将内生变量 x 分解为两部分：$x_i = \hat{x}_i + \hat{\mu}_i$。其中，拟合值 $\hat{x}_i$ 为工具变量 z 的线性函数，因 z 为外生变量，故 $\hat{x}_i$ 为 x 的外生部分，而残差 $\hat{\mu}_i$ 则为 x 的内生部分。

经过第一阶段的回归，得到的拟合值 $\hat{x}_i$ 外生，只要将原模型中的内生变量 x 替换为 $\hat{x}_i$，就可以利用 OLS 得到一致估计：$y_i = \alpha + \beta \hat{x}_i +$（$\varepsilon_i + \beta \hat{\mu}_i$）。该回归被称为第二阶段回归。因为 $\hat{x}_i$ 为工具变量 z 的线性函数，所以 $\hat{x}_i$ 与 ε_i 不相关；此外，根据 OLS 的正交性，OLS 回归的拟合值与残差正交，故 $\hat{x}_i$ 与 $\hat{\mu}_i$ 不相关，因此 $\hat{x}_i$ 与扰动项（$\varepsilon_i + \beta \hat{\mu}_i$）不相关，OLS 为一致估计。

综上所述，工具变量法可以通过 OLS 回归实现，故也称为二阶段最小二乘法（以下简称 2SLS）。

若有多个工具变量如 z_1 与 z_2，可将其同时放入第一阶段回归：$x_i = \gamma + \delta z_{i1} + \theta z_{i2} + \mu_i$，而第二阶段回归依然不变。

在多元回归中，会存在其他的外生变量或控制变量，如 $y_i = \alpha + \beta_1 x_{i1} + \beta_2 x_{i2} + \varepsilon_i$。其中，假设 x_1 为内生变量，x_2 为外生变量，此时应将 x_2 也放入第一阶段回归。x_2 可作为自身的工具变量，因为 x_2 满足相关性与外生性条件；此外，若不将外生变量 x_2 放入第一阶段回归，就无法保证第一阶段回归的残差 $\hat{\mu}_i$ 与 x_2 正交，使第二阶段回归的扰动项（$\varepsilon_i + \beta_1 \hat{\mu}_i$）可能与 x_2 相关，从而导致第二阶段回归不一致。

如果仅有 1 个内生变量，则只需要 1 个工具变量即可。类似地，若存在 2 个内生变量，则至少需要 2 个工具变量才能进行 2SLS 估计。

假设存在 2 个内生变量 x_1 和 x_2，但仅有 1 个工具变量 z，则第一阶段回归包括如下两个方程：

$$x_{i1} = \gamma_1 + \beta_1 z_i + \mu_{i1} \tag{4-2}$$

$$x_{i2} = \gamma_2 + \beta_2 z_i + \mu_{i2} \tag{4-3}$$

得到的拟合值分别为：$\hat{x}_{i1} = \hat{\gamma}_1 + \hat{\delta}_1 z_i$，$\hat{x}_{i2} = \hat{\gamma}_2 + \hat{\delta}_2 z_i$。

由于 $\hat{x}_{i1}$ 和 $\hat{x}_{i2}$ 均为工具变量 z 的线性函数，所以两者之间存在严格的线性关系。因此，如果将 $\hat{x}_{i1}$ 和 $\hat{x}_{i2}$ 同时纳入第二阶段回归方程，将会导致严格多重共线性，从而无法进行 OLS 估计。

由上可知，若工具变量的个数少于内生变量的个数，将无法进行 2SLS 估计，称之为“不可识别”，因为无法得到对模型参数的一致估计。如果工具变量的个数恰好等于内生变量的个数，则被称为“恰好识别”。如果工具变量的个数大于内生变量的个数，则被称为“过度识别”。在恰好识别和过度识别的条件下，能够进行 2SLS 估计，但在不可识别的情况下，则无法进行 2SLS 估计。

（二）弱工具变量

众所周知，计量方法及其模型都要依赖一定的前提假设，因而估计计量模型之后，还需要对模型的前提假设进行检验，称为诊断性检验或模型检验。当然，工具变量法也不例外。工具变量法的成立主要依赖于有效的工具变量，即工具变量必须满足相关性（与内生解释变量相关）与外生性（与扰动项不相关）的条件。

2SLS 的一致估计必须满足大样本的条件，但在大多数情形下，样本基本都是有限的，所以 2SLS 估计量会存在偏差，并不以真实参数 β 为其分布的中心，即 $Bias(\hat{\beta}_{2SLS}) \equiv E(\hat{\beta}_{2SLS}) - \beta \neq 0$。

此外，如果工具变量与内生变量的相关性较弱，则 2SLS 的偏差将会更严重，因为 2SLS 主要通过外生的工具变量将内生变量的外生部分分离出来，从而获得一致估计。

如果工具变量与内生变量的相关性很弱，那么工具变量分离出来的内生变量的外生部分仅包含较少的信息，从而导致利用工具变量法对该信息进行的估计结果不准确，即使样本容量很大，也很难收敛到真实的参数值。这种工具变量被称为弱工具变量。

弱工具变量会导致 2SLS 的小样本性质变得很差，而其大样本分布也可能远远偏离正态分布，从而致使基于大样本理论的统计推断失效。

在进行 2SLS 的第一阶段回归的过程中，将内生变量对所有外生变量进行回归，其中包括工具变量与外生解释变量，所以在此回归中已包含工具变量强弱的信息。如果所有工具变量在第一阶段回归中联合显著，那么工具变量与内生变量较相关，因此工具变量较强；反之，就意味着可能存在弱工具变量。

假设回归方程：

$$y_i = \alpha + \beta_1 x_i + \beta_2 \omega_i + \varepsilon_i$$

其中，x 为内生变量，ω 为外生变量，z_1 和 z_2 为工具变量，那么第一阶段回归为：$x_i = \gamma + \delta z_{i1} + \theta z_{i2} + \rho \omega_i + \mu_i$。

对原假设 H_0：$\delta = \theta = 0$ 进行联合检验，得到 F 统计量。F 统计量越小，则越可能存在弱工具变量。那么，F 统计量值为多大时才不用担心弱工具变量？目前通行的标准为，若 2SLS 估计量的偏差仅为 OLS 估计量偏差的 10%或者更小，则为强工具变量；反之，则为弱工具变量。

如果存在弱工具变量，可以通过以下方法进行解决：

第一，寻找更强的工具变量。

第二，利用有限信息最大似然估计法（以下简称 LIML）进行估计，相对而言，弱工具变量对该方法更不敏感。在大样本情形下，LIML 与 2SLS 渐进等价，但在弱工具变量的情况下，LIML 的小样本性质要优于 2SLS。

第三，如果存在多个工具变量，可以舍弃弱工具变量，从而避免降低第一阶段回归的 F 统计量。

（三）工具变量的外生性

工具变量的本质特征是外生性，即其与扰动项不相关。如果工具变量为外生且为强工具变量，就可得到回归方程的一致估计。

如果工具变量与扰动项相关，那么通过其分离出来的内生变量的外生部分也必然与扰动项存在相关性。换句话说，若工具变量内生，将会使第一阶段回归的拟合值也内生，将该拟合值代入第二阶段回归，则必然导致 2SLS 不一致。

那么，如何检验工具变量的外生性呢？由于目前尚不存在严格的统计检验，所以只能通过定性分析。假设在恰好识别的情况下，以一元回归为例：

$$y_i=\alpha+\beta x_i+\varepsilon_i \quad i=1,\ 2,\ \cdots,\ n \tag{4-4}$$

其中，x 为内生变量，与扰动项 ε 相关。假设找到某潜在工具变量 z，与 x 相关，并且 z 可能与 ε 不相关，由于 ε 不可观测，那么如何判断 z 是否与 ε 相关？

由于 z 是 y 的扰动项，所以可以从 z 与 y 的相关性进行考察。与此同时，由于 z 与 x 相关，而 x 影响 y，所以 z 会通过 x 影响 y；如果 z 具有外生性，即其与 ε 不相关，则 z 不可能通过 ε 来影响 y。

如果 z 具有外生性，那么 z 就不可能通过除 x 以外的其他因素影响 y，这被称为排他性约束。我们可以通过排他性约束来定性探讨工具变量的外生性，将 z 影响 y 的所有渠道都列出来，并将除 x 以外的渠道全部排除。如果发现 z 可能通过另一个渠道 h 影响 y，可以将 h 作为控制变量纳入回归方程。如果 h 不可度量，那么工具变量 z 的外生性便可疑。

工具变量完全外生仅为一种理想状态，现实的工具变量可能存在轻微的内生性。可将工具变量 z 放入原模型中，即 $y_i=\alpha+\beta x_i+\theta z_i+\varepsilon_i$。

如果工具变量 z 仅通过 x 来影响 y，则 $\theta=0$；如果 $\theta\neq0$，就说明 z 具有内生性；如果 $\theta\approx0$，即其接近于 0，那么说明 z 存在轻微的内生性。

现实中的工具变量更多的仅是近乎于外生，但是因为是微弱内生，工具变量估计的偏差仍小于 OLS，所以工具变量估计量仍有其价值。

（四）注意的问题

在使用工具变量法时，如果忽略技术性的问题，需要着重注意以下三个问题：

首先，寻找工具变量。工具变量必须同时满足外生性和相关性条件，这些条件实现起来比较困难，因为两者之间存在一定的矛盾。在时间序列模型中，通常将解释变量的滞后项作为工具变量，因为其与当期解释变量一般是相关的，但在很多情形下与当期的误差无关，所以这也成为时间序列模型选取工具变量的通用方法。然而，对于非时间序列模型，工具变量往往难以获得。伍德里奇研究了执法力度与犯罪率之间的关系，找到与犯罪率相关的变量比较容易，如吸毒率，但由于吸毒率与犯罪率高度相关，所以吸毒率通常也与误差存在一定的相关性①。虽然可以找到与误差无关的变量，

① 杰弗里·M. 伍德里奇. 计量经济学导论：现代观点［M］. 北京：清华大学出版社，2007.

如通缉令上的最后一位，但其与犯罪率并无关系。因此，寻找工具变量不仅需要具备统计学知识，还需要结合相关领域的知识，可以说，寻找工具变量是工具变量方法中最重要的问题。

其次，样本容量问题。由于工具变量和内生解释变量之间只是存在相关关系，所以在使用工具变量法时会损失一定的信息，这意味着相对于最小二乘法，工具变量法需要更大容量的样本。幸而我们处于大数据时代，因而样本容量的问题相对容易解决。

最后，模型拟合问题。通常情况下，我们会根据经济模型或相关的背景来选取被解释变量的内生解释变量，但无法获知两者之间的确切关系。在大多数情况下，我们仅知道被解释变量和解释变量之间关系的方向。例如，在研究小班教学与学生成绩关系时，依据教育学的知识，我们猜测当班级规模缩小时，学生成绩会提高，但究竟是如何提高的，无从知晓。事实上，它们之间的确切关系无从获知。在样本容量足够大的条件下，估计偏差主要来源于模型的拟合偏差。为了解决该问题，学者们不断创新模型，从而提升模型的拟合精度，但这意味着需要更多的综合知识及更大的计算量。但是，在进行模型选择时，通常我们只是选取了一个相对较好的模型，对于模型设定的检验，虽然不能拒绝模型，但并不意味着模型拟合就是正确的，因此这并不是解决问题的根本方案。

（五）局限性

工具变量法功能强大且简洁明了，但其本身存在的局限性在一定程度上限制了该方法的推广，具体表现在三个方面：①工具变量的选择存在很大困难，在政策效应评估的过程中，找出合适的工具变量非常不容易。在能够获得政策实施前后数据的情况下，研究者通常将因变量的滞后变量作为工具变量，这可能导致相关性，因此无法从根本上解决内生性问题。②工具变量的随机外生性无法用统计方法进行验证，其合法性容易被质疑，若提供不出有力证据，则后续实证分析将完全失去说服力。③工具变量往往对样本具有非均质的影响，导致估计量带有权重性特征，使得到的结论仅适用于一部分样本，降低了科学分析的政策意义①。

在使用工具变量法时，应持审慎的态度，清楚说明所需假设前提，并指明一旦无法满足工具变量的外生性假设，估计量将如何偏移，只有将理论直觉与前人的经验教训进行充分结合，工具变量法才能为因果推断与政策评估提供更强的说服力及更高的可信度。

① Deaton Angus. Instruments, Randomization, and Learning about Development [J]. Journal of Economic Literature, 2010, 48 (2): 424-455.

阅读材料

现有研究中选择的工具变量主要有以下五种：

第一，将聚集数据作为工具变量。Card 和 Krueger 为了解决同侪效应（Peer Effect）的内生性问题，将州、郡等分析层面的集聚数据作为学校、班级及邻里等层面解释变量的工具变量①。

第二，将物候天象作为工具变量。通常认为在一定的区域范围内，河流、降雨、自然灾害等现象具有高度的随机性、外生性等特征，可被假设为与个人、群体的异质性无关，但与此同时又会影响某些社会过程。Cipollone 和 Rosolia 试图考察意大利班级学生的性别构成对女生成绩会产生何种影响，为高中班级性别构成选取的工具变量是地震导致的男性免征兵政策，因为地震作为自然现象是随机且外生的②。

第三，将生理现象作为工具变量。人类的生老病死这一生理上的自然历程，既具有随机性，又与特定的经济社会紧密相关，所以经济学家将其作为工具变量，巧妙地运用在因果推断中。David 等将殖民地国家的自然死亡率作为该国制度的工具变量，他们认为，如果某国的死亡率较高，那么殖民者就相对不愿留在该国，并在当地建立具有掠夺性的制度③。

第四，将社会空间作为工具变量。社会空间包括地理空间、市场空间等，其在特定的分析层面上具有随机独立性，但却与人类行为及其社会结果密切相关。Card 分析了教育是否能够增加个人收入、提高个人地位，由于教育具有随机性，所以将其作为解释变量会产生内生性问题，而家到大学的距离会在一定程度上影响是否上大学的决定，但其作为城市空间要素与个人的社会经济结果并无直接关系，所以将调查对象家到最近大学的距离作为教育的工具变量④。

第五，将实验作为工具变量。实验作为一种外来干预，虽然会对被考察的解释变量产生冲击，但是可置身模型之外，从而为实证研究提供工具变量，其中包括政策干预、改革创新等社会实验。Boozer 和 Cacciola 考察了班级平均成绩是否对个体成绩具有同侪效应，将班级中参与小班实验的人数比例作为班级平均成绩的工具变量⑤。

---

① Card D, Krueger A B. School Resources and Student Outcomes: An Overview of the Literature and New Evidence from North and South Carolina [J]. Journal of Economic Perspectives, 1996, 10 (4): 31-50.

② Cipollone P, Rosolia A. Social Interactions in High School: Lessons from an Earthquake [J]. American Economic Review, 2007, 97 (3): 948-965.

③ David A, Raj A, Raphael A, et al. The Colonial Origins of Comparative Development: An Empirical Investigation [J]. American Economic Review, 2001 (6): 3059-3076.

④ Card D. Using Geographic Variation in College Proximity to Estimate the Return to Schooling [M]. Toronto: University of Toronto Press, 1995.

⑤ Boozer M, Cacciola S E. Inside the "Black Box" of Project Star: Estimation of Peer Effects Using Experimental Data [R]. 2001.

他们认为，小班实验是学校从各班随机抽取的人员组成的，是随机且外生的，但小班教育在提高这部分学生成绩的同时必然会影响班级的平均成绩。

三、双重差分法

20 世纪 80 年代以来，双重差分法（Difference-in-Difference，DID）逐渐兴起，是一种专门用于政策效果评估的计量方法，该方法将制度变迁及新政策视为外生于经济系统的一次“自然实验”。在无法进行随机化的情况下，确定政策干预组（Treatment Group）和控制组（Comparison Group），然后寻找具有随机特征的政策变化（即自然实验），从而使我们能够识别政策的实际影响，因其思路简洁且发展日趋成熟，逐渐被广泛应用于诸多领域。

（一）理论模型

双重差分法是一种估计因果效应的计量方法，其基本思想是将公共政策视为一个自然实验，为了评估出一项政策实施所带来的净影响，将全部的样本数据分为两组：一组是受到政策影响，即干预组；另一组是没有受到同一政策影响，即控制组。选取一个要考察的经济个体指标，根据政策实施前后（时间）进行第一次差分得到两组变化量，经过第一次差分可以消除个体不随时间变化的异质性，再对两组变化量进行第二次差分，以消除随时间变化的增量，最终得到政策实施的净效应。

基准的双重差分模型设置如下：

$$Y_{it}=\alpha_0+\alpha_1 D_{it}+\alpha_2 T_{it}+\alpha_3 D_{it}\times T_{it}+\alpha_4 X_{it}+\varepsilon_{it} \quad (4-5)$$

其中，Y_{it} 为被解释变量。D_{it} 为虚拟变量，表示是否受到政策实施的影响，如果个体 i 受到政策实施的影响，则其属于干预组，对应的 $D_{it}=1$；反之，若个体 i 未受到政策实施的影响，则其属于控制组，对应的 $D_{it}=0$。T_{it} 为政策实施虚拟变量，政策实施之前 $T_{it}=1$；政策实施之后 $T_{it}=0$。$D_{it}\times T_{it}$ 为分组虚拟变量与政策实施虚拟变量的交互项，其系数 α_3 能够反映政策实施的净效应。α_3 之所以能够体现政策实施的净效应，可以通过表 4-2 来说明。双重差分法的基本思想是，通过比较政策实施前后干预组与控制组之间的差异来反映政策效果的双重差分统计量。

表 4-2　双重差分法思想

分组	政策实施前	政策实施后	Difference
干预组	$\alpha_0+\alpha_1$	$\alpha_0+\alpha_1+\alpha_2+\alpha_3$	$\alpha_2+\alpha_3$
控制组	α_0	$\alpha_0+\alpha_2$	α_2
Difference	α_1	$\alpha_1+\alpha_3$	α_3（DID）

双重差分法的思想同样也可以用图 4-1 来解释。

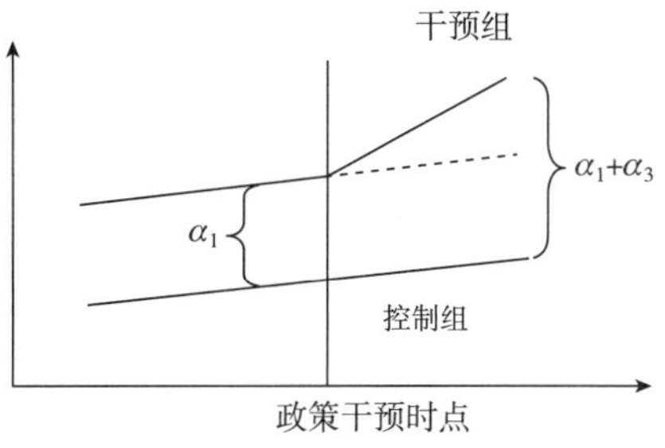

图 4-1　双重差分法思想

注：图中虚线表示假设政策未实施时干预组的发展趋势。

图 4-1 也反映了双重差分法的关键性前提条件，即共同趋势，也就是说，干预组和控制组在实施之前必须具有相同的发展趋势，因而在使用该方法之前必须要对共同趋势假设进行验证，如果选取的是多年的面板样本数据，则可通过画图方式来进行共同趋势假设检验。

如果干预组和控制组满足共同趋势假设，仍要检验是否同时发生了其他可能影响趋势变化的政策，换句话说，在政策干预时点之后，干预组和控制组出现的趋势变化，可能并不是仅由该政策导致，而是同期其他政策造成的结果。为了避免该问题，可进行如下检验：

一是安慰剂检验，可通过虚构干预组进行回归。首先，可以选取政策实施之前的年份进行处理；其次，选取已知的不受政策影响的群组作为干预组进行回归。如果对不同的虚构干预组进行的双重差分估计量回归结果依然显著，说明原来所得估计结果可能出现了偏误。二是可以利用不同的干预组进行回归，判断所得实证结果是否一致。三是选取一个完全不受政策影响的因素作为被解释变量，若所得估计量依然显著，说明原来的估计结果可能存在偏误。

（二）优势和局限

双重差分法基本原理简单，实际运用比较灵活，具有以下显著的优势：一是可以在很大程度上避免内生性问题的困扰，即政策相对于微观经济主体而言一般是外生的，因而不存在逆向因果问题。此外，使用固定效应估计在一定程度上也缓解了遗漏变量偏误问题。二是传统方法的评估政策效应，通过设置虚拟变量（政策发生与否）进行回归，相较而言，双重差分法的模型设置更加科学，能够更加准确地估计政策效应。三是双重差分法的原理和模型设置简单，容易理解和运用。

同时，由于双重差分法允许存在不可观测因素，并且允许不可观测因素可以影响个体是否接受干预，在一定程度上放松了政策效应评估的条件，使政策效应评估模型与现实经济更为接近，所以该方法得到了广泛应用，但同时也不可忽视其局限性：一是对数据的要求更为严格。双重差分法主要基于面板数据，不仅需要横截面单位数据，而且个体的时间序列数据也必不可少，尤其是政策实施之前的数据，对数据量的需求较大。二是未控制个体的时点效应。双重差分法要求在政策实施之前，干预组与控制组的结果变量的时间变化路径保持平行，但该假设忽略了个体时点效应的影响，而时点效应影响会导致在政策实施前后干预组与控制组的结果变量无法保持平行，进而引致系统性误差。三是忽略了所处环境对个体的不同影响。双重差分法假设，在相同的环境中，环境因素冲击对个体产生相同的影响，但在现实操作中，干预组与控制组中的个体由于受到某些不可观测因素的影响，使其在受到相同环境因素冲击之时，可能做出不同的反应，从而导致该方法的应用出现问题。

（三）倾向得分匹配—双重差分

倾向得分匹配模型虽然能够有效校正选择偏差问题，但是由于其仅依靠可观测变量来估算倾向得分，而忽略了某些非可观测因素，致使所估平均处理效应可能有偏①。双重差分法可消除某些不可观测尤其是随时间不变或随时间同步变化的因素的影响，从而弥补倾向得分匹配的不足。Heckman 等首次提出将倾向得分模型与双重差分模型进行结合的研究理念，认为这两种模型的结合可以有效降低偏差②。

$$ATT_{PSM-DID}=E[Y_{t_1}(1)-Y_{t_0}(1)\mid D=1,\ P(X_{t_0})]-E[Y_{t_1}(0)-Y_{t_0}(0)\mid D=0,\ P(X_{t_0})] \tag{4-6}$$

其中，t_0 和 t_1 分别为政策实施前、实施后的时点，X_{t_0} 是影响政策实施的特征变量，为了避免这些变量受到政策影响，所以采用政策实施前的时点值。式（4-6）右边分别为干预组、控制组与自身的差分项，这样做的目的是为了剔除其自身变化趋势的影响，而两项的再次差分即为某项政策带来的净效应。

实证过程可分为三个步骤：首先，进行倾向得分匹配，计算出各观测值的倾向得分；其次，根据倾向得分为干预组的各样本寻找匹配样本，并为每个样本赋予权重；最后，利用双重差分计算每个干预组和控制组的差距，再将这些差距加权平均即可得到干预组和控制组之间的总体差距。

阅读材料

Heckman 和 Robb 最早提出将双重差分法用于公共政策效应评估，之后，双重差分法的研究成果层出不穷③。国内研究主要通过对数据类型的分类来使用双重差分法分析问题。利用宏观或产业数据，如赵峦和孙文凯巧妙利用我国农村信用社体制分

① Dehejia R. Practical Propensity Score Matching: A Reply to Smith and Todd [J]. Journal of Econometrics, 2005 (125): 355-364.

② Heckman J J, Lochner L, Taber C. Explaining Rising Wage Inequality: Explorations with a Dynamic General Equilibrium Model of Labor Earnings with Heterogeneous Agents [J]. Review of Economic Dynamics, 1998 (1): 1-58.

③ Heckman J J, Robb R Jr. Alternative Methods for Evaluating the Impact of Interventions: An Overview [J]. Journal of Econometrics, 1985, 30 (1-2): 239-267.

省分批的改革特性，使用双重差分法评估了构造省级农信社实验对扶持农户力度的影响效应，研究发现，改革具有负效应，即在体制改革之后，农户贷款覆盖面减少了①。李楠和乔榛以1999~2006年中国工业行业数据为样本，将国企产权改革作为一项自然实验，利用双重差分法评估国企改革的政策效应，研究结果表明，国企改革会对企业绩效产生正面影响，即国企产权改革提高了其整体业绩水平②。

有些研究则利用微观数据进行双重差分分析，如郑新业等以河南省县级面板数据为样本，利用双重差分法评估了“省直管县”财政体制改革效应，发现体制改革具有积极效果③。范子英和李欣将2003年部长更换作为一项准实验，利用双重差分模型分析了地方官员晋升部级干部之后，政治关联对其原在地所得转移支付的影响效应，结果表明，新上任正部长的政治关联会提高原地方政府的转移支付，副部长的政治关联效应并不明显④。

国内学者也掀起了对倾向得分匹配—双重差分的研究热潮，并取得了一系列成果。万海远和李实采用2007年和2008年中国城乡劳动力流动的面板数据，通过倾向得分匹配—双重差分方法构建“反事实”状态，分析了户籍歧视对城乡收入差距的政策效应，研究表明，户籍歧视对我国收入差距具有显著的政策效应⑤。贾俊雪和宁静利用2002年和2007年全国县级面板数据，通过倾向得分匹配—双重差分方法构造“反事实”状态，在拟自然实验的环境下，评估“省直管县”财政体制改革对县级政府支出结构的政策效应，研究显示，改革增加了县级政府以经济增长为导向的支出⑥。

四、断点回归法

断点回归（Regression Discontinuity，RD）作为一种类似于随机控制试验的准实验方法，能够有效利用现实约束条件来分析变量之间的因果关系，其主要思想是，当个体的某一关键变量大于某一临界值时，个体就会接受政策干预；反之，若该变量小于临界值，个体则不接受政策干预。一般情况下，个体如果接受政策干预，那么就无法观测到其没有接受政策干预的情况。在断点回归中，小于临界值的个体则可作为一个

① 赵峦，孙文凯．农信社改革对改善金融支农的政策效应评估：基于全国农户调查面板数据的倍差法分析［J］．金融研究，2010（3）：194-206.

② 李楠，乔榛．国有企业改制政策效果的实证分析：基于双重差分模型的估计［J］．数量经济技术经济研究，2010（2）：3-21.

③ 郑新业，王晗，赵益卓．“省直管县”能促进经济增长吗?：双重差分方法［J］．管理世界，2011（8）：34-44.

④ 范子英，李欣．部长的政治关联效应与财政转移支付分配［J］．经济研究，2014（6）：129-141.

⑤ 万海远，李实．户籍歧视对城乡收入差距的影响［J］．经济研究，2013（9）：43-55.

⑥ 贾俊雪，宁静．纵向财政治理结构与地方政府职能优化：基于省直管县财政体制改革的拟自然实验分析［J］．管理世界，2015（1）：7-17.

很好的控制组来反映个体未接受政策干预的情况，特别是当变量连续时，临界值附近样本之间存在的差别能够很好地反映政策效应与经济变量之间的因果联系，进而可以计算出政策效应变量。

断点回归最早由美国心理学家 Campbell 于 1958 年设计而成，其后 Thistlethwaite 和 Campbell 正式发表了关于断点回归的首篇论文，提出 RD 是一种可有效处理非实验情况下处置效应的方法①。Campbell 等更加清晰地阐释了断点回归的概念，但并未做出统计上的证明，所以断点回归并未得到推广②。Sacks 和 Ylvisaker 提出了断点回归估计方法，并在理论上进行了粗略证明③。Trochim 综合之前关于断点回归的理论、方法，将其分为两类，即确定型的断点回归和模糊型的断点回归④。Hahn 等严格细致地分析了断点回归模型的识别、估计问题⑤。在此之后，断点回归才在经济研究领域崭露头角，并逐渐盛行，时至今日，其已经在劳动与教育经济学、发展经济学、政治经济学、公共经济学、环境经济学等领域得到了广泛应用。

（一）基本思想

断点回归的基本思想是处理变量 D_i 完全由某个参考变量 x_i 是否超过某断点决定，x_i 本身既能对结果产生影响，也可以没有影响。如果有影响，那么结果变量与 x_i 之间存在连续关系，其他可能影响结果的因素在断点处也是连续的，而结果变量在断点出现的跳跃则主要是由处理变量 D_i 带来的影响。

假设结果变量 y_i 与 x_i 存在线性关系：

$$y_i=\alpha+\beta x_i+\varepsilon_i,\ i=1,\ 2,\ \cdots,\ n \tag{4-7}$$

处理变量 D_i 由参考变量 x_i 是否超过某个断点 c 决定（见图 4-2）：

$$D_i=\begin{cases}1，若\ x_i\geqslant c\\0，若\ x_i\leqslant c\end{cases}$$

假设 $D_i=1$（$x_i\geqslant c$）的处理效应为正，那么 y_i 与 x_i 之间的线性关系在 $x=c$ 处存在一个向上跳跃的断点。由于在 $x=c$ 附近，个体之间没有系统差别，所以造成条件期望 $E(y_i\mid x)$ 在此处发生跳跃的唯一原因只可能是 D_i 的处理效应，故可将该跳跃看作是在 $x=c$ 处 D_i 对 y_i 的因果效应。

---

① Thistlethwaite D L, Campbell D T. Regression Discontinuity Analysis: An Alternative to the Ex-post Facto Experiment [J]. Journal of Educational Psychology, 1960, 51 (6): 309-317.

② Campbell D T, Stanley J C, Gage N L. Experimental and Quasi-Experimental Designs for Research on Teaching [R]. 1963.

③ Sacks J, Ylvisaker D. Linear Estimates for Approximately Linear Models [J]. Annals of Statistics, 1978, 6 (3): 1122-1138.

④ Trochim W M K. Research Design for Program Evaluation [M]. Beverly Hills, CA: Sage Publications, 1984.

⑤ Hahn J, Todd P, Van der Klaauw W. Identification and Estimation of Treatment Effects with a Regression Discontinuity Design [J]. Econometrica, 2001, 69 (1): 201-209.

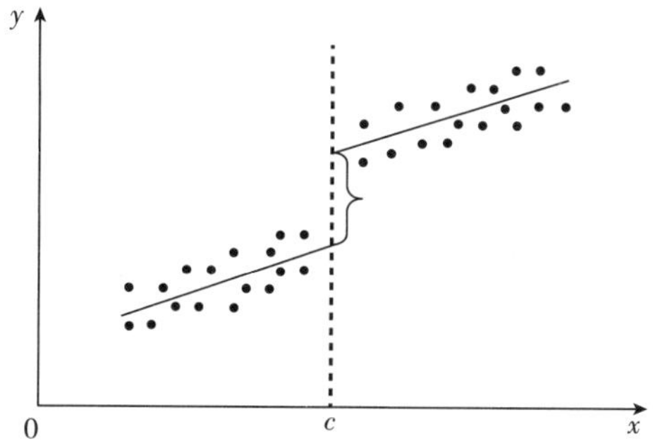

图 4-2　断点回归示意

如果在方程中引入虚拟变量，就会在不同的子样本中产生不同的截距项，因而，为了估计该跳跃，可将原方程改为：

$$y_i=\alpha+\beta(x_i-c)+\delta D_i+\gamma(x_i-c)D_i+\varepsilon_i,\ i=1,\ 2,\ \cdots,\ n \tag{4-8}$$

其中，变量（x_i-c）是 x_i 的标准化，从而使（x_i-c）的断点为0。互动项 γ（x_i-c）D_i 被引入的目的是使断点两侧的回归线可以存在不同斜率，如果断点两侧的回归线斜率不同，但没有包括该互动项，其实就是在强迫两侧斜率相同，这将导致断点右（左）侧的观测值会对左（右）侧截距项的估计，进而引起偏差。对式（4-8）进行 OLS 回归，得到的 $\hat{\delta}$ 即是 $x=c$ 处的局部平均处理效应（LATE）的估计量，其能够度量断点两侧回归线的截距之差，但与该回归线在 $x=c$ 的跳跃距离并不相等。因为该回归存在一个断点，所以被称为断点回归或者断点回归设计（Regression Discontinuity Design，RDD）。

由于断点附近存在随机分组，所以通常将断点回归看作一种内部有效性比较强的准实验，在某种意义上，也可被视为局部随机实验，并且可以通过检验协变量在断点两侧的分布是否有显著差异来判断其随机性。值得注意的是，断点回归只能推断出断点位置的因果关系，但不一定能推广至其他样本区间，所以该方法的外部有效性具有一定的局限性。

（二）分类

断点回归可以分为精确断点回归和模糊断点回归两种类型。

精确断点回归（Sharp Regression Discontinuity，SRD）是处理变量 D_i 完全由参考变量 x_i 是否超过临界值决定。若参考变量超过或等于临界值，个体接受处理，即 $D_i=1$；反之，若参考变量未超过临界值，则个体并没有受到处理，即 $D_i=0$。个体在断点得到处理概率是从 0 跳跃为 1。

模糊断点回归是个体受到处理与否并不完全取决于参考变量 x_i，还会受到其他未观测到的因素影响，处理变量可能会受到其他因素的影响，未观测因素也可能同时影响参考变量和结果变量，而影响处理变量的未观测因素也可能同时影响结果变量。这就意味着，即使在断点的右侧，个体也不一定得到处理，而断点左侧的个体也可能接受处理。个体在断点处得到的处理概率是从 a 跳跃为 b，其中 $0<a<b<1$。但断点还是明确地在 $x=c$ 处，只不过分组变量跨过断点的后果并非泾渭分明，仅是得到处理的概率存在跳跃。在某种意义上，精确断点回归可以被看作是模糊断点回归的特例或者是极限情况，如图 4-3 所示。

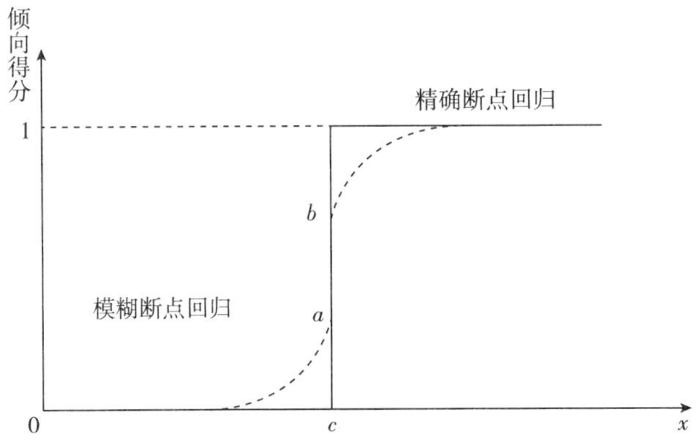

图 4-3　精确断点回归与模糊断点回归

（三）操作步骤

第一步，检验内生分组。检验内生分组就是为了判断在进行断点回归时，个体能否自行分布在断点两侧，是否满足进入实验的条件，是否存在某种跳跃性的变化。若存在内生分组，那么个体将自行进入实验，但会存在断点两侧分布不均的情况，导致分组变量 x 的密度函数 $f(x)$ 在 $x=c$ 处不连续，从而使左右极限不相等。

McCrary 提出了一种核密度函数的检验方法，将参考变量划分为不同的区间，并计算各区间的个体数量，若个体能够操纵参考变量，即是否存在某种跳跃性的变化，就能够观测到位于断点两侧的数量存在的差别。例如，如果较多的个体通过操纵位于断点的左侧，这就意味着，位于断点右侧的个体数量将小于左侧，那么，就可以利用带宽选择和曲线拟合的方法检验在断点 $x=c$ 处是否存在跳跃。

第二步，判断断点回归的类别。断点回归可以分为精确断点回归和模糊断点回归，通过个体被处理的概率可判断属于哪类回归。需检验处理变量是否完全由“某连续变量是否超过某一断点”决定，如果个体被处理的概率从 0 跳跃为 1，即为精确断点回归，如果个体被处理的概率从 a 跳跃为 b（$0<a<b<1$），则为模糊断点回归。

第三步，图形分析。画出结果变量和参考变量之间的关系图，若判断为模糊断点，那么接着画出原因变量和参考变量之间的关系图，从而呈现结果变量和原因变量在断点处的关系。

第四步，检验结果对不同带宽、不同多项式次数的稳健性。设置不同带宽，通过选择最优带宽，检验并选择相对应的模型。在这里，可以考虑增加协变量从而选择最优带宽。

第五步，检验协变量在断点处的跳跃性。在断点回归的过程中，协变量的条件密度在断点 $x=c$ 处需具有连续性，因而要检验其在断点处是否存在跳跃。如果存在跳跃，说明其条件密度函数在断点处不是连续的，需要剔除。在剔除存在跳跃的协变量之后，需要重新选择最优带宽，重新进行断点回归分析。

第六步，显著性检验。首先，可进行伪断点检验。将参考变量的其他位置（如断点左右两侧中点）作为伪断点，若所得断点回归的估计量不为 0，则无法满足伪断点干预效应为 0 的基本前提，说明断点回归设计可能存在问题，所得因果效应可能是混杂了其他未观测因素具有跳跃性造成的，并不完全是由某项政策干预形成的影响。其次，选择不同的带宽，对断点回归估计量进行估计，检验所得估计结果是否存在较大差异，若差异较大，则说明断点回归设计可能存在问题。

（四）注意的问题

在不具备随机实验的情况下，断点回归能够有效克服参数估计存在的内生性问题，可真实地反映变量之间的因果关系①。断点回归可以应用于随机试验无法进行的环境，并且相较于其他因果推断方法，其结果非常接近于随机试验结果。所以，断点回归最大的优势在于其所得因果推断可方便地得到检验。这些优势逐渐被学术界认可，并得到广泛应用。该方法在应用的过程中必须注意的关键假设是断点附近的个体特征必须相同，该假设可通过统计分析进行检验。由于断点回归仅推断断点处的因果关系，不一定能推广至其他样本，所以其外部有效性可能会受到局限。

虽然断点回归在因果推断和政策评估方面具有很大优势，但在应用的过程中必须注意以下三个方面：一是如果个体能够精确操纵决定处理效应的关键变量，则不适于采用断点回归法；二是虽然个体能够对决定处理效应的关键变量产生影响，但若是该影响无法使个体精确地操纵关键变量，那么跳跃点处的处理效应仍会呈现随机模式，可用模糊断点回归法进行分析；三是断点回归可以像随机试验一样进行分析，可在政策实施之前，检验被解释变量是否会发生系统性变化。

阅读材料

一、断点回归在劳动和教育经济学领域的应用

由于政府在劳动市场和教育部门制定的法规、政策种类比较多，所以断点回归在该领域的应用十分广泛。Angrist 和 Lavy 根据以色列教育制度对班级规模的规定，

① Lee D S. Randomized Experiments from Nonrandom Selection in US House Elections [J]. Journal of Econometrics, 2008, 142 (2): 675-697.

即班级人数必须保持在40人以内，超过40人的班级必须分为两班，利用断点回归估计了班级规模对学生成绩以及教育质量的影响。研究发现，班级规模越小，学生考试成绩就越好①。Lalive利用断点回归估计了奥地利延长失业工人补贴时限会对劳动力市场产生何种影响②③。他发现失业补贴时限的不一致会影响失业时间以及新找工作的待遇、类型。此外，由于该项政策的实施还存在地域差别，所以通过对地区间临界线两侧的样本进行研究，发现补贴的时限越长，工人失业的时间也会越长。

二、断点回归在发展经济学领域的应用

断点回归在发展经济学中的应用主要利用了各地区行政区域划分的特点。黄新飞等以长三角地区15个城市224个市场37种农产品161个周度价格和成本数据为样本，利用断点回归考察了省际边界对价格差异的影响作用，结果表明，在控制了当地市场供给、需求的特征之后，长三角地区的省际边界效应显著存在，上海—江苏、浙江以及江苏—浙江的边界效应分别是42%、45%和32.4%④。

三、断点回归在政治经济学领域的应用

由于政党选举通常是利用选票数量进行决定，而获得多少选票才可当选则是法律规章制度预先设定的，所以就存在一个当选与不当选的选票临界值。断点回归则利用该临界值进行研究。Lee利用50%的得票率作为获选的决定性因素，运用断点回归方法研究了美国众议院当选者本次当选获得的权利是否有利于再次当选的问题，研究发现再次当选的概率很高⑤。

四、断点回归在公共经济学领域的应用

国内学者还将断点回归估计应用到了公共经济学领域。张川川和陈斌开基于中国健康与养老追踪调查微观数据，利用断点回归方法探讨了新型农村社会养老保险对农村养老模式的影响效应。研究结果显示，参与新型农村社会养老保险的老年人获得私人转移支付的概率下降了32%~53%，所以，社会养老模式能够在一定程度上替代家庭养老模式，但效果有限，仍需进一步提高农村社保水平⑥。

---

① Angrist J D，Victor L. Using Maimonides' Rule to Estimate the Effect of Class Size on Scholastic Achievement［J］. Quarterly Journal of Economics，1999，114（2）：533-575.

② Lalive R. Unemployment Benefits，Unemployment Duration，and Post-Unemployment Jobs：A Regression Discontinuity Approach［J］. American Economic Review，2007，97（2）：108-112.

③ Lalive R，Van Ours J C，Zweimüller J. The Impact of Active Labour Market Programmes on the Duration of Unemployment in Switzerland［J］. The Economic Journal，2008，118（525）：235-257.

④ 黄新飞，陈珊珊，李腾. 价格差异、市场分割与边界效应：基于长三角15个城市的实证研究［J］. 经济研究，2014，49（12）：18-32.

⑤ Lee D S. Randomized Experiments from Nonrandom Selection in US House Elections［J］. Journal of Econometrics，2008，142（2）：675-697.

⑥ 张川川，陈斌开. "社会养老"能否替代"家庭养老"?：来自中国新型农村社会养老保险的证据［J］. 经济研究，2014，49（11）：102-115.

五、断点回归在环境经济学领域的应用

世界各国均颁布相关的政策法规来控制和缓解日益严重的环境问题，这为断点回归在环境经济学领域的应用提供了政策分析背景。Chay 和 Greenstone 根据美国联邦政府《清洁空气法案》，将规定的污染程度临界值作为一个间断点，利用断点回归方法对比分析超过和未超过污染排放临界点地区的房价水平，发现悬浮颗粒总量下降 1%，房价则会提高 0.4%~0.5%①。曹静等根据北京奥运会之后采取的"尾号限行"政策，利用断点回归模型探讨了限行政策能否改善空气质量，发现限行政策对空气质量的改善并没有显著影响②。

五、群聚分析法

前面介绍的双重差分法和断点回归法均利用了外生的政策冲击来熨平估计中的内生性因素，但其中双重差分法因在实际应用中存在控制组被污染、样本异质性、分组过程选择性等问题而受到质疑③。断点回归法中政策断点的设定滞后于个体的主观选择，个体无法人为操纵政策结果，其分组过程更加外生，识别结果也更为精确。但也存在外部有效性弱、样本不可观测异质性、带宽选择等因素的影响④。群聚分析法（Bunching Approach）与断点回归方法既有相似之处，也有区别：一是与断点回归法类似，群聚分析法具有局部的性质，这就需要大数据集，如果样本量太小，一方面会造成较大的误差，另一方面很难观测到任何群聚现象，因此应用群聚分析法的前提是庞大的数据量。二是两者所适用的均是断点型制度，但其背后的政策情境是不同的。断点回归方法的目的在于政策效果的评估，因此要求断点的出现后置于个体行为，即断点对于政策参与者来说是未知的，并且断点也是无法被精准操控的。而群聚分析方法的侧重点是估计个体对政策的反应程度，因此要求断点的出现早于个体行为，即群聚分析的断点是已知的，并且可以被精准操控，也就是说，所有的政策参与者对政策有充分的了解，也都知道政策有一个断点，而且人们有能力和明确的动机通过改变自身行为进行选择，从而对政策有不同的反应。

群聚（Bunching）主要指制度设计中的不连续点（断点）附近产生的集聚现

① Chay K Y，Greenstone M. Does Air Quality Matter? Evidence from the Housing Market［J］. Journal of Political Economy，2005，113（2）：376-424.

② 曹静，王鑫，钟笑寒. 限行政策是否改善了北京市的空气质量?［J］. 经济学（季刊），2014（3）：1091-1126.

③ 陈林，伍海军. 国内双重差分法的研究现状与潜在问题［J］. 数量经济技术经济研究，2015，32（7）：133-148.

④ 樊勇，杜涵，彭凡嘉，等. 聚束分析法及其在税收政策评估领域的应用［J］. 中央财经大学学报，2021（5）：3-16.

象①②，包括拐点和间断点两种类型。Saez③ 和 Chetty 等④最先研究了超额累进税制下的群聚分布，并开发了针对此类拐点（Kink Points）的群聚分析法，基于纳税人不受断点影响的样本分布，利用高阶多项式回归模拟政策断点周围样本分布的反事实曲线，再通过实际分布曲线与反事实曲线的差异计算聚束值，进行政策效应评估。这两项研究构建了群聚分析法的基础模型，Kleven 和 Waseem 在此基础上将模型进行了拓展，使其可以应用于全额累进税制下的群聚分布，并开发了针对此类间断点（Notch Points）的群聚分析法，拓展了群聚分析法的应用范围。⑤ 事实上，拐点和间断点经常出现在各类制度设计中，如超额和全额累进税率的级次点、税收优惠条件的临界值等，由于群聚分析方法在识别行为反应方面具有较大优势，因此在学术界逐渐得到越来越多的应用。

（一）拐点聚束分析法的基本思想

截至目前，文献中介绍了两种不同的聚束设计：一是基于经济个体选择集斜率的变化，称为拐点（Kinks）聚束，由 Saez⑥和 Chetty 等⑦研究提出；二是基于选择集截距的离散变化，称为间断点（Notches）聚束，由 Kleven 和 Waseem⑧提出。

以累进个人所得税为例对拐点聚束的基本原理进行介绍，累进企业所得税请见 Devereux 等⑨的研究。假设经济中纳税人的劳动技能是异质性的，个体在既定预算约束下选择消费和努力程度，其效用函数为 $u\left(z-T(z), \dfrac{z}{n}\right)$，其中 z 是收入，$T(z)$ 是税收函数，n 是劳动技能，并且个体的劳动技能存在异质性密度分布 $f(n)$。假设技能分布、效用函数和税收制度都是平滑的，个体优化产生的收益分布也是平滑的。假设税收函数是线性的，形式为 $T(z)=t\times z$，用 $b(z)$ 表示平滑的收入分布函数。

在累进的个人所得税下，当个人收入超过门槛值 z^* 时，边际税率从 t 离散增加到 $t+\Delta t$，相应的税收函数为 $T(z)=t\times z+\Delta t\times(z-z^*)\times I(z>z^*)$，其中 $I(\cdot)$ 是指示函数。图 4-4(a) 与图 4-4(b) 分别为预算集图和密度分布图。横轴是税前收入，纵轴是可支配收入(或者是消费)。在没有拐点时，劳动者沿着斜率为 $(1-t)$ 的预算线进行决策，即

① Kleven H J. Bunching [J]. Annual Review of Economics, 2016 (8): 435-464.

② Kleven 在该文中对聚束方法的应用进行了详细总结，本章关于两种聚束类型的图形也借鉴了该文。

③⑥ Saez E. Do Taxpayers Bunch at Kink Points? [J]. American Economic Journal: Economic Policy, 2010 (3): 180-212.

④⑦ Chetty R, Friedman J N, Olsen T, et al. Adjustment Costs, Firm Responses, and Micro vs. Macro Labor Supply Elasticities: Evidence from Danish Tax Records [J]. The Quarterly Journal of Economics, 2011, 126 (2): 749-804.

⑤⑧ Kleven H J, Waseem M. Using Notches to Uncover Optimization Frictions and Structural Elasticities: Theory and Evidence from Pakistan [J]. Quarterly Journal of Economics, 2013, 128 (2): 669-723.

⑨ Devereux M P, Liu L, Loretz S. The Elasticity of Corporate Taxable Income: New Evidence from UK Tax Records [J]. American Economic Journal: Economic Policy, 2014, 6 (2): 19-53.

税率是 t，具体取决于个人劳动技能高低。在图 4-4(a)中，劳动技能为 n^* 的劳动者的收入为 z^*，劳动技能为($n^*+\Delta n^*$)的劳动者的收入为($z^*+\Delta z^*$)。在存在拐点的情况下，即在 z^* 之后税率上涨为($t+\Delta t$)，实际到手收入就会减少，斜率变为($1-t-\Delta t$)，即税率增加，收入减少，也就是说真实收入随着名义收入在税收前后有一个突然的变化，这个变化体现在斜率上。在图 4-4(b)中，劳动者的收入最初位于点($z^*+\Delta z^*$)处，并与拐点 z^* 处预算集的上半部分相切，如果劳动者保持劳动时间不变，则其效用会降低，因而他们会选择减少劳动时间以使效用最大化，从而向下移动到拐点处，对应的收入为 z^*，并且最初位于区间[z^*，$z^*+\Delta z^*$]上的所有劳动者均会移动到拐点，劳动者的这种行为会在 z^* 处形成拐点聚束。

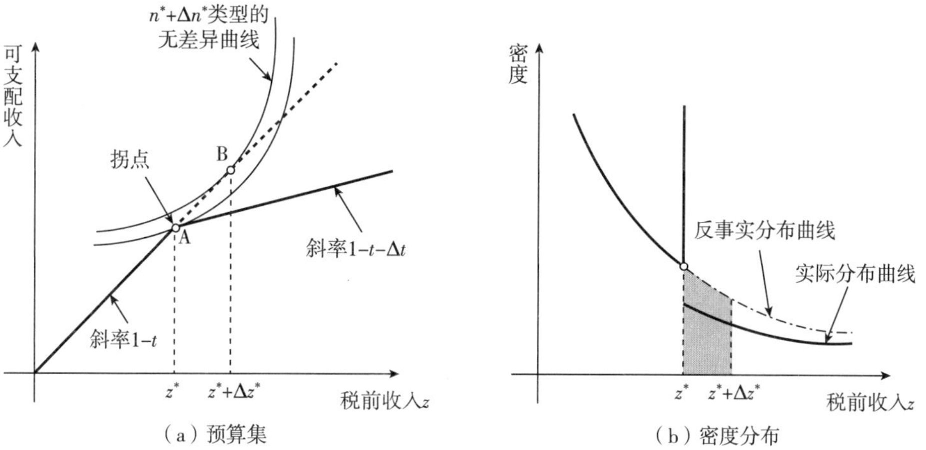

图 4-4　拐点群聚分析

接下来介绍一下拐点的内涵，如图 4-4 所示的无差异曲线，一个人的效用一方面取决于真实收入，他可以用这些真实收入进行消费，从中获得效用；另一方面取决于个人所付出的努力，即工作时间越长，效用越低。一个人的收入可以反映其对工作的投入情况，如果一个人的名义收入越高，那么他对这份工作投入的精力也就越多，付出的努力也就越多。这条无差异曲线意味着一个人在不同的消费和收入之间所做的所有选择的集合，切点是这个人的最优选择。此处，我们关注到两个点，第一个点是税前收入 z^* 大小的收入对应的点 A，点 A 是拐点之后选择出来的点，即个人会选择投入 n^* 的努力获取 z^* 的名义收入。我们接下来做一个“反事实”推断，假如没有税率的变化，斜率为($1-t$)的直线向上延伸，则个人的无差异曲线会与延伸的虚线相切于点 B，即我们需要关注的第二个点。点 B 意味着这个人会选择投入($n^*+\Delta n^*$)来获取($z^*+\Delta z^*$)的收入，也就是说，如果没有税率变化，他会选择投入($n^*+\Delta n^*$)来获取($z^*+\Delta z^*$)的收入，而现在存在了税率变化 Δt，他会只选择投入 n^* 的努力获取 z^* 的名义收入。如果所有人都如此选择，就会出现图 4-4(b)的情况，名义收入在区间$[z^*, z^*+\Delta z^*]$的人群会出现分歧，有些人会选择努力工作，获得更多的收入，而有些人则选择休息，使自己的收入控制在z^*处，这样就出现了在z^*处聚集的情况，这就是拐点导致的聚束。拐点的意思是斜率发生了变化，因为不同的人对投入精力赚取的名义收入和真实收入之间的偏好存在差异，所以收入为$[z^*, z^*+\Delta z^*]$的劳动者会选择降低自己的收入以优化自己的税收，获得更多的闲暇时间。

（二）间断点群聚分析法的基本思想

间断点（Notches）聚束最初是由 Kleven 和 Waseem① 研究个人所得税制下的全额累进税制时提出的。保持与拐点聚束中同样的模型设定，当个人收入超过门槛值z^*时，税率从t离散增加到$t+\Delta t$，相应的税收函数为$T(z)=t\times z+\Delta t\times z\times I(z>z^*)$，其中$I(\cdot)$是指示函数。这意味着当个人的税前收入超过$z^*$后，不仅提高超过$z^*$部分收入的税率，而且要提高$z^*$之前收入的税率，与拐点中对应的超额累进税相比，间断点对应的全额累进税对劳动者来说，其边际收入降幅更大，劳动者会进一步降低劳动时长，以获取更大的效用。在全额累进税制下，存在恒等式$\Delta z^D \equiv \dfrac{\Delta t\times z^*}{1-t-\Delta t}$，使得税前收入为$z^*$和$(z^*+\Delta z^D)$的个体税后收入相同，从消费中获取的效用一致。这就导致税前收入落在区间$[z^*, z^*+\Delta z^D]$个体，其税后收入低于z^*处的税后收入，这意味着区间$[z^*, z^*+\Delta z^D]$的个体付出了更多的努力，却获取了更低的实际收入，理性人均不会做出如此的选择，在理性人假设下，这一区间内的纳税人数量理论上应该为 0，这样就形成了空缺区域。对于税前收入为$[z^*, z^L]$的纳税人，降低努力程度到z^*处，则与当前获取的实际税后收入相同。图 4-5 呈现了预算集上的间断点及其聚束分布。

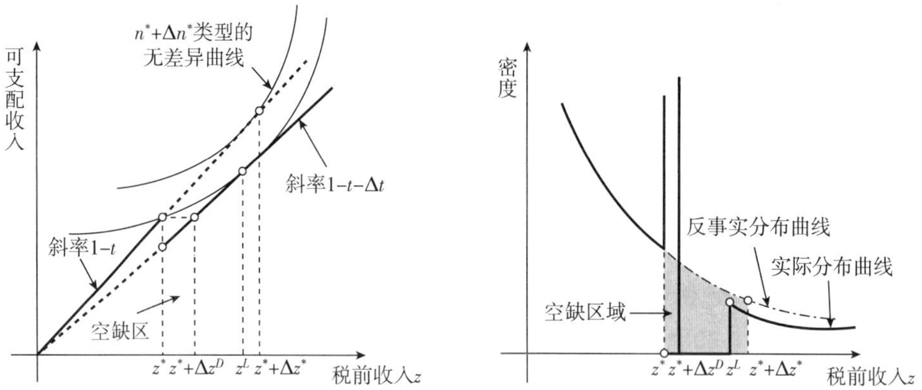

（a）预算集　　（b）密度分布

图 4-5　间断点群聚分析

① Kleven H J, Waseem M. Using Notches to Uncover Optimization Frictions and Structural Elasticities: Theory and Evidence from Pakistan [J] . The Quarterly Journal of Economics, 2013, 128 (2): 669-723.

阅读材料

目前，聚束分析法被不断完善和扩展，越来越多以聚束分析法为核心的研究成果发表在国内外重要期刊上。聚束分析法早期是为了分析税制应运而生的，因此最早应用于税收领域。例如，聚束分析法被用于评估税收优惠政策①、逃税②③、税收对劳动供给影响④、税收转移现象⑤、应税收入弹性⑥、财富税与财富积累⑦、企业研发支出税收弹性⑧和房地产交易税⑨等。

除税收制度外，近年来聚束分析法的应用范围也被拓展到了各个领域的断点制度中，包括移民问题⑩、养老金⑪、医疗保险⑫、交通运输⑬、人口⑭、住房抵押贷款⑮、企业正规化⑯、计算消费者剩余⑰和残障福利制度⑱等领域中的断点制度问题均

---

① Saez E. Do Taxpayers Bunch at Kink Points? [J] . American Economic Journal: Economic Policy, 2010 (3): 180-212.

② Kleven H J. Bunching [J] . Annual Review of Economics, 2016 (8): 435-464.

③ Best M C, Brockmeyer A, Kleven H J, et al. Production Versus Revenue Efficiency with Limited Tax Capacity: Theory and Evidence from Pakistan [J] . Journal of Political Economy, 2015, 123 (6): 1311-1355.

④ Chetty R, Friedman J N, Olsen T, et al. Adjustment Costs, Firm Responses, and Micro vs. Macro Labor Supply Elasticities: Evidence from Danish Tax Records [J] . The Quarterly Journal of Economics, 2011, 126 (2): 749-804.

⑤ Maire D L, Schjerning B. Tax Bunching, Income Shifting and Self-employment [J] . Journal of Public Economics, 2013 (107): 1-18.

⑥ Devereux M P, Liu L, Loretz S. The Elasticity of Corporate Taxable Income: New Evidence from UK Tax Records [J] . American Economic Journal: Economic Policy, 2014, 6 (2): 19-53.

⑦ Jakobsen K, Kleven H, Zucman G. Wealth Taxation and Wealth Accumulation: Theory and Evidence from Denmark [J] . The Quarterly Journal of Economics, 2020, 135 (1): 329-388.

⑧ Chen Z, Liu Z K, Suarez S J C, et al. Notching R&D Investment with Corporate Income Tax Cuts in China [J] . American Economic Review, 2021, 111 (7): 2065-2100.

⑨ Kopczuk W, Munroe D. Mansion Tax: The Effect of Transfer Taxes on the Residential Real Estate Market [J] . American Economic Journal: Economic Policy, 2015 (7): 214-257.

⑩ Kleven H J, Schultz E, Barro R J, et al. Migration and Wage Effects of Taxing Top Earners: Evidence from the Foreigners' Tax Scheme in Denmark [J] . The Quarterly Journal of Economics, 2014 (129): 333-378.

⑪ Brown K M. The Link between Pensions and Eetirement Timing: Lessons from California Teachers [J] . Journal of Public Economics, 2013 (98): 1-14.

⑫ Einav L, Finkelstein A, Schrimpf P. The Response of Drug Expenditure to Nonlinear Contract Design: Evidence from Medicare Part D [J] . The Quarterly Journal of Economics, 2015 (154): 841-899.

⑬ Sallee J M, Slemrod J B. Car Notches: Strategic Automaker Responses to Fuel Economy Policy [J] . Journal of Public Economics, 2012, 96 (11-12): 981-999.

⑭ Foremny D, Jofre-Monseny J, Solé-OlléA. "Ghost Citizens": Using Notches to Identify Manipulation of Population-based Grants [J] . Journal of Public Economics, 2017 (154): 49-66.

⑮ DeFusco A A, Paciorek A. The Interest Rate Elasticity of Mortgage Demand: Evidence from Bunching at the Conforming Loan Limit [J] . American Economic Journal: Economic Policy, 2017, 9 (1): 210-240.

⑯ Li L, Lockwood B, Almunia M, et al. VAT Notches, Voluntary Registration, and Bunching: Theory and U. K. Evidence [J] . The Review of Economics and Statistics, 2021, 103 (1): 151-164.

⑰ Cohen P, Hahn R W, Hall J, et al. Using Big Data to Estimate Consumer Surplus: The Case of Uber [R] . NBER Working Paper, 2016, W22627.

⑱ Ruh P, Staubli S. Financial Incentives and Earnings of Disability Insurance Recipients: Evidence from a Notch Design [J] . American Economic Journal: Economic Policy, 2019, 11 (2): 269-300.

可使用聚束法进行评估分析。

在我国，类似的拐点和间断点同样出现于各领域中，但整体看来相关文献较少。张航和范子英对聚束分析法的基本原理进行了介绍①。在实证研究方面，樊勇等首次使用聚束分析法对中小企业所得税优惠政策进行了评估②③。王伟同等则以相同的政策分析了减税激励对于小微企业债务规模和融资成本的影响④。

六、匹配法

匹配法作为一种近似实验的方法，主要将那些没有采用或无法采用实验方法的数据进行分组。匹配法假定，在控制协变量之后，某项政策的实施会对具有相同特征的个体产生同样的影响，即那些不可观测因素不会对个体是否接受政策干预的决策产生影响，只有可观测变量会对其产生影响，所以可以根据可观测特征构造“反事实”，从而为干预组选择控制组。根据选取控制组时采用的不同匹配方法，可分为协变量匹配（Covariant Matching，CVM）与倾向得分匹配（Propensity Score Matching，PSM），协变量匹配是根据所有协变量进行匹配，通过计算控制组个体与干预组各个体之间的距离，为干预组选择控制组，但由于其涉及的协变量过多，可能导致在匹配时维度过多，计算过于复杂，缺乏可行性。倾向得分匹配在实践中的应用最为广泛。

（一）基本思想

匹配估计量的基本思路是：假设个体 i 为干预组，找到控制组中的某个体 j，使得个体 i 与个体 j 的可测变量取值尽可能匹配，即 $x_i \approx x_j$。根据可忽略性假设，个体 i 与个体 j 进入干预组的概率相近，所以具有可比性。因而，可将 y_j 作为 y_{0i} 的估计量，即 $\hat{y}_{0i}=y_j$，进一步地，$(y_i-\hat{y}_{0i})=y_i-y_j$ 能够度量个体 i 的处理效应。可以对干预组的每一个体进行如此匹配，对控制组的每一个体也进行类似匹配，然后，再对每一个体的处理效应进行平均，就可得到匹配估计量。匹配可分为一对一匹配和一对多匹配。

在一对一匹配的过程中存在放回与不放回两种情况。放回是在进行匹配时，每次都要将匹配成功的个体（i，j）留在样本中，继续参与其余匹配，但该操作会导致每一个体可能有多个个体与其匹配；不放回是从样本中删除已匹配成功的个体，使其不再参与其余样本的匹配。此外，还存在是否允许并列的情况。假设干预组中的个体 i 与控制组中的个体 j、k 同样接近，如果允许并列，可将 y_j 与 y_k 的平均值作为 y_{0i} 的估计量，

---

① 张航，范子英．群聚分析法：原理、争议及应用前景［J］．数量经济技术经济研究，2019，36（9）：152-168.

② 樊勇，李昊楠，管淳．小微企业所得税优惠间断点是否存在聚束效应［J］．世界经济，2020（3）：167-192.

③ 樊勇，杜涵，彭凡嘉，等．聚束分析法及其在税收政策评估领域的应用［J］．中央财经大学学报，2021（5）：3-16.

④ 王伟同，李秀华，陆毅．减税激励与企业债务负担：来自小微企业所得税减半征收政策的证据［J］．经济研究，2020，55（8）：105-120.

即 $\hat{y}_{0i}=(y_j+y_k)/2$；若不允许并列，将根据数据排列顺序来选择个体 j 或 k，那么匹配估计量的结果就与数据排序相关，所以首先要将样本进行随机排序，然后再进行匹配。一对多匹配就是每个个体会有多个不同组的相近个体进行匹配。

匹配估计量一般存在偏差，只有在精确匹配的情况下，匹配才会满足 $x_i=x_j$，但在实际操作中，更常见的是非精确匹配，只能满足 $x_i \approx x_j$。在非精确匹配的情况下，一对一匹配的偏差较小，但其方差较大；一对多匹配会使用更多信息，因而能够降低方差，但却因使用了更多的信息，导致偏差增大。所以，Abadie 等建议一对四匹配，这样可以使均方误差最小化①。

（二）倾向得分匹配

假设 x_i 为 K 维向量，若直接对 x_i 进行匹配，将面临在高维度空间进行匹配出现的数据稀疏问题，导致很难找到与 x_i 相近的 x_j 匹配。为了解决该问题，一般会使用函数 $f(x_i)$，可将 K 维向量 x_i 压缩至一维，然后根据 $f(x_i)$ 进行匹配。为了更易找到好的匹配，Rosenbaum 和 Rubin 提出可以使用倾向得分度量距离②。

个体 i 的倾向得分是在给定 x_i 的情况下，个体 i 进入干预组的条件概率，即 $p(x_i) \equiv P(D_i=1 \mid x=x_i)$，简记为 $p(x)$。在利用样本数据估计 $p(x)$ 时，可以使用参数估计或者非参数估计，目前比较流行的是用参数估计中的 Logit 方法进行估计。采用倾向得分度量个体之间的距离，该距离是一维变量，并且取值范围为 [0，1]，其优势在于，即使 x_i 与 x_j 的距离很远，但仍可能使 $p(x_i) \approx p(x_j)$。利用倾向得分作为距离函数进行匹配，则被称为倾向得分匹配。

在使用倾向得分匹配时，必须满足重叠假定，意味着干预组和控制组的子样本必须存在重叠。因该假定是进行倾向得分匹配的前提条件，所以也被称为匹配假定。重叠假定的目的主要是确保干预组和控制组的倾向得分具有相同的取值范围。为了提高匹配质量，一般会保留位于倾向得分重叠部分的个体，但代价是会损失一定的样本容量。如果重叠假定不成立，就可能存在某些 x 使 $p(x)=1$，表示样本个体都属于干预组，无法在控制组中找到相应个体进行匹配；也可能存在某些 x 使 $p(x)=0$，表示样本个体都属于控制组，意味着无法在干预组中找到个体与之进行匹配。值得注意的是，对于 x 的任何可能取值，均有 $0<p(x)<1$。

倾向得分匹配可采用不同的方法，如 K 近邻匹配、卡尺匹配、卡尺内最近邻匹配等，虽然这些方法的具体操作存在一定差异，但其本质都属于近邻匹配法，寻找最近的个体，再进行简单的算术平均。还有一类匹配方法为整体匹配法，每一个体的匹配

① Abadie A, Drukker D M, Herr J L, et al. Implementing Matching Estimators for Average Treatment Effects in STATA [J]. Stata Journal, 2004 (4): 290-331.

② Rosenbaum P R, Rubin D B. The Central Role of the Propensity Score in Observational Studies for Causal Effects [J]. Biometrika, 1983, 70 (1): 41-55.

结果为位于共同取值范围内的不同组的全部个体，根据不同距离赋予不同的权重，距离个体比较近的权重大，反之则小，在一定范围之外的权重为0。整体匹配法一般包括核匹配、局部线性回归匹配、样条匹配等。

在实际的匹配过程中，如何选取匹配方法，目前尚无明确标准。每种方法都具有优劣性，并不适用于所有情形，因而需要根据具体数据特征选择与之适应的匹配方法。一般建议可以尝试不同的匹配方法，比较所得实证结果，如果采用不同方法所得的结果比较接近，表明实证结果具有稳健性；反之，如果结果存在较大差异，则需进一步分析其原因。

（三）局限性

匹配估计量可以看作一种再抽样方法，倾向得分匹配通过再抽样的方法，使观测数据与随机试验数据尽量接近，从而能够在很大程度上减少观测数据的偏差，但其也具有一定的局限性：①需要较大的样本容量才能获得高质量匹配；②干预组和控制组的倾向得分必须存在较大的共同取值范围，否则会丢失较多观测值，影响实证结果的精确性；③仅能够控制可测变量的影响，一旦存在不可测变量选择，会导致隐性偏差。

阅读材料

任曙明和张静基于1999~2007年中国装备制造企业的面板数据，运用倾向得分匹配法评估了补贴对装备制造企业加成率的政策效应①。郑玉以2008~2018年A股上市公司为样本，采用倾向得分匹配法考察高新认定的外部融资激励机制在缓解高新企业融资约束并促进其创新发展的可行性和有效性，研究发现，高新资质认定的外部融资激励机制对企业创新绩效及经营业绩具有额外激励效应，企业面临的融资约束越大，激励效果越显著，同时其效应也存在地区与企业差异②。赵鑫等利用全国800个行政村实地调研数据，采用倾向得分匹配模型，分析了村集体生产性服务的供给对农户收入的影响效应，结果表明，生产性服务具有增收效应，不同的生产性服务带来的增收效果不同③。王鹏辉等基于山西省1385家高新技术企业横截面数据，利用倾向得分匹配法检验了政府研发资助对不同类型企业创新效率的引导效果，研究发现，政府研发资助对微型企业具有显著的促进作用，对公有控股企业和小型企业存在显著的抑制作用，而对非公有控股企业和大中型企业不存在显著影响④。

① 任曙明，张静．补贴、寻租成本与加成率：基于中国装备制造企业的实证研究［J］．管理世界，2013（10）：118-129.

② 郑玉．高新技术企业认定、外部融资激励与企业绩效：基于倾向得分匹配法（PSM）的实证研究［J］．研究与发展管理，2020，32（6）：91-102.

③ 赵鑫，张正河，任金政．农业生产性服务对农户收入有影响吗：基于800个行政村的倾向得分匹配模型实证分析［J］．农业技术经济，2021（1）：32-45.

④ 王鹏辉，王志强，刘伯凡．政府研发资助与企业创新效率：基于倾向得分匹配法的实证检验［J］．经济问题，2021（4）：87-95.

七、合成控制法

合成控制法（Synthetic Control Methods）是由 Abadie 和 Gardeazabal① 提出的一种政策效果评估方法，其基本思想是，将未实施某项政策的地区进行加权后合成为一个更为良好且合理的控制组，该控制组优于主观选定的控制组，可有效克服干预组和控制组之间存在的差异问题。然后根据控制组的数据特征构建“反事实”，明确干预组和控制组在政策实施之前的相似程度，避免因对比地区差异过大而引起的误差，合成控制法能够克服在选取控制对象时出现的样本选择偏误以及政策内生性问题。

（一）理论模型

假设共有（$J+1$）个观测地区，其中仅有第一个地区受到某项政策的影响，该地区即可被视为干预组，而其余 J 个未受某项政策影响的地区可被看作控制组。

假设干预组与控制组的 T 期受到政策干预的情况均可被观测，用 T_0 表示政策实施的年份，因而 $1 \leqslant T_0 < T$。Y_{it}^N 表示 i 地区在 t 时未受到政策干预情况，Y_{it}^I 表示 i 地区在 t 时受到政策干预的情况，其中 $i=1$，…，$J+1$，$t=1$，…，T。因而 $\alpha_{it}=Y_{it}^I-Y_{it}^N$ 就表示政策效应。

在政策未实施之前，所有地区均不会受到政策干预，即对于 $t \leqslant T_0$ 的年份，所有地区 i 都有 $Y_{it}^I=Y_{it}^N$；而对于 $T_0<t \leqslant T$ 的年份，则有 $\alpha_{it}=Y_{it}^I-Y_{it}^N$。引入表示是否受政策干预的哑变量 D_{it}，如果地区 i 在 t 时开始实施政策，则该变量等于 1，否则等于 0。那么，在 t 时观测到地区 i 的结果 Y_{it} 为 $Y_{it}=D_{it}Y_{it}^I+(1-D_{it})Y_{it}^N$，即 $Y_{it}=Y_{it}^N+\alpha_{it}D_{it}$。对于不受政策干预的地区，有 $Y_{it}=Y_{it}^N$。

由于在 T_0 期之后，仅有第一个地区会受到政策干预，所以只需要估计出 α_{1t} 即可。

当 $t>T_0$ 时：

$$\alpha_{1t}=Y_{1t}^I-Y_{1t}^N=Y_{1t}-Y_{1t}^N \tag{4-9}$$

其中，Y_{1t} 是干预组的实际结果，是可观测的。Y_{1t}^N 是干预组未受到政策干预的潜在结果，所以为了估计 α_{1t} 则需先估计出 Y_{1t}^N。由于其无法观测到，因而通过构造“反事实”来预测 Y_{1t}^N。

令 Y_{it}^N 由以下模型决定：

$$Y_{it}^N=\delta_t+\theta_t Z_i+\lambda_t\mu_i+\varepsilon_{it} \tag{4-10}$$

其中，δ_t 表示时间趋势，是一个$(1\times r)$维无法观测的共同因子，θ_t 是一个$(1\times r)$维未知参数，Z_i 是一个$(r\times 1)$维的控制变量，其不受政策干预；λ_t 是一个$(1\times F)$维的共同因子，且不可观测；μ_i 表示地区固定效应，$(F\times 1)$维且不可观测，ε_{it} 则为标准误差，其均值为 0。

① Abadie A, Gardeazabal J. The Economic Costs of Conflict: A Case Study of the Basque Country [J]. American Economic Review, 2003, 93 (1): 112-132.

式(4-10)实际上是固定效应双重差分模型的扩展形式，但两者之间存在某些本质差异。虽然两个模型中都可以存在不可观测变量，但固定效应的双重差分模型要求这些变量的效应不能够随着时间的变化而变化，而式(4-10)则允许这些变量的效应能够随着时间的变化而变化。具体地，如果假定 λ_t 不随时间变化，那么式(4-10)即可被视为常规的双重差分模型，且在该模型中，无须限制 Z_i、μ_i 和 ε_{it} 之间相互独立。

为估计政策干预效应，必须估计如果第一个地区未受到政策干预的结果 Y_{1t}^N，可通过控制组地区近似干预组未受到政策干预的情况。为此，考虑一个$(J\times1)$维的权重向量 $W=(w_2,\ \cdots,\ w_{J+1})'$，对于 $j=2,\ \cdots,\ J+1$，$w_j\geqslant0$ 且 $w_2+\cdots+w_{J+1}=1$。向量 W 是控制组内的所有地区的加权平均，而 w_j 则表示对干预组可行的合成控制：

$$\sum_{j=2}^{J+1} w_j Y_{jt} = \delta_t + \theta_t \sum_{j=2}^{J+1} w_j Z_j + \lambda_t \sum_{j=2}^{J+1} w_j \mu_j + \sum_{j=2}^{J+1} w_j \varepsilon_{jt} \tag{4-11}$$

假设存在一个向量组 $W^*=(w_2^*,\ \cdots,\ w_{J+1}^*)$ 满足：

$$\sum_{j=2}^{J+1} w_j^* Y_{j1} = Y_{11},\quad \sum_{j=2}^{J+1} w_j^* Y_{j2} = Y_{12}\cdots,\quad \sum_{j=2}^{J+1} w_j^* Y_{jT0} = Y_{1T0} \text{ 且} \sum_{j=2}^{J+1} w_j^* Z_j = Z_1 \tag{4-12}$$

如果 $\sum_{t=1}^{T0}\lambda'_t\lambda_t$ 非奇异，则有：

$$Y_{1t}^N - \sum_{j=2}^{J+1} w_j^* Y_{jt} = \sum_{j=2}^{J+1} w_j^* \sum_{s=1}^{T0} \lambda_t \left(\sum_{n=1}^{T0} \lambda'_n \lambda_n\right)^{-1} \lambda'_s (\varepsilon_{js} - \varepsilon_{1s}) - \sum_{j=2}^{J+1} w_j^* (\varepsilon_{jt} - \varepsilon_{1t}) \tag{4-13}$$

Abadie 已证明，在一般条件下，式（4-13）右边趋近于 0。所以，当 $T_0<t\leqslant T$ 时，可用 $\sum_{j=2}^{J+1}w_j^* Y_{jt}$ 作为 Y_{1t}^N 的无偏估计来近似 Y_{1t}^N，进而可将 $\hat{\alpha}_{1t}=Y_{1t}-\sum_{j=2}^{J+1}w_j^* Y_{jt}$ 作为 α_{1t} 的估计。

估计 $\hat{\alpha}_{1t}$ 的前提条件是必须预先确定 W^*。如果式(4-13)成立，那么干预组的特征向量存在的范围必须是在控制组特征向量的凸组合内部，此即式(4-13)成立的必要条件。但是，在实际运算中并不能肯定在选取的样本数据中恰好一定存在方程组的解，所以，只能用近似解来计算 W^*。因而，用 X_1 与 X_0W 之间的距离 $\|X_1-X_0W\|$ 确定权重向量 W^*，而距离函数为 $\|X_1-X_0W\|_v=\sqrt{(X_1-X_0W)'V(X_1-X_0W)}$，$V$ 为$(k\times k)$阶对称半正定矩阵，其选择会直接影响估计的均方误差。其中，X_1 是政策实施之前干预组地区的$(k\times1)$维特征向量；X_0 为$(k\times J)$阶矩阵，其第 j 列表示在政策实施之前地区 j 的特征向量；W 满足的条件：对任意的 $j=2,\ \cdots,\ J+1$，有 $w_j\geqslant0$ 且 $w_2+\cdots+w_{J+1}=1$。特征向量为式(4-11)中政策干预结果决定因素的任意线性组合。在估计权重 W^* 时，要求 $w_j\geqslant0$，其目的是缩小干预组与控制组之间的差异，从而减少由此带来的估计偏差。

（二）稳健性检验

由于合成控制法是利用宏观数据来估计政策效应，从而避免了因用微观数据估计宏观效果所引起的不确定性。但由于无法确定构造的合成控制组是否能够很好地拟合干预组的潜在变化路径，即“反事实”状态，因此所估计参数仍存在一定程度的不确定性。为了检验实证结果的稳健性，对其他地区进行安慰剂检验（Placebo Test），用于检验政策效应在统计上是否显著，并且判断是否还有其他地区会出现与干预组一样的特征，其概率有多大。安慰剂检验的思路如下：对于控制组的某一地区，假设该地区受到政策干预，然后利用合成控制法构造其合成样本，从而估计该地区和其合成样本之间的政策干预结果差距，如果所得结果与干预组类似，则表明合成控制法并没有提供一个有力的证据说明该项政策对干预组产生了影响。安慰剂检验对象的一个合理选择是构成合成干预组权重最大的地区。

除了安慰剂检验，为了检验所估计政策效应是否在统计上显著，Abadie 等提出了一种与秩检验类似的排序检验方法（Permutation Test），其基本思想是，在控制组内随机选取一个地区，假设该地区受到政策干预，并利用合成控制法构造其合成样本，估计其在"反事实"状态下产生的政策效应，然后将其与干预组的政策效应进行对比，如果两者的政策效应具有显著差异，说明政策影响是显著的，并非偶然现象；反之则反是。

（三）优势

合成控制法具有以下优点：①该方法作为一种非参数方法，是传统双重差分法的扩展；②通过加权合成控制组，并且权重由数据决定，可有效减少主观判断；③通过将多个控制对象进行加权以模拟目标对象政策实施之前的情况，不仅可以清晰地反映各控制对象在"反事实"事件中的具体贡献，由于对比地区的权重均为正数且之和为1，还有效避免过分外推；④可为所有研究个体提供与之对应的合成控制对象，避免因各政策实施时间不同而影响政策评估结果，从而造成主观选择偏差。合成控制法因其具备的优势，获得学术界的认可，并得到广泛的推广应用。

阅读材料

Abdie 和 Gardeazabal 提出了一种政策效果评估方法，即合成控制法，用于评估恐怖冲突对巴斯克地区经济的影响效应，将巴斯克地区作为干预组，将西班牙其他两个地区的合成作为控制组，结果表明，恐怖袭击使巴斯克地区的 GDP 下降了10%①。此后，Abadie 等利用合成控制法研究了加利福尼亚烟草控制计划对人均烟草消费的政策效应，发现相较于未实行烟草控制计划的地区，2000 年加利福尼亚州的人均烟草消费减少了 26 包②。

近几年，国内学者也开始利用合成控制法进行政策效应评估，但研究成果的数

① Abadie A, Gardeazabal J. The Economic Costs of Conflict: A Case Study of the Basque Country [J]. American Economic Review, 2003, 93 (1): 112-132.

② Abadie A, Diamond A, Hainmueller J. Synthetic Control Methods for Comparative Case Studies? Estimating the Effect of California's Tobacco Control Program [J]. Journal of the American Statistical Association, 2010, 105 (490): 493-505.

量还相对较少。王贤彬和聂海峰采用合成控制法分析了将重庆作为省级行政区划调整对四川地区经济增长的影响，将全国其他30个省区市进行加权平均来近似没有实行行政区划调整时“大四川”的经济增长情况，结果发现，行政区划对重庆经济增长具有一定的促进作用，但对“新四川”地区的经济增长基本没有影响①。刘甲炎和范子英通过将进行房产税改革的重庆作为干预组，用40个大中城市的加权平均模拟重庆未实行房产税改革的潜在房价，通过对比分析重庆房价的真实值与合成值，进而估计房产税改革对房价的政策效应，结果发现，房产税改革使重庆的房价下降了5.27%②。

复习思考题：

1. 公共政策评估中有哪些常用的评估方法？
2. 结合实际，简要说明调查分析法在公共政策评估中的应用。
3. 在公共政策评估的方法中，随机控制试验法有何优势与缺陷？
4. 利用双重差分法进行公共政策评估的基本思想是什么？

---

① 王贤彬，聂海峰. 行政区划调整与经济增长［J］. 管理世界，2010（4）：42-53.

② 刘甲炎，范子英. 中国房产税试点的效果评估：基于合成控制法的研究［J］. 世界经济，2013（11）：117-135.

第五章　评估工作的组织实施

本章要点：

开展评估工作，需要遵循一套基本程序和一系列要求。在评估工作中还存在一些不确定因素，需要谨慎处理。

在评估实践中，最重要、最关键的是明确公共政策实施的真实情况。其中，数据的收集与处理是重要环节。

撰写评估报告，有一些基本要求。

第一节　评估工作的基本程序与要求

开展评估工作，需要遵循一套基本程序和一系列要求。在评估工作中还存在一些不确定因素，需要谨慎处理。

一、评估工作的基本程序

（1）接受委托任务，成立评估小组。

（2）制定评估方案。主要包括：评估对象、评估标准、评估框架与重点、工作进度、经费安排、评估方法、数据来源、调研、座谈等方面。

（3）选择和培训评估人员。

（4）进行评估。利用各种途径和手段全面收集政策制定与执行、政策效果与实际影响等方面的信息，进行系统的分类、统计和分析，运用不同的评估方法对政策进行评估，撰写评估报告初稿。

（5）听取各方的意见和建议，进一步完善评估报告。

（6）提交评估报告。

二、评估工作的要求

（1）高度负责。评估工作使命光荣、任务艰巨。要以对党和人民高度负责的精神，及时地、高质量地完成评估任务。

（2）客观公正。维护国家和人民的利益，反对部门利益和集团利益。评估以事实为基础，所采用方法科学、数据可靠，结论经得起检验。

（3）数据库建设与档案管理。要建立评估基础数据库，完整保管评估资料、会议记录等。

（4）保密规定。所有参与评估的工作人员要签订保密协议，遵守保密规定，未经允许不得对外泄露评估信息，不得接受采访或以个人名义发表言论或文章。

（5）廉洁要求与回避制度。所有参与评估的工作人员不得接受利益相关方的礼品、礼金、有价证券和宴请等。参与评估人员或专家，若与所评估政策利益相关的，需要回避。

三、评估工作中的不确定因素

（1）政策涉及面广，目标分散或不明确；政策效果多样性、影响广泛。既包括对预期结果的评估，也包括对非预期结果的评估。预期结果主要指对预先设定的政策目标的实际执行结果的评估。现行评估往往侧重于采集政策预期结果的目标、指标数据，而忽视对非预期结果的调查。非预期结果产生的主要原因是在政策制定过程中，决策者对政策问题发展趋势的考虑不够周全，导致政策执行后出现意想不到的结果。当然，有些政策的非预期结果也可能是正面的，如有学者发现中国多年实施的计划生育政策使中国不同性别之间的社会地位更加平等。对这些非预期结果的评估可以帮助决策者反思政策方案，完善决策体系，推动评估向决策者的良性反馈。

（2）政策行动与环境改变的因果关系不容易确定，即出现一因多果、一果多因。政策评估的重要功能在于识别政策效果的因果机制，为政策过程优化指明方向。识别政策评估因果机制的核心逻辑是反事实推断。反事实推断是在假设与事实相反的情况下判断预期的结果是否仍会发生的一种逻辑思维过程，以确定关键政策干预与结果之间是否存在真正的因果关系。反事实推断是社会科学中因果机制识别的基本方法论和研究设计逻辑之一。西方学术界较早地把此作为主流的政策影响评估方法，如对欧盟财政政策、美国环境政策、美联储货币政策展开的因果机制识别层面的评估研究。

（3）第三方评估涉及对政绩的评判，有关机构和人员可能抵制或反对。

（4）政策信息系统不完备，获取数据困难。

（5）花费人力、物力、财力和时间，需要一定的经费支持。

（6）监督手段的选择。为确保政策实施和监督政策效果，需要明确监督手段。不同的监督手段，其效果和费用不同，应进行合理选择。

（7）政策作用对象的差异性和政策严格的程度。政策的严格程度可以有差异，根据政策作用对象的不同，评估政策预期的严格程度是否适当。

（8）政策实施的地域性。根据我国区域发展特点，评估政策实施的空间范围是否适当。

(9) 具体措施优先选用市场导向。相对于直接行政干预，更多地强调市场导向的政策选择，以体现市场配置资源的决定性作用导向。

(10) 影响政策效果评价的因素包括价值因素、政策目标的不确定性、政策效果的多样性、政策评价资源的有限性等，很多政策效果是认识、态度和心理等主观层面的问题，不容易被量化和设定评估标准。

第二节　数据的收集与处理

在公共政策评估实践中，最重要、最关键的环节是明确政策实施的真实情况。其中，数据的收集与处理是其重要环节。

一、数据收集

(一) 数据的类型

数据的分类有多种方式，为便于讨论，本节从数据来源的角度对数据类型展开讨论。一般而言，常见的数据来源有直接观察、访谈、档案记录、文件、参与式观察、问卷调查等。这些数据根据来源的不同可以被划分为一手数据和二手数据。一手数据也被称为原始数据，是研究者通过问卷、访谈、观察等方式实地调研获取的数据。二手数据是相对于一手数据而言的，是那些并非为正在进行的研究而是为其他目的已经收集好的数据，如文献档案及数据库数据等。一手数据可以根据被评估政策的实际情况专门设计数据收集方案，具有针对性强、准确性高的特点。与一手数据相比，二手数据则具有取得迅速、成本低、易获取等优点。在一项政策评估中，能否获取尽可能准确充分的一手数据直接关系到评估结果质量的高低。

(二) 数据收集的主要方式

访谈、问卷和观察是获取一手资料的常用方式。问卷调查是评估者运用统一设计的问卷向被调查者了解情况或征询意见收集信息的调查方法。纸质问卷和网络问卷是常见的问卷调查方法。根据评估问题、调查范围、调查对象、调查预算和调查时间可以选择合适的问卷调查方法。一个好的问卷调查需要对问卷进行精心的设计，并在发放问卷前对发放对象进行抽样，以提升问卷的质量。

根据访谈问题结构化程度的高低，访谈可被分为结构式访谈（Structured Interview）、半结构式访谈（Semi-Structured Interview）和开放式访谈（Open-Ended Interview）。结构式访谈的过程是高度标准化的，所有被访谈者面临的问题都是相同的，提问的次序和方式及对被访者回答的记录方式都是完全一致的。从这一意义上而言，结构式访谈与问卷调查类似。半结构式访谈虽然在访谈前设定了一些题目和假设，但实际问题没有具体化，访谈具有一定的灵活性。开放式访谈相比问卷调查和结构式访谈可以获取更加丰富、更为广泛的资料，但同时开展开放式访谈所需要的门槛也更高。直接观察也是常用的一手数据收集方法。评估人员在现场直接观察，调动自己的五官，记录现场的数据，基于所听、所见形成现场记录。

档案资料是常见的二手数据来源，通常通过查阅电子档案、图书馆藏书、报纸、电视上的信息获得。

事实上，无论是访谈还是问卷方法，无论是一手数据还是二手数据的收集，都需要在开展之前，根据评估问题的实际情况进行精心设计，设计内容包含了从选择访谈或开展问卷的地点和人群，到设计访谈提纲和问卷，再到回收数据等多个步骤。为了帮助评估人员确保在数据收集过程中不会遗漏任何部分，表 5-1 借鉴约翰 · W. 克雷斯威尔的研究①，提出了政策评估中数据收集的检查表。

表 5-1　政策评估中数据收集的检查表

阐述政策评估研究的基本原理
讨论将要开展评估的场所
确保已经得到数据收集的相关许可
讨论使用有目的的抽样的类型（标准）
解释如何招募数据收集的对象
确定数据收集对象的数量
提供数据收集对象人口统计学特征的列表
指出数据收集对象会如何从研究中获益
说明收集数据的类型（数据收集表）
表明数据收集的广度
在记录数据及询问问题时，提及对草案大纲的使用（访谈、观察、录音）

二、数据处理

数据处理（Data Processing）是对数据的采集、存储、检索、加工、变换和传输。根据数据的存储形式可以将其分为定性数据和定量数据。定性数据一般指那些非数值型的数据，如通过访谈或参与式观察取得的文本数据。定量数据即数值数据，主要来源于问卷调查或统计数据。

在获取数据之后，研究者要对这些初步的数据进行组织、处理和清洗，以转换为可被分析的数据，这一过程通常需要电脑软件的帮助。Stata 软件因其操作简单且功能强大，成为许多研究人员处理定量数据的首选。Nvivo 软件则是研究者常用的定性数据

① 约翰 · W. 克雷斯威尔. 质性研究技能三十项［M］. 上海：格致出版社，2018.

处理软件，它能够有效分析诸如文字、图片、录音、录像等多种不同类型的数据。除了 Stata 和 Nvivo，R、Matlab、Python 等也是研究者常用的数据处理分析软件。

第三节　评估报告写作要求及内容

一、评估报告写作的基本要求

（1）内容真实。涉及的内容及反映情况的数据必须真实可靠，不允许有任何偏差及失误。所运用的资料、数据都要经过反复核实，以确保内容的真实性。

（2）预测准确。必须进行深入的调查研究，充分掌握第一手信息和数据，运用切合实际的预测方法科学地预测未来前景。

（3）论证严密。要使评估报告具有论证性，必须做到运用系统的分析方法，围绕影响项目的各种因素进行全面的、系统的分析，既要进行宏观分析，又要进行微观分析。要利用专家们长期积累的实践经验，但也要注意主观先验性的判断不能完全替代客观实证性的研究。在纷繁复杂、日新月异的环境下，政策评估必须依据严密的逻辑和科学的方法。

（4）尊重科学，尊重客观事实。从客观实际出发看问题，不带主观偏见，不迎合“权威意志”，各种数据的推算和经济效益的分析要有科学根据。要观点鲜明，对评估对象的“可行”或“不可行”等做出明确判断，不能模棱两可。既要肯定政策的正确性和有效性，又要实事求是地指出政策的不足之处及其已经产生或可能产生的负面影响，并为完善公共政策提出有针对性的意见。

（5）认真负责。要避免先入为主、主观臆断。在政策评估过程中，应广泛地听取意见，扎实深入地调研，透彻系统地进行利弊分析。

（6）层次分明，条理清晰，文字简洁、恰当。

二、评估报告的基本内容

评估报告的基本要素包括标题、引言、评估方法、评估结果、评估结论与讨论、建议、附录等部分，评估报告会依据评估对象、目的、使用方式的不同而有所差别。

（1）摘要或概要，其主要包括评估活动的说明、主要结论和建议、评估活动的局限性说明等。

（2）引言（评估背景、任务来源等）。

（3）评估过程、使用的方法、数据来源、人员组成等。

（4）政策实施情况、总体效果。

（5）政策实施中存在的问题、不足、困难。

（6）结论及有关建议。

（7）本次评估工作的总结，其主要包括对评估过程、方法及评估中存在的一些主要问题、局限性等加以说明，对评估本身的经验进行总结。

（8）署名。

（9）参考文献及附件。

复习思考题：

1. 简要论述评估工作的基本程序与要求。
2. 在评估实践中，如何进行数据的收集与处理？
3. 如何撰写政策评估报告？

第六章　智库与公共政策评估

本章要点：

智库是公共政策评估的核心力量，具有专业性、科学性、独立性、开放性等优势，在公共政策评估中具有重要地位和作用。

在国外，智库参与公共政策评估的时间比较长，有一些好的经验和做法。

在我国，智库参与公共政策评估工作发挥了重要作用，取得了明显成效，但也存在一些短板和不足。

在新时代，公共政策评估的地位更加重要，可以发挥更大作用。

第一节　智库在公共政策评估中的地位与作用

智库（Think Tank），又称智囊、思想库、顾问班子等。在古代，曾有过多种叫法，如门客、军师、谋士、参谋、顾问等，智囊在古代军事及其他政治活动中起着十分重要的作用。例如，史书、兵书中记载的孙武为吴王阖闾献谋、吴起为魏文侯献谋、孙膑为齐威王献谋，这里孙武、吴起、孙膑都是谋士，他们为各自的国君在治邦立业中做出了不可磨灭的贡献。

在现代，智库是指一种专门为公共政策和公共决策服务，开展公共政策和公共决策研究和咨询的社会组织。智库是一个国家思想创新的源泉，也是一个国家软实力和国际话语权的重要标志。随着智库在各国经济社会发展和国际事务的处理中发挥着越来越重要的作用，其发展程度正成为一个国家或地区治理能力的重要体现。建设高水平、国际化的智库已经成为全球化趋势。

智力资源是一个国家、一个民族最宝贵的资源。我们进行治国理政，必须善于集中各方面智慧、凝聚最广泛力量。改革发展任务越是艰巨繁重，越需要强大的智力支持。

智库是公共政策评估的核心力量，具有专业性、科学性、独立性、开放性等优势。

充分发挥智库在公共政策评估中的作用，对于建立和完善决策咨询制度，推动科学决策、民主决策，推进国家治理体系和治理能力现代化具有重要意义。

一、智库参与公共政策评估的优势

近年来，无论是国务院在制定重大改革方案和落实督查重大政策过程中，还是地方政府在制定和实施重大决策过程中，都出现了智库参与公共政策评估的身影，官方智库、大学智库和民间智库以各自的优势发挥了重要作用。官方智库一般是指专门从事政策研究和咨询工作的事业单位。由于这些单位是由国家机关举办或者其他组织利用国有资产举办的，往往具有比较深厚的政府背景，得到国家财政的支持，具有政策信息通畅、资源保障充分和相对客观公正的优势。

首先，具有事业单位法人地位的官方智库与政府决策部门有紧密的联系，其定位就是为各级政府提供决策服务，可以通过内部渠道向政府部门提供决策参考，在政府决策中发挥了“内脑”的职能。与其他智库相比，官方智库在公共政策过程中的参与程度更深，对于政策制定的目标有着更加清晰的认识，特别是了解政策制定过程中的各种考虑和权衡。

其次，由于官方智库的主要资金来源是国家财政，人员一般具有事业编制，具有相对稳定的经费保障和人员保障，可以应对复杂的公共政策评估，并在一定程度上避免非官方智库由于经费不足而接受其他经费来源干扰评估公正性的情况。

最后，官方智库虽然深度参与政策过程，但既非决策的责任人，也非政策的执行人，因此可以保持相对独立的地位，从全局的角度评估政策的效果，使官方智库参与公共政策评估具有相对客观性的优势。

大学智库是隶属于大学等高等院校从事政策研究和咨询工作的组织。其参与公共政策评估的主要优势是专业性和独立性，原因在其聚集了一批高层次、专业性的研究人才。一方面，除专职从事研究的人员外，大学智库还吸纳了大批本就在大学中承担教学科研任务的教师参加评估工作，处在学术前沿的大学智库可以采用更为先进的政策评估方法。同时，高校学科门类齐全，基础研究实力雄厚，经管法、文史哲、理工农多学科人才集聚，更使大学智库具有跨学科、综合性强的优势，可以从更为全面的跨学科视角展开对一项政策的评估。另一方面，由于大学智库与政策制定部门的距离相对较远，受政府部门的影响较小，并且对政策过程的参与一般只集中在评估阶段，更能够以相对客观的视角参与公共政策的评估，其独立性更加明显。此外，大学智库具有更强的公信力，在舆论引导和对外交流中也有突出的优势。

民间智库主要是由民间出资组织，大多由企业、私人或民间团体创设，在组织上独立于其他机构。第三方、开放、独立是民间智库参与公共政策评估的标签。民间智库不依赖于特定组织的资助，有一定的市场色彩，具有较强的独立性，第三方色彩最为明显。由于经费依赖自筹，相较于官方智库和大学智库，民间智库的服务对象和评估课题最为广泛。除了雇用专职研究人员外，民间智库还可以广泛邀请各领域的专家学者参与评估工作，具有很强的开放性和灵活性。民间智库中的企业型智库是营利性的咨询机构，接受政府或其他机构的委托，对特定的政策问题展开调查研究和政策评估。除了接受委托外，民间智库还会自发地对一些社会关注度高的政策展开评估，以增强自身的影响力和公信力。民间智库在研究成果的传播上也具有一定的优势。

二、智库成为公共政策评估中的重要力量

政策评估对政策制定和执行者而言是一件尴尬的事情，要求评估主体必须要具有超然的地位和工作机制，能独立、客观、公正地做出评估。智库是合适的单位之一，地位超脱，没有部门利益，可以更多地考虑国家和人民利益。

公共政策评估是促进政策科学化、民主化的关键着力点，是提升国家治理能力的重要途径，也是国家治理体系的重要组成部分。从我国公共政策评估工作的实践看，从评估的主体出发可以将其概括为内部评估和外部评估两大类。内部评估是指政府部门组织的自我评估（或者第一方评估）和政府系统内上级对下级做出的评估（通常也被称为督查或者第二方评估）；外部评估则是独立于政府及其部门之外的第三方组织的评估（也被称为第三方评估）。

当前，我国的公共政策评估工作仍处于起步阶段，公共政策评估的主要形式以政府部门组织的自评估和上级监管部门组织的督查为主，缺乏制度化、规范化和程序化的保障。由于缺少专业评估的人才，对于公共政策评估理论和方法的应用不足，内部评估的质量不高，对后续政策调整的参考价值有限。此外，内部评估的结果往往在政府内部消化，不够公开透明。这些都导致我国当前公共政策评估的作用发挥不足。因此，将以智库为代表的第三方纳入公共政策评估工作，成为建立和完善公共政策评估制度的重要抓手。

智库参与公共政策评估是第三方评估的主要类型。一般而言，无论是官方智库、大学智库还是民间智库，它们与评估的委托方和被评估的主体既不具有行政隶属关系，也不具有紧密的经济利益关系，所以可以被视为相对独立的第三方。第三方既不制定政策，也不执行政策，是独立于政策运行过程之外相对超脱独立的机构。在评估中可以站在相对客观公正的立场判断政策执行的效果、讨论政策执行中的问题。相较于其他社会组织、新闻机构等组织的第三方评估，智库参与的公共政策评估在专业性上有着突出的优势。近年来的实践也证明，各类智库在所参与的公共政策评估工作中都发挥了重要作用。

三、智库参与公共政策评估的大趋势

当今，世界正经历百年未有之大变局，我国正处在“两个一百年”奋斗目标的历史交汇点上，国内国际发展环境快速变化，社会利益趋向多元、日益复杂，国家治理和政策制定的难度不断加大。这在很大程度上缩小了公共政策的容错空间，放大了公共政策失败带来的可能后果，对公共政策质量的要求越来越高，凸显了发挥公共政策评估作用的紧迫性。同时，抓紧完善重大政策评估制度，推动公共政策的科学化、民主化、法治化是国家治理现代化的重要内涵，智库作为专业化的研究机构可以在其中发挥至关重要的作用。

进入新时代，以习近平同志为核心的党中央高度重视科学决策、民主决策，积极推进国家治理体系和治理能力现代化，高度重视智库在其中可能发挥的重要作用和特殊地位。2012 年 11 月，党的十八大报告提出："坚持科学决策、民主决策、依法决策，健全决策机制和程序，发挥思想库作用，健全决策问责和纠错制度。"2013 年 4 月，习近平总书记对建设中国特色新型智库做出重要批示，开启了中国特色新型智库建设的新时代。同年 11 月，党的十八届三中全会提出建设中国特色新型智库，建立健全决策咨询制度。这表明加强中国特色新型智库建设，已成为推进国家治理体系和治理能力现代化的组成部分。中国社会科学院、中国科学院、中国科学技术协会等组织从不同角度深入贯彻习近平总书记的重要批示和党的十八届三中全会的重要精神，加快智库建设步伐，一批国家高端智库应运而生。2014 年 2 月，教育部印发《中国特色新型高校智库建设推进计划》（教社科〔2014〕1 号），掀起了大学智库的建设浪潮。与此同时，民间智库也如雨后春笋般蓬勃发展。

2015 年 1 月，中共中央办公厅、国务院办公厅印发的《关于加强中国特色新型智库建设的意见》中提出："建立健全政策评估制度。除涉密及法律法规另有规定外，重大改革方案、重大政策措施、重大工程项目等决策事项出台前，要进行可行性论证和社会稳定、环境、经济等方面的风险评估，重视对不同智库评估报告的综合分析比较。加强对政策执行情况、实施效果和社会影响的评估，建立有关部门对智库评估意见的反馈、公开、运用等制度，健全决策纠错改正机制。探索政府内部评估与智库第三方评估相结合的政策评估模式，增强评估结果的客观性和科学性。"2019 年 10 月，党的十九届四中全会明确提出："健全决策机制，加强重大决策的调查研究、科学论证、风险评估，强化政策执行、评估、监督。"2020 年 11 月，党的十九届五中全会审议通过的《关于制定国民经济和社会发展第十四个五年规划和二〇三五年远景目标的建议》进一步提出要健全重大政策事前评估和事后评价制度。

在国家治理体系和治理能力现代化建设的新征程上，各类智库因其独特优势成为公共政策评估中不可缺少的一支重要力量，成为完善公共政策评估制度体系的重要抓手，为推进国家治理体系、治理能力现代化做出了重要贡献。在党和国家重大改革方案和重大政策、地方政府重要行政决策出台前后，都出现了智库参与论证改革方案、评估实施效果的实践，并取得了良好的效果。

第二节　国外智库与公共政策评估

一、国外智库发展情况

智库的发展情况与各个国家和地区的经济情况有很强的相关性，当今智库发展最为成熟的地区是欧洲与北美的发达国家。2021 年，美国宾夕法尼亚大学“智库与公民社会计划”（TTCSP）发布了《全球智库报告 2020》（*2020 Global Go to Think Tank Index Report*），其中收录全球 11175 家智库，北美地区和欧洲地区的智库数量分别为 2932 家和 2397 家，总和接近半数。其中美国以 2203 家智库居所有国家之首。从排名看，位居前列的也多是发达国家的智库，前 10 名中有 5 家智库来自美国、3 家智库来自欧洲。从智库的类型看，国外智库大多被归为非政府组织，既有依附于政府、大学、基金会等组织的智库，也有标榜独立性的民间或企业智库。这些智库通常在学界与政界之间、在政府与社会之间发挥桥梁作用。

随着“以证据为基础制定政策”的循证决策理念逐渐受到西方理论和实务界的高度关注，循证方法应用于政策和公共项目的制定实施成为常态。政策制定部门开始加强与科研机构、企业等的合作，通过建立跨部门的研究和评估机制，针对特定的公共政策或公共项目开展有针对性的评估，以寻求为政策制定或调整提供切实可行的相关证据。智库作为西方国家政策过程中的重要主体，在其中发挥了重要作用。

二、国外智库参与公共政策评估的经验与做法

（一）充分发挥政策研究优势，通过公共政策评估影响政策过程

以美国为例，知名智库卡内基国际和平基金会、布鲁金斯学会等发展历史都可以追溯到 20 世纪初，在长期的发展过程中形成并维持了庞大且良好的公共关系网络。长期的政策研究合作和良好的学术声誉使这些智库都拥有直接或间接参与政策制定的能力。公共政策评估成为智库以“政策企业家”角色参与和影响政策过程的重要方式，使各类智库能够在美国政府的政策制定过程中发挥重要作用。

（二）建立完善的公共政策评估行业体系，形成促进公共政策评估发展的良好环境

20 世纪 70 年代后，美国相继成立了一系列评估研究学会，其中最为著名的美国评估协会拥有超过 5000 名专业评估会员，在推动政策评估的实践和改进政策评估的方法上做出了积极贡献，助力了智库及其他社会组织参与公共政策评估的进程。同时，一些知名的公共政策评估类杂志接连创刊，如《评估评论》《评估实践》和《美国评估杂志》。各类公共政策评估相关机构的蓬勃发展，加速推动了美国公共政策评估行业的繁荣，使公共政策评估的理论逐渐积累和发展，进而促进了公共政策评估实践的开展。

（三）重视公共政策评估的经费保障和人才培养

知名智库的经费来源多元，强调发挥市场机制。除了通过接受研究和评估委托取得收入外，国外智库还出版研究报告和专著，并接受个人捐款、私人资助、企业赞助以及基金会的支持。同时，西方国家还非常注重公共政策评估专业人才的培养，如美国评估协会会为评估人员提供线上和线下的评估课程，并举办年度评估会议和评估研讨会。

（四）强调政策评估的科学性和专业性

智库根据一定的规范和程序参与公共政策评估。在评估中，国外智库也遵循一定的范式开展。评估所出具的报告是对某一政策的综合性研究，从历史沿革、发展过程、实施效果、影响因素等角度，广泛收集信息，探索运用数据建模、场景模拟等研究方法得出结论和建议，论证科学严谨。同时，知名智库往往有相对固定的研究领域，由专门的团队长期跟踪研究，由此在相关领域形成强大的公信力、影响力。例如，美国传统基金会对税收政策、外交政策的关注，卡内基国际和平基金会对中国问题的研究等。

（五）重视评估报告的可读性和传播力

国外智库鼓励研究人员接受媒体采访，宣传研究成果，以社会影响力作为成果评价的核心指标，越来越多地倾向于媒体化，并投入大量的资源宣传研究成果；在评估报告发布的同时，还匹配以提炼短小精悍的评论文章，积极运营网站主页和社交网站账号，以更好地适应现代化传播节奏。

第三节　我国智库与公共政策评估

一、我国智库发展情况

进入新时代，我国智库发展很快，在出思想、出成果、出人才方面取得了很大成绩，为推动改革开放和现代化建设做出了重要贡献。

2013 年 4 月 15 日，习近平总书记对建设中国特色新型智库作出重要批示，开启了中国特色新型智库建设的新时代。中国社会科学院、中国科学院、中国科学技术协会等从不同角度加快智库建设步伐。

2014 年 2 月，教育部印发《中国特色新型高校智库建设推进计划》。民间智库、企业智库如雨后春笋般蓬勃发展。

2015 年 1 月 20 日，中共中央办公厅、国务院办公厅联合公开印发《关于加强中国特色新型智库建设的意见》。

中国特色新型智库是党和政府科学民主依法决策的重要支撑，是国家治理体系和治理能力现代化的重要内容，是国家软实力的重要组成部分。

根据《全球智库报告 2020》，2020 年，中国智库有 1413 家，智库数量仅次于美国，位居全球第二。全球顶级智库综合榜单中，中国现代国际关系研究院、中国社会科学院、清华—卡内基全球政策中心、国务院发展研究中心、中国国际问题研究院、全球化智库（CCG）、北京大学国际战略研究院、上海国际问题研究院 8 家中国智库连续三年入选全球百强智库榜单。

中国智库在政策研究领域，如“最具公共政策影响力智库”“杰出政策研究智库”等榜单中均占有一席之地，国际影响力和知名度正在逐步提升。

在国内，《2020CTTI 智库报告》①② 收录 941 家智库机构。从地域分布来看，华北、华东地区来源智库占总量半数以上，其中华北地区 338 家（占比 35.9%），华东地区 240 家（占比 25.5%），华中地区 99 家（占比 10.5%）。

从智库类型来看，高校智库在来源智库中的比重最大，共 663 家（占比 70.5%）。此外，党政部门智库 73 家（占比 7.8%），社科院智库 51 家（占比 5.4%），党校行政学院智库 46 家（占比 5.4%），社会智库 39 家（占比 5.0%）。该结果虽受 CTTI 收录智库对学术成果的要求的影响，但仍旧能反映中国智库目前以学术研究、党政研究为主的现象。

从研究领域来看，CTTI 来源智库主要涉及 53 个研究领域，产业政策、金融政策、文化政策、财政政策、市场政策、外交政策较为热门，均有超过 100 家智库聚焦，这也与我国发展需求密切相关。

从智库成果来看，截至 2020 年 11 月 30 日，CTTI 收录的成果条目共 178553 项，其中以论文为主，占比超过 50%。其他成果分别为项目、报纸文章、报告、单篇内参、图书等。从论文层级来看，CSSCI 来源论文数量连年居于高位，增幅高于其他期刊，而 SCI、SSCI 及党报党刊论文数量相对较少，增幅不明显。由此可看出，来源智库的学术研究功底深厚，但过于关注学术文化会削弱智库的服务意识和开拓创新能力。

内参作为我国智库最具特色且最重要的决策咨询成果，来源智库撰写的内参中，78%为独立撰写，22%为合作完成，但相当比重的内参未得到回应。根据 2018 年统计数据，内参上报后未得到回应的有 76%（不排除保密因素导致的批示却未反馈），而在被批示的内参中，17%的智库内参获省部级批示，3%获厅（司/局）级批示，仅 2%获副国级或正国级批示。这从某种程度上也反映出，新型智库的政策研究供给与决策需

① 参见 2020 年 12 月在 2020 新型智库治理暨思想理论传播论坛上发布的《2020CTTI 智库报告》。CTTI 即中国智库索引（Chinese Think Tank Index）。

② 广东海丝研究院．中国智库发展现状及趋势［EB/OL］．［2021-08-10］．https：//mp. weixin. qq. com/s/ymiLhl5v2LRZPVc2e08fGg.

求之间存在一定错位，智库在研究咨询的针对性和及时性方面还有待加强。

二、我国智库参与公共政策评估情况

从中央层面来看，一些重大改革方案、重大举措在出台前会委托第三方进行评估，对有关重大决策部署和重大政策措施落实情况进行督查时也会引入评估机制。2014 年 2 月，习近平总书记主持召开中央全面深化改革领导小组第二次会议时强调，“重大改革都要于法有据”，“要建立科学评价机制，对改革效果进行全面评估”。国务院常务会议也强调，“各部门要强化对政策落实情况的督查考核，注重引入社会力量开展第三方评估，接受各方监督，不能‘自拉自唱’”。

2014 年 3 月，中央全面深化改革领导小组决定，重大改革方案、重大举措出台前委托第三方进行评估。2014 年 5 月 30 日，作为督查手段之一，国务院委托国务院发展研究中心、国家行政学院、中国全国工商业联合会和中国科学院 4 家单位对精准扶贫、行政审批改革、农村饮水安全等已经出台政策措施的落实情况开展公共政策评估。2015 年 7 月，国务院又委托 7 家单位对已经出台的稳增长、促改革、调结构、惠民生部分重大政策措施落实情况开展公共政策评估。这次评估中，作为大学智库的北京大学国家发展研究院负责评估“金融支持实体经济”相关政策措施落实情况，属于民间智库的中国（海南）改革发展研究院负责评估“推进简政放权、放管结合、优化服务”相关政策落实情况。

同时，一些地方和部门也开展了公共政策评估工作，浙江、安徽、广西等省（区）还出台了智库等第三方参与公共政策评估的相关文件。以广西为例，2016 年 11 月，广西壮族自治区人民政府办公厅印发实施《广西壮族自治区人民政府重大决策第三方评估管理办法》，明确对政府重大决策实施前、实施中和实施后的各个阶段和环节进行综合评估，建立和完善政府重大决策规范化、常态化第三方评估机制，同时明确广西壮族自治区政府发展研究中心负责牵头组织协调管理政府重大决策第三方评估工作。2017 年，广西壮族自治区政府组织开展了涉及全区重大经济社会发展政策措施的制定及实施情况，包括《广西壮族自治区人民政府关于降低实体经济企业成本若干措施的意见》政策评估、广西促进非公有制经济发展系列政策落实评估等 12 项政府重大决策第三方评估任务，广西壮族自治区政府发展研究中心牵头委托广西云龙招标集团开展广西重大政策评估服务采购公开招标。其中，《广西壮族自治区人民政府关于降低实体经济企业成本若干措施的意见》政策评估服务由广州零点市场调查有限公司中标，广西糖料蔗“双高”基地建设中期评估服务由广西财经学院中标。2021 年，广西壮族自治区政府推进开展《广西推进西部陆海新通道建设情况评估》等三项公共政策评估工作，其中由国家发展和改革委员会综合运输研究所中标“西部陆海新通道广西建设成效评估及推进建议”。

智库参与的公共政策评估使各级政府及相关公共政策直面“真问题”，执行更有力。一方面，避免了相关部门自评下既是“运动员”又是“裁判员”的“自拉自唱”局面，有不少“真声音”“真问题”和“真情况”通过评估反映到了决策层，这些更全面、客观、真实的一线信息为后续政策调整打下了坚实基础。另一方面，通过评估相关政策的执行情况，问责追责政策措施落实不力的部门，打通政策落实中梗阻，成为破除政策执行中的体制机制障碍，完善和强化抓落实的制度保障，推动各级政府决策部署和政策措施落到实处、取得实效的重要抓手。

总体来看，智库参与公共政策评估在我国进入加速期，覆盖面趋广、参与机构增多，接受委托的智库也都有较深厚的政策研究背景，具备了参与评估的基础和能力。但是，我国智库参与公共政策评估还处在起步阶段，存在一些短板和不足。主要包括以下几个方面：

第一，智库公共政策评估参与程度不高。虽然近年来在中央和地方层面都有较多实践，但相较于政府决策的总量而言，规模还比较小，只有小部分的公共政策或者重大决策在出台前后经过了公共政策评估，智库公共政策评估的整体参与程度不高。

第二，智库参与公共政策评估制度化、规范化、程序化不足。当前，我国智库参与公共政策评估还处于起步阶段，没有建立智库参与公共政策评估的相关制度，尚未建立科学有效的公共政策评估体系，制度化、规范化和程序化不足。中央层面尚未出台相关的指导性文件，只有一些部委和地方政府出台了第三方参与公共政策评估的政策文件。这也是智库公共政策评估参与程度不高的主要原因之一。

第三，智库参与公共政策评估的专业性科学性不够，缺少公共政策评估的专业人才。无论是官方智库、大学智库，还是民间智库，我国智库建立之初的目的都是参与政策研究和咨询工作。虽然政策研究和政策评估在很多方面具有相似性，但两者在研究目的、研究方法上还有不少差异。专业科学的公共政策评估需要专业的人才队伍。当前，公共政策评估在我国并非一门独立的学科，缺少培养公共政策评估人才的途径和渠道，在理论和方法上主要借鉴西方国家，缺少适合中国国情的公共政策评估人才队伍、评估理论和评估方法。

第四，智库参与公共政策评估的结果对政策调整的影响力有限。智库参与公共政策评估的主要成果是向评估委托部门提交的评估报告。但是，从实际来看，评估报告往往只在政府内部通报，较少对社会公开，也更加缺少针对评估结果的进一步改进，导致评估结果对政府后续政策调整的影响力有限。

三、更好发挥智库在公共政策评估中的作用

开展公共政策评估工作是时代发展的需要，也是全面深化改革、扩大开放的需要。对于智库来说，这是一项光荣的任务，是党和政府的信任，也是新的发展机遇。虽然这项工作有难度、有风险，比起政策研究来，要求更高、更全面，责任更大，但只要上下同心，凝聚共识和力量，坚持干中学、学中干，就一定能够胜任和完成好这项工

作，在完善国家治理体系、提高国家治理能力、推动科学决策方面发挥积极而重要的作用。

公共政策评估是国家治理体系建设的重要内容，是推进国家治理能力现代化的重要举措，是中国特色的治理方式，是政府管理创新的重要举措，是促进重大政策落到实处的重要方式，在完善有关改革方案和重大政策，提高改革决策和政策的科学性、准确性等方面发挥了重要作用，具有十分重要的意义。

充分发挥智库在公共政策评估中的重要作用是时代发展的需要，是全面深化改革、扩大开放的需要，对推动科学决策、民主决策，推进国家治理体系和治理能力现代化具有重要意义。充分发挥智库在公共政策评估中的作用，需要进一步贯彻落实党中央决策部署，推动公共政策评估工作制度化、规范化、程序化，坚持专业性、科学性和开放性理念，实现评估的客观、公正和准确。主要从以下几个方面着力：

第一，以习近平新时代中国特色社会主义思想为指导，深入学习贯彻习近平总书记在哲学社会科学工作座谈会上的讲话，认真贯彻执行中共中央办公厅、国务院办公厅印发的《关于加强中国特色新型智库建设的意见》，深刻认识到智库参与公共政策评估工作的重要意义，抓紧建立和完善相关制度体系，着力打造一批专业化具有影响力的新型智库参与到公共政策评估的工作中。

第二，客观认识各类智库在参与公共政策评估中的优势和劣势，引导和支持官方智库、大学智库、民间智库等各类型智库共同发展，形成百花齐放、百家争鸣的良好局面，建立竞争和激励机制，充分发挥各类智库在公共政策评估中的比较优势。

第三，加强智库参与公共政策评估制度化、规范化建设。加快制定智库参与公共政策评估的相关规定，建立和完善智库参与公共政策评估的相关制度，从中央层面出台相关指导意见，在地方层面进一步细化规范相关文件。从涉及人民群众利益、影响社会稳定的重大方针政策、重要改革举措、重点规划及重大项目出发，逐步形成政策覆盖面广的智库参与公共政策评估的常态化制度体系。

第四，充分保障智库在公共政策评估中的地位，以公共性为基石，坚持客观公正。各级政府要切实认识到智库参与公共政策评估的重要意义，为智库提供宽松的发展环境，积极鼓励引导智库参与公共政策评估，在评估中减少不必要的干涉，尊重智库的评估工作，使评估能以公共性为基石，客观、公正、科学地开展评估。

第五，增强智库参与公共政策评估的专业性、科学性。要加强对公共政策评估基础理论和研究方法的研究力度，结合中国的实际，探索中国特色公共政策评估理论和方法；加大公共政策评估专业人才的培养力度；提升智库评估的质量，保证公共政策评估的专业性和科学性。

第六，制定社交媒体时代的发展战略，持续提升智库评估的影响力。社交媒体的快速发展在一定程度上改变了传统的国家社会治理关系，进而为智库影响力的发挥提供新的契机和挑战。更多的社会交往发生在网络公共空间中，智库需要更加深刻地认识社交媒体带来的转变，发展必须适应社交媒体时代的变化，有效结合社交媒体特征。

第七，学习西方国家智库参与公共政策评估的有益经验，吸取其参与公共政策评估的教训，在我国的制度设计和发展实践中适当借鉴。加强与西方国家官方智库交流，提升我国智库政策研究和政策评估的水平。

复习思考题：

1. 简要论述智库在公共政策评估中的地位与作用。
2. 简要论述国外智库参与公共政策评估的经验与做法。
3. 简要论述我国智库参与公共政策评估的情况。
4. 在新时代，如何更好发挥智库在公共政策评估中的作用？

第七章　公共政策评估在国外

本章要点：

20世纪90年代以来，随着各国政府改革的推进，公共政策评估受到越来越多国家和国际组织的重视，主要发达国家相继开展了公共政策评估工作。同时，联合国、世界银行、经济合作与发展组织等国际组织也开展了公共政策评估工作。

发达国家开展的公共政策评估工作有法律保障，形成了比较规范的评估制度。发展中国家开展公共政策评估的时间不长，基本上处于起步阶段，还没有形成制度。

国外开展公共政策评估的实践，积累了一些好的经验和做法，值得我国学习和借鉴。

第一节　主要国际组织开展政策评估情况

一、联合国

联合国评估小组（United Nations Evaluation Group，UNEG）是一个专业性网络，它联系联合国系统中所有负责评估的单位，其中包括专门机构、项目组和附属组织。

联合国评估小组致力于强化联合国系统中评估功能的客观性、有效性和可见性，倡导评估对于学习、决策和会计的重要性。联合国评估小组提供了一个这样的平台，即让成员们建立共同评估规则和标准，发展解决联合国问题的方法论，加强同行评审和信息交流中的评估功能，并在更广泛的评估社区中建立伙伴关系。

联合国发展项目评估办公室（以下简称评估办公室）是联合国评估小组的成员，主要活动是开展独立评估，即主题性和项目性评估。评估办公室负责年度评估报告，为发展项目的计划、监督和评估工作制定评估标准和指导方针，强化评估文化，分享经验以提高项目水平，并积极参加联合国评估小组活动。

联合国发展项目的评估包括两种，即由评估办公室开展的独立评估和由项目单位委托的评估。评估办公室开展的评估独立于管理部门，其管理层通过联合国发展项目执行官向执行委员会报告。评估办公室向执行委员会提供关于法人会计责任、决策的有效且可信的信息，这样既能够提高评估职能的独立性、可信度和实用性，也能够提高联合国各项改革的协调性和一致性。各项目单位负责评估，保证这些评估结果可以充分地提供关于联合国发展项目的信息。

第一个联合国发展项目的评估政策由执行委员会于2006年6月批准。这个项目政策计划为联合国发展项目的评估职能建立一个普遍性的制度基础，并寻求提高用于组织学习的评估知识的透明度、连贯性和效率。2009年应执行委员会的要求，并根据上述评估政策，开始对这项评估政策进行评估。它的主要目的是着眼于最新的经验和绩效，并为将来的政策调整提供前瞻性建议①。

这次评估分为三个主要部分：①评估政策的相关性。它主要探询这项政策是否做了正确的事，因为这项政策的目的是“为联合国发展项目的评估职能建立一个普遍性的制度基础”。②在执行独立评估的过程中，这项政策在评估办公室绩效中的影响。这是通过对比其他国际组织中的政策和实践经验来检查的。③检查这项政策对分权化评估系统的绩效影响。2010年1月这份关于评估政策的评估报告正式发布，该报告对现有的评估政策进行了严格的审查，并做出了一些批评，这也促成了新的评估政策的出台。

联合国发展项目现行的评估政策于2011年1月由执行委员会通过。这一政策反映了执行委员会对第一个评估政策中关于独立检查的决定。对第一个评估政策的修改厘清了联合国发展项目中的角色和责任，并提高了评估实践的水平。很明显，在国家所有制、国家评估能力发展、组织学习和责任等篇章中，评估被给予了很高的重视。一种新的分权化评估被引入这项政策。这项政策适用于联合国发展项目，也适用于基金和其他项目，并接受定期的独立检查。

二、世界银行

世界银行（The Word Bank，WB）独立评估机构（Independent Evaluation Group，IEG）作为一个独立的评估组织，承担着国际复兴开发银行（International Bank for Reconstuction and Development，IBRD）和国际开发协会（Internation Development Association，IDA）的评估活动、国际金融公司（The International Finance Corporation，IFC）在私人领域的发展工作、多边投资担保机构（Multilateral Investment Guarantee Agency，MIGA）的项目与服务。世界银行独立评估机构负责人直接向世界银行董事会报告。评估的目的是提供对世界银行工作的客观评价，并鉴定和传播经验教训。世界银行独立评估机构的评估目标保持了40多年不变：评估世界银行政策、项目、工程和过程（责任）的绩效，并学习相关因素在某一情境下发挥作用的机制。

① Independent Review of the UNDP Evaluation Policy［R］.2010.

世界银行的行动范围和投资产品一直在增长，世界银行独立评估机构也一直在发展并调整它的评估方法。世界银行发展项目与工程的多样性决定了世界银行独立评估机构也要使用种类繁多的评估方法。这些方法包括将评估结果与宣称目标进行比较、标杆管理、预期评估，或者评价在项目、工程和政策缺失的情况下事情发展的方向"反事实"分析。例如，评估私人领域投资工程，评估者需要与绝对的经济或财政绩效指标进行对比，以及评估这项私人投资对私人领域发展做出的贡献。为了判断世界银行的绩效和吸取经验教训，以提高机构运转水平，世界银行独立评估机构不仅进行了"基于世界银行职员的自我评估报告"和"独立项目层次的评估"，还对文献、分析工作和项目文件进行了回顾。

阅读材料

世界银行对公共部门改革的评估①

一、目标和框架

这次评估的预期受众包括政府官员和其他想要获得经验以提升项目设计、更好利用银行来改革公共部门的利益相关者。

这次评估考虑了国家公共部门改革项目的设计——不仅是关键主题领域的改革内容和排列，还有整个项目的协调和排列。基于对银行管理人的采访和在一些样本国家的经验，这次评估也考虑世界银行如何组织它的"公共部门改革"的工作和资源。

提高政府运行水平，早就是世界银行在许多国家的工作目标之一。这项工作的基本原理已经得到发展，中心地位增强。从20世纪80年代后期起，它就已经成为改革议程上突出的条目之一。对公共部门的改革需要注意两点：一是公共部门的质量——提供服务的责任、效率和透明度等都与长期经济增长和消除贫困有很强的因果联系；二是世界银行主要与政府部门、中介机构开展工作，提高它们的效率和公共支持有助于实现世界银行支持它们发展的目标。

2000年，世界银行与其执行委员会共同讨论和制定了一份战略性文件，即《改革公共机构和加强治理：世界银行战略》。这项战略的目标不仅是提供一些零散的政策建议，还要帮助建立有效率和负责任的公共部门机构。这项战略吸取了20世纪90年代的经验教训，即在一个机构功能失调和治理较为恶劣的环境中，好的政策和好的投资既不可能产生，也不会持久。

① World Bank Independent Evaluation Group. Public Sector Reform: What Works and Why? An IEG Evaluation of World Band Support [M]. Washington: World Bank Publications, 2008.

公共管理改革战略主要聚焦于公共部门的核心机构和其他部门机构的接口。它只是轻微地涉及特定部门内的制度性问题，这样做是力图解决与许多部门都相关的一般性问题。这项战略确认了世界银行活动有助于改善“公共部门改革”的八个领域：公共开支分析与管理、行政和公务员体制改革、税收政策和管理、反腐败、分权化、立法和司法改革、部门机构的建设、公共企业改革。就这些领域的工作策略而言，这项战略同样提到，公共部门改革应该避免“一刀切”，而且其目标是在试图进行更深层次的改革前，应把基本改革做完。

二、范围

“公共部门改革”是提高治理水平的一部分，它包括三个广泛的领域：以规则为基础的政府运作，提高对公民提供公共产品、话语权和责任的水平，以及对私人部门进行更有效率和效果的管理，从而提高其竞争能力。这次评估所指的公共部门改革主要指第一个领域和第二个领域中与“透明度和信息公开”相关的某些方面，它与对私人部门的管制无关。为了准确地评估“公共部门改革”战略的相关性和有效性，这项评估主要关注1999~2006年“年度财政”工程，而且这次评估也会回顾之前的10年，从而以长期的眼光评估各国的公共部门改革项目。这项评估聚焦于2000年世界银行在公共部门战略中所描绘的四个领域，它们都与核心政府部门的组织方式相关。

第一，公共财政管理。它与整个预算循环中的财务管理相关。这包括预算编制和执行，特别是财务管理信息系统和中期开支框架、采购、审计、监督和评估。它也包括有关国家财政责任评估和国家采购评估复核的改革的执行，以及对主要预算会计机构的管理，如公共会计委员会和最高审计机构。

第二，公务员体制和行政改革。它涉及人员组织和管理的所有方面。它还包括这样一些项目：裁减文职人员和改革人事信息系统（包括公务员调查）、职业路径、薪酬等级、激励机制的其他方面和各部门的组织。

第三，税收管理改革。它包括税收管理的关键方面，特别是制度设置和操作流程的发展，如与纳税人（实际的和潜在的）互动的自动化。

第四，反腐败和透明度改革。它在以上三个领域中都有所涉及，进一步说，世界银行的许多行动都支持打击公共部门中存在的腐败和提高透明度。下面将介绍世界银行反腐活动的评估工作。

世界银行独立评估机构开展的这项评估只对世界银行反腐败的部分工作进行了评估，并处理跨领域的事项（世界银行在2004年对整个世界银行的反腐败工作进行了评估）。世界银行反腐败工作包含以下四个支柱性原则：

一是让国家分析、国家战略和贷款决策回归主流。这包括对国际开发协会向各国提供援助战略中的资源分配和国家实施反腐败政策和制度的评估。

二是帮助需要援助的国家遏制腐败。这包括对跨领域的公共管理系统和透明度改革的支持，还有反腐败的关键部门，如采掘垦殖业、工业、卫生、教育和交通等。

三是杜绝世界银行工程和项目中存在欺诈和腐败。这包括信托控制（财政管理、采购、风险映射）和由世界银行廉政部门负责调查的欺诈和腐败。

四是通过国际合作行动打击腐败。这包括联合捐赠人、经济合作与发展组织的发展援助委员会等打击贿赂国外官员的行为。

这项评估主要涉及第二项支柱性原则中的反腐败方面，重点针对跨领域的公共管理部门而不是私人部门中的反腐败改革。

世界银行在2007年进行了反腐败战略，主要包括以下三个层次：一是国家层次，即帮助各国建立更有能力和负责的系统（包括核心公共管理系统、需求方机构和部门机构）；二是工程层次，即打击银行运作中的腐败；三是全球层次，即全球性的伙伴关系和联合行动。

这次由世界银行独立评估机构开展的评估主要关注国家层次的治理与反腐败战略，加强核心公共管理系统，也覆盖了2007年实施这项反腐败战略之前所从事的工程和活动。世界银行独立评估机构打算在今后选择一个恰当的节点对治理与反腐败战略进行评估。

这项评估意识到了公共部门改革中各个组成部分的相互性，并知晓世界银行公共部门改革项目有时是跨部门运作的。所以，这项评估并不深究具体部门或国有企业改革等问题。

这项评估包括世界银行支持各国公共部门改革的各种类型的活动，具体有发展政策和投资/技术援助贷款、制度发展基金和其他补助金，以及各种有关制度部分的咨询活动，如公共开支评估、制度和治理评估及其他评估。对分析和咨询活动的考虑已经被融合进世界银行独立评估机构对经济和部门工作的评估中。这项评估活动跨越的财政时段是1999~2006年。因此，它并不评估2007年的治理与反腐败战略，尽管它应对该项战略进行评估。

三、评估标准

根据世界银行独立评估机构的三大评估标准（相关性、效果、效率），这项评估主要与效果有关，即考察世界银行所支持的项目达到的成果，并弄清楚什么措施是有效的及其为什么有效。

这项评估与公共部门战略相一致：本质上，所有借款国，亦即公共部门改革的目标都是与这项评估所关注的四个领域（公共财政管理、公务员体制和行政改革、税收管理改革、反腐败和透明度改革）相关。对资源的正确管理是发展的关键决定性因素，因为核心公共部门的花费占了借款国国内生产总值的15%~30%。从另一个角度看，1999~2006 年世界银行总借款的 38%的直接去向是没有指定工程用途的预算（发展政策贷款、预算支持、债务免除等），而且投资贷款的主要部分都是由核心政府机构支配的。因此，提升核心公共部门的运作水平，对于发挥世界银行发展的工作实效是必不可少的。

世界银行公共部门改革的成果框架如表 7-1 所示。它展示了公共预算改革是如何帮助实现诸如削减贫困、经济增长、提高政府对公民责任等目标的。这项评估将潜在关系作为既定条件，并审视这些项目实现公共部门改革目标的程度。

表 7-1　公共部门改革的成果框架

最终的理想目标	公共部门改革领域和成果	各国的产出	世界银行在各国项目中的投入
①经济增长 ②减少贫困 ③生命和财产安全 ④人民参与和享受权利 ⑤提升公共服务的质量和准入机会	①公共开支和财政管理财政纪律，与两大政策偏好一致的资源分配，良好的运作管理 ②公务员体制和行政改革能够吸引、保留和动员有能力的职员高绩效的公共服务，适于地区劳动力市场的透明、非自由裁量的薪酬制度，在预算约束下发放工资 ③税务管理提高税务绩效；更加公平和有效率的税收系统，减少漏税；对公民的反馈更加开放 ④反腐败和透明度行政机构和人员要对资金使用和其他行动负责。通过审计机关和公众对信息的准入机会来提高会计责任；会计责任和透明度有助于阻止人们为私人目的使用公共资源的行动	①全面的预算，透明的预算编制、批准和实行，强大、即时的会计和审计，透明的采购 ②足够的人事信息系统，减少工资压制和人员流动，足够的培训，有效的业务流程和部门间协作 ③更完善的信息系统，待遇优厚的聘任制度，减少拖欠，减少纳税人服从的成本，减少征税成本 ④除了以上三个领域的反腐败措施，利益冲突通过有效的法律进行制裁；公众拥有对信息的准入机会，并保护告密者	①发展政策贷款 ②技术援助/投资借贷 ③制度发展资金和其他补助金 ④分析和咨询活动（公共开支评估、消除贫困战略文件、制度和治理评估）

很明显，项目只有在有效果的情况下才会有效率。对世界银行职员和捐赠者之间的协调，或者这种协调的缺失，都可以算作效率问题。职员技能、内部组织、激励和与外部伙伴的关系在某种程度上有助于实现对一个国家的有效支持。然而，世界银行仍旧在试图弄清楚到底是什么发挥了作用。

“世界银行战略在国家层次是如何被有效地执行”这个问题意味着以下更具体的

问题：世界银行在国家层次的支持是基于全面的分析和对制度和政治现实的足够了解吗？世界银行支持的项目是在何种程度上得到调整以满足各国的需要的，并顾及了制度和政治现实吗？世界银行在何种程度上使用了优先和分阶段的方法？项目是最先解决基本问题吗？公共管理改革议程中的切入点发挥的作用是否最好？世界银行使用的贷款和分析与咨询活动在何种程度上适用于各国条件？在何种程度上实现了改革的预期目标？

在评估结果中，这项评估通过以下方式吸取教训：研究世界银行是否在某些领域取得的效果比其他领域更多，或者它是否在一些类型的国家中取得了比其他类型的国家更好的效果。关于世界银行对各国“公共部门改革”所做贡献程度的问题，可以分为两部分：在世界银行提供支持的国家中，公共部门改革在何种程度上取得了成功？世界银行支持的哪些方面有助于成功？

公共部门改革的成效除了受到世界银行项目的影响，还受到国家条件和其他行为体的项目影响，这在该评估中都被考虑在内，如国际金融机构（国际货币基金组织、地区性发展银行）和双边援助国。重要的国家条件包括：宏观经济条件、公共部门改革与政府财政状况的联系（这种因果联系是双向的）、劳动力市场条件、政治条件和政治事件。这次评估的许多参与者都确认，政治支持是公共部门改革取得成功的必要条件。

四、评估方法

这项评估以三种方式回答了上述问题：对所有可获取资料的国家的公共部门改革模式及其成效进行统计分析；国家案例分析；对四个被选出来的主题维度进行主题分析。这项评估也吸取了世界银行独立评估机构之前开展评估的经验教训，如公共支出评估（1998 年）、公务员体制改革评估（1999 年）、反腐败活动评估（2004 年）、非洲能力建设评估（2005 年）、对承受压力的低薪国家进行支持评估（2006 年）和信托工具——国家财政责任评估和国家采购评估报告（2007 年），以及相关的国家援助评估和工程绩效审计报告。这项评估的所有方面都是通过以下方式进行的：对任务管理者和其他相关人员进行采访、实地访问，以及与开展国家援助评估和相关工程绩效审计报告的世界银行独立评估机构进行交流。

分析的主要单位是国家项目，公共部门改革的成功取决于各种支持政策措施的综合，因为这些政策措施无法单独对公共部门改革起作用，所以评估也应综合考虑。

（一）统计分析

对于所有借款国家来说，均对其公共部门问题、介入和成效进行分析。一是审视公共部门改革介入措施的选择模式，特别注意该国与国际复兴开发银行或国际开发协会的关系，并且考虑该国公共部门的最初运行效果。二是考察世界银行在开展公共部门改革的国家中，其公共部门质量指标的中长期变化。三是检查资源，探究是什么因素与改革的成功具有联系。

（二）国家分析

对于像公共部门改革这样与各国均相关的话题，国家案例是对统计分析的重要补充。这种国家评估有助于理解不同介入措施的组合如何在各种国家环境中发挥作用。评估队伍对实施了世界银行支持项目的19个国家进行了案头审查，从国家援助评估资料和工程绩效审计报告中收集相关资料。评估队伍对其中的6个国家进行了实地调查。

各国分别代表不同的地区、子区域和收入群体，而且所有的国家在公共部门改革中都获得了世界银行的大量支持。对于国家的选择也与去中心化和立法/司法评估相协调，以减少评估对客户的负担。

每一项国家层次的评估都审视公共部门改革在国家援助战略中发挥的作用。每一项评估也探究战略是如何实施，以及世界银行支持是如何对实现公共部门改革目标做出贡献的。每个国家不断发展的经济、政治和制度能力等条件也会影响成效，而且这项评估也调查了世界银行是否在支持项目的设计和执行阶段中充分考虑了这些条件。

（三）主题分析

主题分析是比较四个主题领域中世界银行实践的发展。评估人员对描述国际经验的文献进行了回顾，并提出一些国家研究的问题。然后在统计分析结果和国家研究的基础上，描述出每个主题领域中的成功模式和最常见的且导致失败的方法。

三、经济合作与发展组织

经济合作与发展组织（Organization for Economic Co－operation and Development，OECD）开展的政策评估主要是对“发展项目”的评估。对发展项目进行坚实而独立的评估可以提供信息以说明是什么因素发挥了作用、什么因素没有发挥作用，以及原因是什么。这样的评估也有助于改善援助项目的发展效果，并帮助捐赠国和合伙国的政府对结果负责。

经济发展与合作组织发展评估网络（OECD DAC Network on Development Evaluation，以下简称发展评估网络）是发展援助委员会的辅助机构。它的目的是通过支持稳健、公开且独立的评估，以提升国际发展项目的效力。发展评估网络是一个独立的机构，聚集了30个双边捐助者和多边发展机构，其中包括澳大利亚、奥地利、比利时、加拿大、丹麦、欧洲委员会、芬兰、法国、德国、希腊、爱尔兰、意大利、日本、卢森堡、荷兰、新西兰、挪威、葡萄牙、西班牙、瑞典、瑞士、英国、美国、世界银行、亚洲开发银行、非洲开发银行、美洲开发银行、欧洲重建与发展银行、联合国发展项目及国际货币基金组织。发展评估网络作为领导者，推动了发展机构和伙伴国家之间的协同评估。

发展评估网络的工作项目是通过与成员国协商而发展出来的，并且每两年由经济发展与合作组织发展援助委员会（以下简称发展援助委员会）同意形成。当前的优先工作领域包括巴黎评估宣言、预算支持、多边有效性、消除争端和建设和平、影响评估、联合评估、治理、扶助贸易、海地评估任务小组、能力发展。

作为一个评估学习与合作的平台，发展援助委员会的发展评估网络开发出了共享标准，加上《援助有效性的巴黎宣言》（*Paris Declaration on Aid Effectiveness*）的指导，非常有助于发展中国家的评估实施与合作。通过发展评估委员会评估资料中心，这个网络从其成员国的分支机构收集报告。鉴于每周有 2000 多份新报告，发展评估委员会评估资料中心是一个广泛且独特的资料中心，十分有助于发现是什么因素发挥了作用、什么因素没有发挥作用。

经济合作与发展组织在政策评估的历史上影响重大的两件事是 2005 年的《援助有效性的巴黎宣言》（*Paris Declaration on Aid Effectiveness*）和 2008 年的《阿克拉行动议程》(*Accra Agenda for Action*)。《援助有效性的巴黎宣言》通过对几十年发展经验的总结，将援助建立在五项核心原则基础上。这些原则已经取得了许多国家的支持，并取得了许多实效。这些原则包括如下方面：一是所有权原则，即由受援国的议会和选民自行选择他们的发展战略；二是结盟原则，即支援国支持这些战略的实施；三是和谐原则，即支援国帮助这些发展工作更加顺畅；四是结果导向原则，即发展政策必须有明确的目标，通往这些目标的进程必须得到监控；五是共同责任原则，即支援国和受援国应共同负责实现这些目标。

其中，结果导向原则明确推动了发展项目的评估。除了这五项基本原则，《援助有效性的巴黎宣言》还制定了实际的、以行动为取向的路线图以提高援助质量和发展影响。它落实了一系列明确的执行措施，并建立了一套监控体系来评估政策进程，从而保证支援国和受援国共同履行它们的责任。

为了加强和深化《援助有效性的巴黎宣言》的实施，《阿克拉行动议程》估计了已有行动进程并为实现《援助有效性的巴黎宣言》目标建立了加速前进的日程。它提出在以下三大领域重点发展：一是所有权原则，即各国通过在制定发展政策中更加广泛的合作、在援助合作中更加强有力的领导、在援助交付过程中更多地利用国家系统，对它们各自的发展过程拥有更多的话语权。二是包容性伙伴关系，即所有合作伙伴包括发展援助委员会中的支援国、发展中国家及基金会等都全面参与。三是交付结果，即援助集中于真实的和可测量的发展影响。

四、国际评估合作组织

从国际层面来说，评估处于现代治理与民主发展的核心地位。我们生存的世界需要对政府的绩效进行持续改进；为了公民和政策制定者的利益，政府应该承担更大的责任，以及拥有更高的透明度；不管是公共部门、私人部门还是公民社会，都应该有效地提供服务。评估通过提供有关工作的反馈来满足这些要求，加深了我们对政策执行过程的理解，设计知识制度；发展出有效的管理和创新机制。在许多国家，评估者都会聚在一起建立专业性的评估协会或学会。国际评估合作组织（International Organization for Cooperation in Evaluation，IOCE）由亚洲、非洲、美洲、欧洲和大洋洲的评估学会组成。评估协会或学会等组织的数量在近几十年飞速增长。20 世纪 80 年代，全球只有 3 个国家性或地区性的评估学会，到 20 世纪 90 年代末，增加到 9 个评估组织，到 21 世纪初，增加到 50 个。这些评估组织旨在提升方法与实践、提高评估工作的标准与质量、促进道德行为与标准、加强专业独立性，并且提供一个交流、辩论和学习的平台。国际评估合作组织建立的目的就是增加这些国家性或地区性评估组织努力的价值，从而鼓励合作并加强国际性评估。评估既是一种职业，又是能够推动社会性、政策性与制度性问题解决和发展的实践。国际评估合作组织就是其中重要的组成部分。该组织在 2012 年 12 月的报告中总结了这一年的评估活动，其中包括与联合国儿童基金会建立伙伴关系、加强与联合国评估小组的关系，以及国际评估合作组织董事会成员在加纳首都阿克拉参加第六届非洲评估联盟的评估大会等。

国际评估合作组织作为全世界地区性和国家性评估组织的松散联盟，致力于在发展中国家建立评估领导阶层和培养能力、促进全世界范围内的评估理论与实践共同发展、解决评估领域的国际性挑战、帮助评估领域以更为全球化的方法来确认世界性的问题并提出解决方案。国际评估合作组织邀请所有地区性或国家性的专业评估协会或学会加入，也欢迎对评估感兴趣的人们使用其资源，参加其活动。国际评估合作组织还提供其他评估组织的联系方式，相关新闻和重要活动，交流思想、实践的机会，其他论坛和网络材料等。如同国际评估合作组织在其宪章中所言，该组织的任务是帮助合法评估和支持评估学会或协会和网络，从而让它们更好地服务于良好的治理、有效的决策，并加强其对公民社会的作用。

作为一个国际性组织，国际评估合作组织支持文化的差异性、包容性，并且为了把不同的评估传统汇聚在一起而尊重这种差异性。2003 年 3 月，在秘鲁首都利马，来自全世界 24 个评估协会或学会的代表共同建立了国际评估合作组织。它们相信评估组织间的合作将会加强世界范围内的评估。

国际评估合作组织全体大会是成员们确定该组织优先方向和主题、选举董事会成员的主要平台，它向全体国际合作评估组织的成员开放。许多国际评估合作组织的活动都是“虚拟”的，尽可能地利用网络资源，从而尽量降低组织的运营成本。国际评估合作组织计划与世界各地的国家性和地区性评估组织共同举办一些定向的专家活动。该组织以英语、法语和西班牙语的形式接收、散布和发展各种资源和文件，并鼓励地区性和国家性组织将这些资源转译成其他语言。国际评估合作组织以“非营利组织”的形式在加拿大注册，并制定了包括章程、程序规则和运作政策在内的宪章。

五、国际影响评估基金

国际影响评估基金（International Initiative for Impact Evaluation，3IE）是一个美国的非营利组织，总部设在华盛顿。在全球发展网络（Global Development Network）和伦敦国际发展中心（London International Development Centre）的赞助下，国际影响评估基金分别在印度新德里和英国伦敦开展项目运作。国际影响评估基金的职员按以下团队进行组织：进步与影响评估服务团队，评估团队，财务、报告和行政团队，政策、倡议与沟通团队，项目团队与系统评价团队。国际影响评估基金由一个理事会监督，这个理事会由全体成员选举产生。理事会包括 11 个成员，这些成员包括来自发展中国家的政策制定者和支持推广国际影响评估基金的权威代表。国际影响评估基金的成员中，18%为非政府组织，46%为双边机构，27%为发展中国家的政府机构，9%为基金会。

国际影响评估基金的出现，是为了回应公众日益要求看到公共开支效果的需求。由全球发展中心（Center for Global Development）发起，国际影响评估基金最初于 2006 年 6 月以工作小组的形式出现。这个新兴机构的目的是引导资金流向，从而解决政策制定者所面对的关键问题。这个小组后来正式成立为国际影响评估基金，由国际政府官员和来自双边援助机构、多边机构、非政府组织及基金会的代表组成。

国际影响评估基金资助了对非洲、亚洲、拉丁美洲的创新工程的影响评估。资助影响评估研究与资助这些工程的资金来自比尔及梅琳达·盖茨基金会、休利特基金会、谷歌慈善组织、非洲发展银行等。国际影响评估基金的愿景是通过影响评估来改善生活，任务是通过在发展中国家更充分地利用证据提升发展效力。其策略旨在实现以下目标：产生新证据，发现是什么发挥了作用；总结并传播这些证据；培育基于证据制定政策的文化；发展能力，以产生和使用影响评估。

国际影响评估基金扮演着资助机构与知识经纪人的双重角色。它开展各种活动，并提供多种服务，主要包括影响评估项目（向国际发展研究者提供支持与资源）、系统评估项目、质量保证服务（提供一系列的服务，从对建议的协调与管理到对最终结果的同行评审）和政策影响活动（帮助研究者更好地传播其研究结果，以影响政策）。

第二节 主要国家开展公共政策评估情况

一、美国

美国作为现代公共政策科学的发源地，较早在政策评估领域开展探索，尤其是 20

世纪70年代以来一系列专门的法律法规的接连出台，推动建立起制度化、规范化的公共政策评估框架，形成了行政系统评估机构、立法系统评估机构、第三方评估机构三类主体相互补充、相互牵制的发展格局。

（一）美国公共政策评估的发展阶段

美国公共政策评估历经百余年发展，在实践中逐步完善各种经济社会研究方法，拓展政策评估的应用范围。总体而言，主要经历了以下四个阶段：

第一阶段：19世纪末至20世纪30年代，是美国公共政策评估的萌芽探索期。最早源于1900年前后美国对学生成绩的测评，用以检查教育系统，反映教学成果。此外，在公共卫生、工程建设等便于测量和计算的领域，也零星开展部分评估工作。

第二阶段：1933年至20世纪70年代，从“罗斯福新政”到约翰逊政府“伟大社会计划”“对贫困宣战计划”，一系列社会政策出台、一大批公共工程落地，客观上产生了对政策评估的需求，推动形成了以政府支出的绩效评价为主要内容的评估模式，核心是关注投入产出效率、控制财政预算支出、提高政府服务质量。

第三阶段：20世纪70年代至90年代末，《立法机构重组法案》《政府绩效与结果法案》等一系列法律法规出台，从法律层面确立了公共政策评估的地位。同时，政策评估的内涵也大大丰富，不再局限于绩效评价，更多关注规划、政策、项目的价值和影响，评估手段也趋于专业化、多样化、现代化。

第四阶段：21世纪以来，美国公共政策评估框架趋于成熟和稳定。“三权分立”体制下的行政系统、立法系统分别设置了专门负责政策评估的组织部门、执行部门，同时市场化运作的智库、咨询机构十分活跃，形成相对独立的第三方社会力量。三种类型的政策评估机构之间既相互补充又相互牵制，有效拓宽了评估意见的输送渠道，维持着多元利益诉求的动态平衡。

（二）行政系统的评估

在行政系统内，实施政策评估的主要部门是政府管理和预算办公室（The Office of Management and Budget，OMB）。OMB最早设在美国财政部，1939年后划归总统直属机构，其长官由总统直接任命并向总统报告工作。按照相关法案和行政命令授权①，OMB的重要职能之一是审查联邦政府各部门报送的年度绩效计划，评估财政支出的必要性、有效性，跟进项目执行情况，评判其影响、成败，并将此作为修改预算计划的依据。目前，OMB是总统行政办公室最大的组成部门，拥有职员600余人；相关人员与联邦政府各部门保持频繁的、常态化的沟通，督促行政机构更加重视政策执行的过程，提升公共产出和效率。

① 主要是《政府绩效与结果法案》（1993年）、《项目评估定级工具》（2002年）、《政府绩效和结果现代化法案》（2011年）等，以及1993年克林顿政府12866号总统令、2007年布什政府13422号政府令、2011年奥巴马政府13563号总统令，均对政府绩效评价、政策评估做出明确规定和要求。

OMB 的评估覆盖所有财政支出项目。依据《政府绩效与结果法案》（The Government Performance and Results Act，GPRA）的要求，所有联邦政府机构都必须向 OMB 提交长期战略计划和年度绩效报告。其中，年度绩效报告需涵盖所有财政支出项目，详细阐述每一项目的业绩目标、执行过程、实际产出效果，并对未达到目标的原因进行分析和解释，说明下一步改进的方式。OMB 作为政府绩效管理的牵头机构，将对各机构的绩效表现进行统一评估，据此确定各联邦机构对应的年度预算安排。

为保证预算审查的质量和一致性，OMB 牵头开展的绩效评估均被纳入统一、标准化的模板，并不断发展完善。一是 1973 年尼克松政府颁布的《联邦政府生产率测定方案》，每年安排 200 余人向各联邦机构获取产出资料，其中包括产出、劳工投入、单位劳工成本等，该方案一直执行到 1994 年结束，当时已覆盖 60 个机构、255 个组织和 200 万名联邦公务员。二是布什政府 2002 年推出的《项目评估定级工具》（Program Assessment Rating Tool，PART），本质上是针对联邦支出项目的问卷调查，从项目目标、战略规划、过程管理、项目结果四个维度，对项目进行审核和评估。《项目评估定级工具》实施 7 年间覆盖了 1000 余个独立项目，占联邦财政支出的 98%。三是奥巴马政府上台后优化提出绩效目标工具，降低了《项目评估定级工具》对分数的过分依赖，要求各部门突出中心任务、核心职责，确定优先绩效目标，按季度审查目标实现情况和存在的苗头性、趋势性问题，传递更多的实用信息。

OMB 的绩效评估结果与财政预算编制直接挂钩。例如，在《项目评估定级工具》评级下，按照分数高低可分为有效、基本有效、一般、无效、尚无结论五类，判定为一般或无效的项目，OMB 将有权终止项目或调减财政预算。2011 年更新的《政府绩效与结果现代化法案》进一步明确，如果一个联邦机构连续 3 年未能达到绩效目标，OMB 有权向国会建议下一步整改方案，包括重新界定绩效目标、调整项目实施规划、削减或终止预算等措施，对联邦机构具有较强的震慑力和约束力。

（三）立法系统的评估

立法系统的政策评估机构是政府问责办公室（Government Accountability of Office，GAO）成立于 1921 年。早期 GAO 的主要职能是政府账目审查，评估公共支出的合理性和经济性，体现国会对各联邦机构的监督；1970 年《立法机构重组法案》扩大了 GAO 的职权范围，授权其对政府计划及活动的产出结果进行评估，具体包括：评估联邦政策和项目的绩效、就政府项目和决策在多大程度上能够实现目标进行调查、向国会提交政策分析报告等。目前，GAO 有职员 3200 余人，下设 15 个工作组，包括信息科技、国土安排、卫生保健、教育就业和收入、基础设施建设等，并且大量引进科学家、精算师和各领域专家，开展专业性的评估工作。

GAO 的任务来源主要有两类：一是法律条款明确授权 GAO 对具体事项开展的评估，如 GPRA 要求，GAO 总监察长需要定期向国会报告联邦政府对 GPRA 的执行情况；

《美国竞争力再授权法案》（2010 年）要求，GAO 每 2 年对制造业创新技术贷款担保项目的执行情况进行评估，并提出改进建议，反馈至美国商务部。二是基于国会各委员会的调查需求开展评估工作。每年 GAO 会收到数百份来自国会各委员会的请求函，既有对项目活动的简单询问，也有对项目或政策成效深入评估的需求。GAO 会及时与需求方代表（通常是议员）进行商议，准确把握评估的性质和目标。在此基础上，GAO 依据评估事项的必要性、重要性、紧迫性，选择部分重点事项开展评估。

相对而言，GAO 的评估方法更加丰富和多样，在工作中根据评估对象的特点制定适宜的工作方案。从 GAO 公布的评估报告看，最为常见的四种评估方法如下：一是基础文献研究。查阅适用的法条法规、部门规章；获取相关机构的年度绩效报告，包括政策项目的规划目标、执行过程、绩效数据等；检索该领域其他专家的研究和报告。二是大规模问卷访谈。例如，对于失业救济、办税服务、助学贷款等面向社会公众的服务，大规模引入电子邮件问卷，兼顾不同年龄段、行业、种族、学历等因素，调查受众感受。同时，广泛采访利益相关方，包括联邦政府和州政府官员、行业协会、商品和服务供应商、中介机构等，进行半结构化访谈，“滚雪球”式地获取信息。三是构建数据分析指标。GAO 出版《成本效益分析指南》《过程评估指南》《技术成熟度评估指南》等搭建起量化分析的框架。例如，GAO 对海关自动化通关系统建设的评估，运用成本效益分析法，综合计算开发费用、设备成本、运营维护费用，并将预期收益具体量化为每分钟节省的人工成本，从而进行定量的成本效益比较。四是数据的可视化呈现。例如，GAO 在 2017 年对校车安全问题开展专项评估时，引用了 2000~2014 年联邦政府和州政府的校车事故数据，以图表形式直观反映校车事故的增长趋势、事故原因类型、与普通车祸的特征对比等，起到了良好的效果。

在重大政策及计划项目实施期间，GAO 会进行多次评估，每次评估完成后都设有反馈环节，推动评估结果的运用和转化。一是对评估报告进行协商。GAO 在完成相关主题调查研究后，将广泛征求行业主管部门、专家学者的意见和建议，若主管部门存在异议，双方可协商进行一些修改和完善。二是公布评估结果和整改意见。GAO 将在官网公布调查过程、评估结论，以及经主管部门认可的整改建议，引入社会监督，同时持续跟踪主管部门整改进展。三是通过立法强化评估结果的刚性约束力。2019 年 1 月国会颁布的《政府行为责任法案》明确要求，各联邦机构在编制年度预算时应反馈对 GAO 评估报告中意见和建议的执行情况，对未执行的意见和建议要说明情况和理由。该法案进一步提升了 GAO 评估报告的影响力和评估结果运用的转化率。

（四）第三方评估

美国公共政策评估的重要特征之一是非政府组织的广泛参与。自 20 世纪初，美国陆续出现一些政策研究机构，如卡内基国际和平基金会（1910 年）、布鲁金斯研究所（1916 年）、胡佛研究所（1919 年）、二十世纪基金组织（1919 年）、兰德公司（1945

年）等，此外，一些高校也设立政策研究中心或发展研究院等智库。20 世纪 70 年代以后，一些评估研究学会建立，政策评估类杂志接连创刊，如《评估评论》（1977 年）、《评估实践》（1979 年）和《美国评估杂志》（1980 年），政策评估理论逐渐积累和发展，各类咨询机构更加蓬勃发展，加快推动美国政策评估行业的繁荣，为联邦政府或州政府委托第三方评估提供了更多选项。

第三方评估机构的任务来源主要包括两类：一是政府机构委托开展的政策评估。为了提高评估结论的专业性、客观性和公信力，联邦机构、州政府也会委托第三方开展评估。例如，美国教育部定期委托第三方开展职业教育效果评估；按照《振兴美国制造业和创新法案》的要求，除 GAO 定期评估外，相关部门至少每 3 年委托一家独立机构对“美国制造业计划”进展情况进行评估。与政府委托联系紧密的典型代表是兰德公司，其收入来源中军方和政府部门的比例超过 80%，多是与国防部、卫生部、人力资源部等联邦机构签订的服务合同，包括政策分析和事后评估。二是第三方机构独立自主开展的政策评估。第三方机构都将独立性作为根本原则，尽管许多第三方机构的资金主要来源于企业、基金会或个人捐助，但在评估事项的选择上，并非直接听命于捐助者，而是体现一定的独立自主性。不同智库在立场上、观点上形成了自己的特点，有的偏向学术研究，如布鲁金斯学会、美国企业研究所，有的带有明显党派特征或意识形态色彩，如崇尚自由意志的卡托研究所等，因此捐助者往往是有目的地支持于己有利的第三方机构。

第三方评估机构评估的主要特征如下：第一，强调长期学术积累积淀。著名智库往往有相对固定的研究领域，由专门的团队长期跟踪研究，在学术界也具有一定的公信力、影响力。例如，传统基金会对税收政策、导弹防御的关注等。第二，遵循一定的研究范式。智库所出具的报告，往往是对某一政策的综合性研究，从历史沿革、发展过程、实施效果、影响因素等角度，广泛收集信息，探索运用数据建模、场景模拟等研究方法得出结论和建议，出具的报告论证严谨、专业。第三，兼顾报告的可读性和传播力。越来越多的智库倾向于媒体化，在发布研究报告的同时提炼短小精悍的评论文章，积极运营网站主页和推特账号，更好地适应现代化传播节奏。

对于国会、政府机构委托开展的评估，第三方机构即按照要求提供评估报告，分析当前政策执行存在的问题，提供政策建议和解决方案，为政府下一步决策提供参考依据和支撑。对于独立开展的评估工作，第三方机构及专家个人通过参加国会听证会、圆桌会议、公开演讲、出版著作等形式，努力影响政策的调整与修订，从而提高自身在本领域的声望。由于“旋转门”机制的存在，积累了声望的第三方机构研究人员可能会受聘于政府部门，直接参与政策的制定和修订；政府部门的工作人员离职后也有不少加入第三方机构，继续从事本领域的研究和评估工作。

（五）公共政策评估内容与评估方法

在美国，政策评估包括三个方面的内容：政策的必要性分析、政策的合法性、对公共政策执行效果的分析。

政策评估的方法是以定量为主、定性为辅，定量与定性相结合的方法；基本方法是成本效益分析，通过成本效益分析为决策者选择有效率的方案，即产生最大社会净收益的方案。对于不能以货币计算损益的情况，则进行定性分析。政策评估的整个过程充分体现公开透明的原则。首先，前期进行意见征询，在设计、编写、执行政策规定绩效分析时，询问政策目标人群及专业人士和机构的意见。其次，分析过程透明，要求列明分析是建立在哪些技术、信息的基础上，同时注明数据来源、附加模型，说明基本假设、方法、数据及分析的不确定性，以便让第三方能够清楚地理解分析的过程和结论。最后，评估结果公开，评估结果在互联网上公示，并披露外部咨询人员的资格及聘用情况，若由于隐私、产权、商业秘密等不能公示，则严格检验分析的结果和使用的数据，同时遵守信息质量标准和相关法律。

美国实施政策评估的核心方法是成本效益分析（Cost-Benefit Analysis，CBA），但“成本”和“效益”的范围在不断扩大。近年来开始探讨无法量化指标的评价问题，引入了成本效果分析（Cost-Effectiveness Analysis，CEA）。

1902 年美国政府评估水域资源工程项目时，尝试使用了国民经济角度的成本效益分析法，但当时该方法并没有定型。1936 年，美国《洪水控制法案》规定所有防洪和水域资源开发项目，其预期效益必须超过其预计费用，成本效益分析正式定型为评价工程建设项目的方法。1950 年，美国政府机构“联合江河流域委员会”的成本效益分析小组发表了“绿皮书”，概述了确定成本费用比率的原则和程序。

20 世纪 60 年代后期，美国国会通过立法规定，进行成本效益分析是制定法律草案和政府预算的常规程序。1974 年，福特政府 11821 号行政命令规定，任何行政机构提出重要的法律建议或公布重要的法律法规都必须有一个经过评估的通货膨胀影响报告。1978 年，卡特政府 12044 号行政命令规定，行政机关应定期对已有规章进行审查，对建议规章进行经济影响和主要替代方案的经济结果分析。1981 年，里根政府 12291 号行政命令规定，制定规章必须实现潜在的社会收益超过潜在的社会成本，经济影响超过 1 亿美元成本支出的，必须提交经济影响分析报告。1993 年，克林顿政府 12866 号行政命令规定，政府在废除或修改已有政策、制定新政策时，需要分析其经济效益。2007 年，布什政府 13422 号行政命令强调，规制机构制定规章时必须进行成本效益分析。

2011 年，奥巴马政府 13563 号行政命令重申了成本效益分析传统，但是在促进经济增长、创新、竞争和创造就业机会的同时，要尽可能地准确量化公共健康、福利、安全和环境的预期收益、未来收益和未来成本；如果适当并且法律允许的话，要考虑（并定性地讨论）那些不能量化的价值，包括过程公平（Equity）、人的尊严（Human Dignity）、结果公平（Fairness）和分配效应（Distribute Impact）。

进行成本效益分析的前提条件是分析对象能够量化。然而许多分析对象难以确定成本和效益，如安全、健康、卫生、环境保护和生态平衡，这种情况下一般采用成本效果分析。“效益”可以与“成本”处理成同一量纲，但“效果”的表述则是定性的，不能与“成本”相加减。成本效益分析可用于比较不同类项目，理论上可以确定项目的优先序列成本；成本效果分析只可用于同一类项目的不同方案比较，实现成本既定条件下效果最佳化。成本效果分析通常采用问卷调查和座谈等方式，分析专家、公众、企业等不同群体的看法。

美国政府治理体系是高度分散的，“三权分立”政治制度下衍生出多元化的评估机构主体。行政系统内由 OMB 主导，推动建立全面的绩效评估体系，以提升政府的工作效率；立法系统由 GAO 牵头，在政府绩效数据的基础上，选择部分重点事项，深入研究政策执行和效果，提出专业化的评估意见；第三方机构则是公共政策评估强有力的补充和支撑，在普遍接受政府和企业资金的情况下追求独立性，以影响政策调整方向为目的。

这三类政策评估机构之间各有侧重、共同配合、相互制约，综合影响之下，美国公共政策评估呈现出以下特征：第一，以法律为基石，推动政策评估的制度化、规范化。《政府绩效与结果法案》（1993 年）、《政府绩效与结果现代化法案》（2011 年）等一系列法案，授权 OMB、GAO 作为事中、事后监管的牵头机构，并对政策评估的原则、内容、标准、程序等做出明确规定，搭建起美国公共政策评估的基础框架。第二，与绩效数据相衔接，提高政策评估的精准性。由 OMB 牵头建立的政府绩效评估体系，围绕资金投入、执行过程、产出效率等积累了大量数据和样本，为后续重大政策、重大项目的专项评估工作夯实了基础。第三，以成果运用为导向，增强评估报告的影响力、约束力。依据相关法案规定，OMB 和 GAO 的评估结论直接关系下一年度财政资金安排，对联邦机构的约束力较强，有利于推动问题整改和政策调整。第四，凸显多元利益诉求，评估机构间相互制衡明显。不同评估报告背后代表着特定的利益群体，各种观点交锋碰撞、相互制衡。

概括起来讲，经过一个多世纪的发展，美国在公共政策评估领域积累了大量的实践经验，但考虑到其“三权分立”、联邦制度及官僚机构分散化所导致的价值多元、立场分裂，其政策评估也体现出多元竞争、相互制衡的特色。美国已拥有相对完善的政策评估法律体系、丰富的公共部门基础数据、规范化的评估步骤和机制。

二、日本

1995 年，日本三重县率先开展了政策评估工作，其他都、道、府、县借鉴三重县的做法，相继推行政策评估。日本中央政府从 20 世纪末开始引入政策评估制度。例如，国土交通省 1998 年开始在公共建设工程立项和实施中开展评估；日本环境省以环境保护成本核算为核心，于 2000 年构建了一套环境会计体系，主要目标是确保环保措施的成本效益，以及满足对外交流的需要。

2001 年，日本参照美国 1993 年《政府绩效与结果法案》（GPRA）制定颁布了《政府政策评估法案》（Government Policy Evaluation Act，GPEA），要求中央政府全部开展政策评估，地方政府逐步引入政策评估。《政府政策评估法案》颁布后，日本又出台了《关于政策评估的基本方针》（2001 年）、《行政机关政策实施评估相关的法律实施细则》（2007 年）等相关法规，以及《关于规制实施前评估的指导方针》（2007 年）、《政策评估的信息公开指南》（2010 年）等操作手册，政策评估制度日益完善。《政府政策评估法案》的范围相当广泛，所指的“政策”不仅包括政策本身，还包括行政主体为实现特定目标所采取的相关手段，如设立计划和项目。据日本总务省统计，2009 年各省厅共完成事前评估和事后评估 2645 项，其中 183 项为研究与开发（R&D）计划或项目。之后，日本的政策评估方面的规定陆续颁布，逐渐形成了完整的政策评估制度体系。

（一）政策评估的主要内容

《政府政策评估法案》是日本政策评估领域的根本性法律。政策评估是指各行政机关自行掌握各自实施政策的效果并进行分析，通过实施评估，在以后的计划制定和实施中发挥作用，并使其评估结果恰当地影响政策，重新评估并完善政策。根据《政府政策评估法案》的规定：①政策评估的目的是提升政府工作效率，推动政府信息公开；②政策评估的对象为行政机关及其掌握范围内的政策；③政策评估的方式以政府部门的内部评估为主，包括各行政机关的“自我评估”和由总务省主导的综合政策评估；④政策评估的结果需由各评估机关制作形成评估报告后再呈交国会，同时予以公布。

具体的政策评估根据对象分为针对行政机关实施的政策评估和由总务省主导的综合政策评估。

针对行政机关实施的政策评估：《政府政策评估法案》要求各行政机关从必要性、效率和有效性的角度进行自我评估，并要求将结果反映在有关政策中。在“基本方针”的指导下，行政机关被要求制定 3~5 年的中期基本计划和年度实施计划，按规定创建并发布评估报告。政策评估的实施情况及评估报告应每年都向国会提交。

由总务省主导的综合政策评估：根据《政府政策评估法案》的规定，总务省从确保政策评估统一性的角度，为确保政策评估的全面和客观，对涉及两个以上行政机关的政策和其他被认为有必要由总务省评估的政策进行综合的评估。总务大臣负责每年制定其后三年的政策评估计划。

《政府政策评估法案》于 2002 年 4 月 1 日正式生效。在此期间，针对行政机关与事前评估的实施相关的《关于对行政机关的政策实施评估的相关法律命令》和细化相关政策评估规定的《关于政策评估的基本方针》先后出台。《关于政策评估的基本方针》指出，日本的政策评估是嵌入以“规划方案、实施、评估”为主要元素的政策管理周期中的制度化系统。通过政策评估这一工具的嵌入，日本政府试图在提升行政能力、政策效果的同时，提升行政人员的服务意识，打造以人为本的高效率、高质量行政体系。同时，通过政策评估过程的公开，日本政府也希望能够提高行政的责任性，增强国民对于政府行政的信任度。具体的政策评估方式根据政策的特性可以选择"项目评估""成绩评估""综合评估"三种评估方式。为了提高政策评估的质量，加强各行政机关之间的联系，顺利且高效地实施政策评估制度，《关于政策评估的基本方针》中提出，举办由各行政机关组成的联络会议，分担部分总务省实施的政策评估。《关于政策评估的基本方针》中也提出要重视专家学者的参与，灵活运用其专业知识能力和见解，采用符合评估对象政策特性的评估方式。针对政策评估的结果，行政机关被要求在政策规划方案工作中进行恰当的反映和明确。

2005 年 12 月，在《政府政策评估法案》生效三年后，政策评估各行政机关联络会议对基本方针做出了修订并批准发布了《关于政策评估实施的指导方针》。《关于政策评估实施的指导方针》根据"对象政策是在何种目的之下、采用何种手段予以实施"区分了政策体系中的政策（狭义）、施策和事务事业。政策（狭义）是以实现应对特定行政课题基本方针为目的的行政活动；施策是以实现上述"基本方针"中的具体方针为目的的行政活动，即为实现政策（狭义）而制定的具体政策和措施；事务事业是使上述具体政策和措施具体化的各个行政手段，即行政活动的基础单位。《关于政策评估实施的指导方针》还进一步规定了《关于政策评估的基本方针》中关于三种评估方式的注意事项。在评估方法中，《关于政策评估实施的指导方针》提出在评估成本考量的基础上，应努力开发定量评估方法，尽可能采用基于具体指标数据的定量评估方法。《关于政策评估实施的指导方针》中的一个亮点是要求加强政策评估与预算和决算的联系，由政策评估机构负责加强与预算编制机构和主管机构的合作，致力于实现对政策评估和预算、决算的强化合作。

2005 年后，政策评估各行政机关联络会议针对更为细化的政策类型又相继出台了多项法案。在日本，针对"规制"制这一特殊的政策类型，各行政机关联络会议于 2007 年 8 月发布了《关于规制实施事前评估的指导方针》。

2010 年 5 月和 2013 年 12 月，各行政机关联络会议先后出台了《实施与特殊税收措施等有关的政策评估的指南》和《关于目标管理型政策评估实施的指导方针》，细化了不同类型政策评估指导方针。2010 年 5 月，政策评估各行政机关联络会议专门出台了《政策评估的信息公开指南》，对于评估报告的制作标准进行了规定。其中对评估报告撰写的注意事项、所需包含的内容、摘要的制作、公开程序等都做出了详细的规定。

（二）政策评估的主要特点

以 2001 年颁布的《政府政策评估法》为标志，经过约 20 年的发展，日本逐渐形成了完整的政策评估法律体系。在后续完善中，针对政策的特点，日本制定了对规制、目标管理型政策、特殊税收措施等有针对性的规范性文件。日本的政策评估体系中，政策评估被视为嵌入政策过程、达成政策目标的工具，并制度化为政策过程的一部分。日本政策评估的对象限定在行政机构及其掌管范围内的政策，最显著的特点是强调以政府内部的自评估为主，即各行政机关对于其所掌管的政策亲自进行评估是基本原则。虽然《政府政策评估法》颁布后，内阁会议、总务省、政策评估各行政机关联络会议相继出台了针对各类评估对象的具体规定，但都没有改变自评估的主要形式。日本的政策评估体系也十分强调对于政策评估计划和政策评估结果的公开，视政策评估为推进信息公开、增强公民信任和政府负责的重要举措。

（三）政策评估的方法

日本总务省下属的政策评估与独立行政法人评估委员会负责为各部门提供政策评估的标准模型，分为项目评估、成绩评估和综合评估三种评估类型，基础方法是成本效益分析。

各部门按照《政府政策评估法案》的要求，在总务省提供的标准模型基础上，形成了各自的自评估体系。多数部门采用 PDCA 评估管理模式，即计划（Plan）、执行（Do）、检查（Check）、行动（Action）。例如，经济产业省针对重大技术研发项目，制定了一套评价指标体系，主要包括：项目研发目标、定位，与日本相关政策及产业发展战略的符合程度，国家资助开展该项目的必要性，项目实施的可行性，实施项目可产生的效果和影响，项目研发的成本效益情况。国土交通省设置了五种类型的评估活动，分别是作为事前评估的政策评价、作为事后评估的政策检验、政策综合评价，以及单独公共建设工程评估、单独研究与开发（R&D）主题评估。

（四）政策评估的机构与执行

日本的政策评估以各部门自评估为基础，以总务省评估作为补充，有时也会组织第三方评估。

《政府政策评估法案》明确规定，包括内阁办公室、各省厅在内的行政主体必须开展政策评估，并以提升管理效果和效率、确保政府行为严格履行对公众负责任为目的。《政府政策评估法案》还规定，各主要行政主体要制定一份针对本部门的政策评估基本计划（3~5 年）及执行计划（年度政策评估计划）。例如，经济产业省规定，新的且预算额超过 1 亿日元的大型项目由具体实施的推进课（处室）负责评估，其余项目则由经济产业省下属的新能源产业技术综合开发机构（NEDO）负责评估。

日本总务省专门设立了作为总务大臣咨询机构的“政策评估与独立行政法人评估委员会”，委员由总务大臣任命，主要是外部专家学者和企业家。总务省负责对各部门开展的自评估进行指导、监督，并对自评估报告进行检查和分析，同时还开展一些涉及广泛议题的跨部门政策的评估活动。

日本各级政府在开展自评估的同时，根据需要有时也会组织外部评估，以及对评估工作的评估，通过公众调查等方式客观地反映公众的看法，以增强评估的客观性、独立性和广泛性。例如，国土交通省开展政策评估时注意引入外部人员和机构，设立了至少有8位社团领导人参加的政策评估会议，听取专家意见。第三方评估机构通过与政府合作，发挥政府部门与公众间的桥梁纽带作用。

三、德国

（一）政策评估的方式

德国的政策评估是比较完善的。德国的政策评估方式基本上可以归为三大类：一是由联邦审计法院和私人审计机构开展的监督与检查活动；二是由研究机构开展的对地区政策实施成效的评估，由联邦劳工市场与就业研究院开展的商业调查、劳动力市场研究及其他类似研究；三是由公共行政机关外部的专门经济机构对经济影响进行研究，这些机构包括德累斯顿研究所等单位。

在德国，相关法律要求联邦和地方层次的政策都需要被审计法院审计。审计的内容主要包括经济开支和目标实现的程度。联邦和地方拥有许多提出、组织和承担政策评估责任的机构，包括各部门、审计法院和承担特殊任务的组织，如联邦经济与出口管制局、联邦劳工市场与就业研究院、联邦建设与空间研究局和联邦劳工研究院等。联邦经济与劳工部已经建立了一个评估小组，从而为部内职员之间交流评估经验提供了一个平台，它也为从事与评估有关的工作人员组织详细的培训。

（二）政策评估的目标与方法

德国政策评估的主要目标是研究清楚政策的效力和影响，研究方法主要是定量研究，而且以事后评估为主。

在德国，政策评估主要是特定的政策工具，而非针对整个政策进行评估，并且主要被当作事后效力与影响力评估。一般来说，评估只有在被看起来有利时才会得到资助，并没有严格的立法要求评估必须在何时开展。德国政策评估在方法上非常严格，地方政府针对来自中央的资助，必须每月向联邦经济与出口管制局提交有关财政和其他客观指标的报告。这些经济信息自1972年就开始被收集，其他客观情况则从1991年开始被收集。除此之外，自1997年以来，联邦劳工市场与就业研究院对8000多家企业的公共援助计划的情况进行定期调查，包括对利润、商业预期、营业额、投资、经济部门、员工数量、雇佣方案变化、工资的资料收集和加工方法，借助定量方法来分析相对长期的时间序列资料。

近年来德国在联邦层次开展了大量的政策评估，以确定政策目标是否得以实现。这些研究主要由联邦劳工市场与就业研究院和联邦建设与空间研究局开展。这些评估的议题主要包括：得到资助的对象是否要比没有得到资助的对象发展得更好，德国各地区的相对排名是否发生改变，特定地区是否需要进一步的援助。这些研究中的一个典型代表就是联邦劳工市场与就业研究院定期开展的“商业面板调查”，它根据每一名工人的私人投资水平、企业对未来就业趋势的预期、未来投资货币和营业额指标的发展、商业与工资的规模，来探究受援地区与非受援地区的区别。作为这项研究一部分的一项计量经济分析表明，地区援助、投资率和就业增长之间存在重要的关系。

德国还有一类政策评估借助计量经济模型，非常强调对广泛的经济影响进行宏观、区域或部门层次的研究。这些研究主要由研究机构开展，如德累斯顿研究所、联邦劳工市场与就业研究院，它们旨在理解政策工具与地区发展目标之间的因果联系。

一项有关地方激励影响研究的有趣案例揭示了政策影响是如何被确定的。该研究处理的是德国国内地区政策的两个核心工具——为商业投资提供援助和为商业投资提供免税额，并且它分析了一些核心指标，即私人投资规模、就业和生产率。这项研究的基本假设是，地区性的政策开支很可能会导致减少就业的替代效应（在这里资本替代了劳动力）和增加就业的产出效应（通过吸引未来的生产能力和产量）。基于这样的前提假设，即不存在组合资本与劳动力的最优方式，但不同的组合适合于不同的地区（取决于地区发展的水平）。该研究发展出一个模型，并基于此模型提出结论，即从短期来看，替代效应会超过产出效应，但这种情况会在长期得到扭转，因此德国地方政府对投资的援助对就业具有积极效应。

总体上，德国并不是在不知道该方法复杂性的情况下使用影响研究，但对影响地区发展因素资料收集的困难程度来说，这意味着政策评估研究通常会根据时间、部门、地区、工具和公司规模等仅仅关注和局限于一定范围。

四、法国

在法国，政策评估采取多种形式，而且变化迅速。对评估进行两种区分是必要的：一是区分事前评估与事后评估；二是区分一般政策评估与投资工程评估。公共投资评估又称为成本收益分析，已经历史性地成为公共政策评估中最发达和精致的维度，而且仍旧是其中的关键部分。

（一）政策评估的机构与人员

法国的公共政策评估并不是由某一职能部门单独承担，而是由某些公共机构共同承担。在法国，承担公共政策评估的机构包括国会、中央和地方行政机关、国家审计法院和地方审计法庭，以及专门的公共评估机构等。同其他地方一样，许多的实体和机构参与了法国公共政策的事前评估和事后评估。

1. 部内监察机构

大多数法国部门都已经发展出部内评估的能力，设立了计划部门和部内监察机构。计划部门通常是在部长的要求下，但也经常是在它们自己的要求下，针对当时的政策和建议的、预想的、计划的政策开展研究。这些评估得出的结果通常并不公开。部内监察机构则相对更独立一些，它们的职能主要是评估过往的政策，偶尔评估未来的政策。

不同部门内部的评估机构的重要性、复杂性和独立性并不相同。评估在财政部和运输与设备部（现为环保部）发挥了很大的作用。近些年来，教育部或社会事务部等部门已经大大地发展了评估机构的分析技能。在许多情况下，每个部门相关政策领域的资料库和统计数据已经在评估实践的发展过程中发挥了关键作用。尽管存在不包含评估的统计资料，但并不存在不包括统计资料的评估。在这里，法国国家统计局发挥了关键的作用：每个部门的主要统计官员一直都由国家统计局安排，以保证统计资料的质量和一致性。

2. 计划委员会、临时委员会和评估委员会

计划委员会曾经在近半个世纪的时间里开展事后评估与事前评估。当时其发布的五年计划对社会并没有约束力，甚至对政府也没有约束力。计划委员会只是为政策评估和达成一致意见提供支持甚至是托词。计划委员会本身职员稀少（50 名左右的专业人员），其每 5 年就会创立出 20 个左右的委员会，覆盖当时最重要的政策话题（从能源到地区政策再到劳工问题）。每个委员会包含来自商会、议会、学界的 30 名左右的专业人员，并配备 1 名主席和 1~2 名记录员。这些成员都是由总统亲自指定的，根据的是他们的实力而非对利益集团的代表性（尽管每个委员会的组成尽量是对各种利益集团的均衡代表）。每个委员会大约每月开一次会议，并且记录员要制作一份评估过去政策和未来可能政策的报告。这是一个达成一致意见的过程。各种委员会的评估报告会被出版，并赋有一定权重。它们也会被合并到一个文件上，这就是计划。1990 年之后，计划委员会停止制定计划，但是它仍然会创制一些临时性的委员会来调查和评估各种政策。

随着时间的推移，计划委员会的声名渐衰，2005 年被废止，随即被战略分析委员会取代。战略分析委员会同样创立了各种委员会，以准备有关各种议题的报告，评估当时和潜在的政策。

法国政府同其他政府一样，经常会创立一些临时委员会以评估政策和提出建议。这些委员会一般包括高级公务员、商人、商会领袖、政客（通常包括市长）、学者和记者，他们都是非党派的。他们的报告被正式出版，提出的建议对政府并没有约束力，但拥有一定的社会和政治影响力，因而无法被完全忽视。

1990 年，法国创立了一个部际评估委员会，由一个科学委员会协助。它可以被放在法国计划委员会之下讨论，因为它隶属于这个机构，而且功能相似，都是通过创立具体的专门委员会来评估特定的政策。部际评估委员会没有职员（它的人员来自计划委员会）和资金。其部际特征是为了保证政策议题的选择和机构的权威性都不会受具体某个部门约束，而它的科学委员是为了保证正确而可靠的方法得到应用。创立部际评估委员会是一次失败的尝试。该部际委员会只进行了 3 次会议，之后政策议题都是由总统办公室选择。在部际评估委员会成立的 8 年中，只完成了 12 个评估。其从来没

有取得计划委员会报告所具有的知名度和权威性。部际评估委员会被看作是行政至上且累赘的，而且它由政府控制，其做出的报告关注的都是各部门而非公众，并且部际评估委员会创立出来的临时委员会均由各部代表主导，因而并没有比计划委员会多创造附加值。这个失败是如此明显，以至于在1998年部际评估委员会被废止。

之后部际评估委员会就被全国评估委员会代替。全国评估委员会同样被设置在计划委员会内部，没有全职的工作人员，并且在各部的要求下创立委员会来调查政策。它的工作是零散的，或许提升了各部的工作情况，但它并没有取得知名度和权威性。

3. 经济分析委员会

1997年，总统下属的经济分析委员会得以创立。它不同于美国经济分析委员会，该委员会大约包括30位成员，都是经济学家，由总统根据他们的实力（这都是公认的）而非党派指定。他们中的半数是大学教授，其余都是来自银行和企业的首席经济学家，只有很少一部分的人员来自各部门。他们中的大部分人是宏观经济学家，因他们在金融、国际贸易或劳工等方面的工作而著名。委员会主席由总统任命，主席从成员或非成员中挑选政策议题和委员会报告。该委员会同样会指定一位裁判人来阅读和评论报告草案。最终的草案也会同裁判人的意见一起被呈送给总统并出版。这些报告以作者而非委员会的名义出版，尽管它们是“委员会的报告”（这意味着这些报告的严肃性和质量由委员会保证）。委员会成员和报告作者都不会得到报酬。

该委员会非常活跃。到2008年，它出具了75份长篇报告。其中的许多报告可以被看作政策评估，即回顾过去政策和讨论未来政策。这些报告得到了广泛认可，即被媒体广泛引用，并且被相关部门认真阅读。由于这些报告的作者通常是1个人（最多3个人），因而它们要比一个委员会出具的报告清晰、坦诚和具有可读性。由于报告的作者都是长期研究该政策话题的公认专家，因而它要比单纯的评估人员所出具的报告更具有深度和广度。由于有备受尊敬的经济分析委员会把关，这些报告对于媒体和公众而言拥有先验的可信性和权威性。

4. 议会

组成议会的两院，即参议院和众议院原则上一直参与评估。在针对一项法律投票前，人们会期待他们先评估法律中包含的政策所带来的后果。然而事实上，议会在评估领域的活动一直收效甚微。这是因为法国法律向来都是由行政机构而非立法机构发起和起草的。这也同样是因为议会的众多成员缺乏开展有效评估所需要的技能和时间。只是在最近几年，情况才得到改观。无论是参议院还是众议院，议员都想要更多地参与政策形成，并对行政机构进行更大的控制和影响。1982年，这些议员创立了一个科技选择立法评估办公室；1986年，又创立了一个公共政策评估办公室。这些办公室从来就没有起到过作用，这很可能是因为它们的资金不够充足，或者是因为它们没有成功吸引到拥有足够才干的职员。法国并没有设立类似于美国行政管理和预算局的机构，即一个非党派、人员精良、为议会服务的机构。

真正作为有效的评估工具，并得到很大发展的是由议会委员会准备的覆盖众多议题的特别报告。在两院中，议会（就如大多数国家那样）成员都被组成委员会（如财政委员会、家庭和社会事务委员会等），以检查立法草案，其中包括预算立法。为了达到这种效果，这些委员会通常会委托一位或几位议员或代理人来准备有关特定议题的报告。他们有权并经常召开听证会，他们会得到议会工作人员的协助（事实上，这些报告通常是由那些精干的工作人员在议员的指导和控制下撰写的）。这些议会报告进而会被出版并发布到网上，它们可以被视作政策评估。这些报告通常以批判的眼光来仔细审视政策的历史和现状，并讨论未来的政策走向应是怎样的。报告所表达的观点不会带有政治倾向或偏见，因为它们的作者知道这是供议会成员使用的报告。

5. 审计法院

审计法院是一个重要而备受尊敬的机构。该机构是由拿破仑为了审计国家账目所创立，以保证公共财物不被浪费。审计法院人员配备优良，并吸引了一些法国专业系统培养出来的人员。该法院完全独立于政府，它的成员拥有地方法官的地位，并终身任职。审计法院中的许多人后来会去各部门或公共企业中担任高级职位，又或者参与政治；当他们没有被这些部门或公共企业选上时，他们总能回到审计法院。200 多年来，审计法院一直在审计公共行政机构的账目，包括地方政府和公共企业的账目。审计法院每年公布的有关公共账目的报告会公开抨击政府的错误和管理不当，这深为政府所惧。

很长一段时间，审计法院限制自身参与政策评估。它视自身为一名会计人员而非咨询人员。这部分是出于对选举政客优先性的尊重：由于他们的胜选，他们的决策就是正确的，因而不会受到批评。因为只要一切按照法律来办，审计法院就不会反对。

近些年，审计法院已经开始审慎地进入政策评估的领域。它并不确定这是否越权，而且也并没有进行充足的准备。审计法院的成员更多的是律师或会计，而非经济学家或社会学家。审计法院的有些评估报告看起来非常浅薄。

6. 智库与大学

在法国，智库这类机构并不多见，因为其缺少正式的资金来源。智库主要关注短期的宏观经济预测（这确实是一个重要领域，但毕竟与政策评估不同）。智库一般都存在资金不足的情况，而且通常只包含 1~2 名分析家（通常精明且能干），他们会委托机构外的专家出具报告。大学的境况也并没有比智库好多少。大多数学者都希望与现实世界的政策保持距离。他们把应用经济学（或者社会学、政治学）当作次等的经济学，而更钟情于理论经济学，认为它更加抽象、精致且富有价值，所以很少有专业人员参与现实的政策评估。然而这种情况已经开始改变，一些大学的经济教授开始关注现实政策。他们开始对法国的政策评估做出贡献，而且他们无疑会在将来做出更多的贡献。

法国对公共政策评估人员有严格的标准要求，所有评估人员都必须接受资格认定并承担评估法律责任。为培养符合标准的评估人才，法国设立专门的评估师培训学校，大学毕业生要经过专门培训和通过严格的考核才能成为评估师。同时法国有专门的法律规范评估师的行为，评估师必须对其所做的评估负法律责任。正是由于对公共政策评估师如此严格的管理和要求，法国的公共政策评估才受到政府和社会的广泛认可。

（二）政策评估的方法

法国的公共政策评估主要是在定性分析的基础上进行定量分析。例如，法国审计法院的公共政策评估主要考虑五个方面：是否设定工作目标；是否拥有达到目标的具体指标；是否有一个计算机信息系统；行政行为是否合法且具有一定的灵活性；是否合理使用达到目标的资源条件。

法国中央政府和地方政府公共政策评估的方式有所区别。对中央政府进行公共政策评估，一般由国家级的评估机构组织和实施。对地方政府公共政策的评估，采取的方式主要有：一是设评估专员，一般在 5 万人口以上的城市采用；二是设立评估处，主要是省级政府采用；三是设集体评估机构，如大区评估委员会，主要是对大区进行评估。评估大致分为前期论证、基础准备、资料收集、资料分析、综合汇总五个阶段；评估以定性为基础，以定量分析为手段，采用定性与定量相结合的方法进行。

五、俄罗斯

俄罗斯基本建立了较有特色的公共政策评估制度，国家将评估纳入法律程序，评估的权威性逐步加强，评估主体趋于多元化，评估在提供决策依据、监督政策实施、提高政策效果等方面发挥着越来越大的作用。

（一）公共政策评估工作逐步法治化

2008~2012 年，俄罗斯时任总统梅德韦杰夫提出“开放政府”的理念，逐步将社会机构引入公共政策评估领域。2012 年，普京政府以总统令的形式，将公共政策评估工作进一步法制化，要求所有涉及经济、社会、民生的法律法规和政策在出台前，都要经过“公开评议”程序，各级议会和政府必须不折不扣地执行。根据俄方 2015 年统计数据，2012 年以来近 3/4 的新出台政策、法律法规都经过了“公开评议”程序。其中，联邦级约 15000 份、省级约 5000 份、地市级近 2000 份，主要涉及投资、税费、补贴、社保、环保等领域，也包括各级政府财政预算。其他涉及政治、军事、外交等方面政策、议案占总数的 1/4，按规定不搞“公开评议”。

（二）公共政策评估主体趋于多元化

俄罗斯既有联邦政府经济分析中心、俄罗斯科学院、全俄社会舆情研究中心等官方智库，又有众多高等院校设立的智库，还有大量社会团体、私立机构等非官方智库。在公共政策评估方面，智库发挥作用的方式多种多样，既可以出席政策评议会议发表观点、提交政策评估报告，又可以在政府公开网站上留言以及给有关部门邮寄信函等。除此之外，俄罗斯各级政府部门普遍设有专家咨询委员会，其在不同程度上发挥着政策出台前的预评估和政策实施效果评估的作用。专家咨询委员会成员多来自政府、民间和高校的智库机构，专家咨询委员会定期或不定期地组织政策讨论会、专家评议会和民众听证会等，听取有关方面的意见和建议，最后形成专业评估报告提供给部门负责人决策参考。在非官方智库中，社团的作用非常突出，俄罗斯工业企业家联盟、俄罗斯工商联合会、俄罗斯支点和商务俄罗斯这四个具有重要影响力的社会团体组织经常向议会、政府提出政策评估报告，政府必须在24~54天针对报告中所涉及的问题予以切实回复。四个社会团体组织中，前两者是老牌社会团体组织，和政府部门联系一直比较紧密，代表着大企业和工商界的利益；俄罗斯支点是全俄中小企业联盟，其成员为近1000万名中小法人和个体工商户；商务俄罗斯是近年来新成立的社会团体组织，主要代表新兴资本与政府部门进行沟通谈判。四个社团组织代表着不同利益集团，基本覆盖了俄罗斯主要经济组织对政府公共政策的期待和愿望，他们参与公共政策评估为政府掌握公共政策的预期性和实效性畅通了渠道。

（三）公共政策评估工作日益信息化

俄罗斯政府注重利用信息化手段提高公共政策评估效率，努力推动评估过程和结果公开透明。国家要求每个政府部门网站都要开辟专门板块，对即将出台的政策或已经执行的政策征集民众意见，对于民众反映的意见，政府必须及时给予答复；任何机构或个人都可以很方便地从政府网站或社交网站上获取民众评价意见。各类政策评估报告一般都会在政府网站、专家所在机构网站或专家个人博客上公开刊载。作为一项新的便民措施，政府还设计了国民负担计算器，可以在线测算为保证政策实施每个国民需要缴纳的费用，方便民众从成本和收益两个角度来评判政策的合理性。

（四）把预防腐败作为公共政策评估的重要内容

俄罗斯有关法规明确规定，任何一项政策、法规出台前必须经过“反腐败鉴定”，预判其是否容易导致官员滥用职权、出现腐败。鉴定的主要内容包括官员是否拥有更多自由裁量权，政策、法规条文是否存在释义模糊之处，是否容易造成寻租机会。鉴定结果分为通过、否决和重新制定三种选项。“反腐败鉴定”由司法部委托鉴定专家独立完成。同时，对鉴定专家的资质提出明确要求：必须拥有高等教育学历和5年以上工作经历，没有任何刑事犯罪或罚款记录，需要接受相关专业培训，通过执业资格考试。目前，俄罗斯共有15000名左右的注册鉴定专家，为开展“反腐败鉴定”提供了人才支撑。

六、韩国

早在20世纪60年代，韩国就建立了以经济政策为评价对象的评估体系。经过长期的发展，尤其是受到20世纪90年代行政改革的影响，韩国的评估体系发生了巨大的变化。以2001年和2006年新旧两个《政府绩效评估框架法案》为重要标志，韩国形成了一个完整的、综合的政府绩效管理和政策评估体系。由于韩国的政策评估深嵌于此体系之中，对于政策评估的分析不可能独立于整个系统之外，因此在侧重政策评估的基础上介绍整个政府绩效和政策评估体系的规定和运行。

（一）政策评估体系的历史沿革

韩国政府绩效与政策评估体系的根源可以追溯至1961年设立的、旨在评估韩国五年经济发展计划中经济政策有效性的"政策和项目评估系统"（Policy and Program Assessment System，PPAS）。这一系统由国务总理计划与协调办公室（Prime Minister's Planning and Coordinating Office）直接领导。20世纪80年代，评估经济政策的职能被移交给经济计划委员会（Economic Planning Committee，EPC）。进入20世纪90年代，韩国的政府评估制度再次变革，根据评估对象的不同划分成了两个独立的体系：一是由经济计划委员会负责的对于经济发展政策的评估；二是由国务总理计划与协调办公室负责的对于行政机构制定的核心政策的评估。21世纪初，同样受到美国《政府绩效与结果法案》及"新公共管理运动"和"再造政府运动"的影响，韩国国会在2001年通过了旨在进一步提高政府效率、政策效果和责任性的《政府绩效评估框架法案》。2006年，为了进一步提高政府效率、整合复杂的绩效评估系统、减轻冗杂评估过程带来的负担，一个更加全面的，既包括绩效管理又涵盖绩效评估的全新《政府绩效评估框架法案》正式实施。这一法案迄今仍为韩国政府绩效与政策评估体系的主导性文件。

（二）政策评估体系的主要内容

2006年的《政府绩效评估框架法案》（以下简称《新法案》）建立了一个综合全面的政府绩效管理和政策评估体系。《新法案》详细罗列了政府绩效管理与政策评估体系的战略和执行方案，包括要求各部门制定结合职责与目标的年度和中长期计划。《新法案》之下还设立一个独立的评估负责机构——政府绩效评估委员会。与2001年法案的最大不同点是，《新法案》力图有效地将绩效与预算挂钩。在制定计划时，各被评估机构的负责人被要求将中长期的财政计划考虑在内，并将每个机构过去3年的财政绩效都展现在年度绩效管理和执行计划之中。执行计划以2年为期受到监督和检查。

《新法案》将绩效管理和评估的权力集中到政府绩效评估委员会。政府绩效评估委员会是一个新设立的、独立的、跨部门的评估机构，其主要职能就是监督和负责所有类型评估的实施。政府绩效评估委员会成员由政府官员和民间专家组成，最多不超过15名委员。其中，国务总理与一位民间专家为委员会的共同主席，剩余13名成员中有3名为中央政府各部的部长，其余10名全部为民间专家。政府绩效评估委员会之下还设立了政策分析与评估办公室及各机构成立的自评估委员会。

这一评估体系包括针对中央政府机构的自评估和特殊评估、公营企业和准政府组织的评估，以及地方政府的评估。针对中央政府机构，评估的类型包括自评估和特殊评估两种：自评估是中央政府机构对其自行设定的绩效责任目标进行的评估；特殊评估是对中央政府机构贯彻落实国家重要政策的情况进行的评估。针对公营企业和准政府组织，评估的重点是其领导力、管理效率及关键商业项目的绩效。针对地方政府，评估关注由中央政府授权的关键项目的绩效和执行情况。由于本书研究的重点是政策评估，所以下面主要详述针对韩国中央政府机构和地方政府的评估体系。

1. 针对中央政府机构的特殊评估

《新法案》要求每个中央政府机构都设立一个中长期战略绩效管理计划和年度绩效管理执行计划。中长期战略绩效管理计划至多不超过 3 年就要被重新修订，其关注的重点是政府及其附属机构能否达成规定的战略目标。年度绩效管理执行计划包括职责、战略目标、年度绩效目标、当年的绩效指标和过去 3 年的财政绩效结果等，其关注的重点是国家核心政策目标的贯彻落实情况。

年度绩效管理执行计划是中央政府机构特殊评估的重点。各中央政府行政机构根据政府绩效评估委员会每年 1 月下发的绩效指引，于 6 月展开中期评估、12 月展开年终评估，并向政府绩效评估委员会提交年度报告，经过政府绩效评估委员会和国务总理计划与协调办公室的审核，对其提出的修改意见进行完善处理。评估结果与中央政府机构的预算和组织人事调整直接挂钩，其增减由企划财政部根据评估情况决定。

在中央政府机构的特殊评估中，国务总理作为政府绩效评估委员会的共同主席，需要与各行政机构负责人共同讨论评估的结果，负责在政府绩效评估委员会审查和完善后向内阁提交最终报告，并将评估的结果通过媒体和网络向社会公布。

2. 中央政府机构开展的自评估

开展中央政府机构自评估旨在加强其开展独立绩效管理和评估的能力，其关注的焦点是政策过程、财政绩效和行政能力。自评估要求各机构自主识别并确定各自基于长期战略计划的绩效方案和目标，同时指导年度自评估的开展。

各中央行政机构的负责人是自评估的主要领导者，主导监督检查整个自评估过程，并拟定针对出现问题政策的修正计划，主动修正评估检查发现的错误。机构负责人还负责设立并管理开展自评估的小组和委员会。不过根据《新法案》的规定，2/3 以上的评估委员应当由来自民间各领域的专家担任。

结合各中央政府机构的战略目标，参与自评估的机构需要在每年 4 月底向委员会提交一份年度的自评估计划报告，并在每年 7 月上旬开展评估，在 8~11 月进行现场的实地评估考察。评估的结果在次年 3 月由自评估委员会向国务总理计划与协调办公室报告。国务总理计划与协调办公室在对报告进行客观性和可信性的审查后将报告提交至政府绩效评估委员会。《新法案》规定中央政府机构自评估结果与后一年的预算直接挂钩。

3. 针对地方政府的评估

针对地方政府的评估在名义上由政府绩效评估委员会领导，但在现实中由行政自治部负责并向政府绩效评估委员会汇报。行政自治部负责监督设立一个联合评估委员会，负责绩效指标的设置，并在首尔、釜山、大邱等8个都市，京畿道、江原道、忠清北道等9道共计17个一级行政区政府展开评估。评估的对象主要是中央向地方授权委托项目的执行落实情况。除此之外，地方政府也可以自行开展绩效评估。

（三）政策评估体系的新发展

2017年7月26日，《政府业务评估基本法》（法律第14839号）（以下简称《基本法》）施行。《基本法》明确政府工作评估的原则是“自主、独立、可靠、公正和公开”，提出要“构建综合性政府业务评价制度”。在绩效管理原则下，中央行政机构、地方自主团体等各被评估主体实施“成果管理战略计划”和“成果管理实施计划”。2018年3月，韩国颁布《政府业务评估基本法施行令》（总统令第28728号），对《基本法》中的事项做出进一步规范，主要包括政府工作评估委员会的运作、自评估委员会的组成和运营等内容。

（四）政策评估体系的主要特点

韩国的政策评估内嵌为政府绩效与政策评估体系的一部分，其着重点在于对政府部门的绩效评价。韩国的政府绩效与政策评估体系有如下四大特点：

第一，国务总理在政策评估中发挥着重要作用。作为政府首脑的国务总理在政府绩效和政策评估体系中处于关键的领导地位。国务总理是政府绩效评估委员会的共同主席，对评估的方法、标准、指标的确定有着重要影响。国务总理还负责综合绩效评估报告，向内阁汇报、向公众公开。

第二，具有强烈的自上而下推行的色彩。与韩国的政治体制和官僚体制相似，其政府绩效和政策评估体系具有鲜明的等级色彩。每个等级拥有不同的政府绩效和政策评估体系，在评估的主体、内容和方式上存在较大的差异。在评估开展的过程中，呈现出明显的自上而下推进的特征。

第三，制度化的公民和专家作用。作为政府绩效与政策评估主要管理部门的政府绩效评估委员会，其成员包括不超过15名政府官员和民间专家。其中，1名民间专家与国务总理为政府绩效评估委员会的共同主席，剩余13名成员中有3名为中央政府各部的部长，其余10名为民间专家委员。为了保证评估的有效性，政府绩效评估委员会之下还设立了政策分析与评估办公室，由大学、研究机构、非政府组织及政府官员组成的下属委员会，各机构成立的自评估委员会等。以自评估委员会为例，其成员为10~30人，由中央政府机构的负责人任命，其中超过2/3的委员必须为学术界、非营利部门或大众媒体的专家。地方政府评估中的联合评估委员同样应当由政府官员和民间专家共同组成。

第四，重视电子系统在评估中的运用。韩国政府要求在政府评估计划中包括设立、运行、改善、综合电子评估系统的信息。通过构建一个综合电子评估系统，实现评估过程、评估结果及信息回流的综合信息管理及评估机构之间的信息共享。这一系统与电子政府战略共同成为政府绩效管理与评估系统的一部分。2007 年，韩国政府上线了电子综合公共服务评估系统，成为管理所有绩效评估的中心平台。

七、英国

（一）政策评估的发展历程

尽管英国的政策评估机构国家审计署（National Audit Office，NAO）从 1983 年才开始设立，但英国中央政府的公共审计职能却历史悠久。

英国现存最早的对负责审计政府开支的公共官员的描述是 1314 年的国库审计员。16 世纪伊丽莎白一世设立预付款审计官，正式负责对国库支付款项行使国家审计权。这个制度后来逐渐消失，其职能被 1785 年《更好地检查和审计本国王公共账目法案》创立的公共账目审计委员会取代。从 1834 年起，公共账目审计委员会又与管理政府资金的官员一起工作。

议会在几个世纪以来都对征税与授权政府开支负有责任，而且整个国家还曾为此事发生过内战，然而议会对公共开支的控制与审核力量还非常薄弱。直到 19 世纪 60 年代，国会在掌控财政责任的路途中迈出了一大步。这场改革的领导人就是威廉·尤尔特·格莱斯顿（William Ewart Gladstone），他于 1859~1866 年担任财政大臣，并对公共财政与议会审计责任做出了重大改革：他在 1866 年批准的《国库与审计部法案》中要求所有部门建立年度经费账目；这项法案还设立了审计长的职位，并且要求财政和审计部应提供相关支持。审计长被授予两项职责：在议会投票的上限内，授权英格兰银行将公共款项拨付给政府使用；审计政府部门的账目，并据此向议会进行报告。英国从此开始真正进入议会负责审计的阶段。1866 年《国库与审计部法案》建立了对公共资金的循环问责机制：下议院授权开支→审计长控制资金流向→各部门记录账目并由审计长审计→审计长的调查结果由专职的议会委员会审查，即 Gladstone 于 1861 年建立的公共账目委员会（Public Accounts Committee，PAC）。

从 19 世纪 70 年代起，公共账目委员会从高级官员手中获取资料，这些高级官员通常是各部部长和被财政部指派在各部门的会计官员。刚开始，审计长与其下属职员被要求审查每一笔交易。然而，随着政府活动的扩展，特别在第一次世界大战期间，这样的审查变得越发不切实际。1921 年《财政与审计部法案》允许审计长在一定程度上依靠部门控制系统，从所有事务中只抽取一定比例进行审查。这项法案同样也要求审计长向议会报告各部门开支的情况。

从 20 世纪 60 年代开始，议员与专家们不断表达出这样的关心：公共审计的范围需要被“现代化”，以反映出政府角色在 20 世纪发生的重大变化。特别是有人提出审计长应有这样的自由裁量权：在向议会进行报告时由他自己确定各部门的支出。这些变化都在 1983 年《国家审计法案》中有所体现。这项法案最开始只是一位私人成员的议案，但得到了所有党派的支持。这项法案规定，审计长正式成为下议院的成员；审计长在向议会报告时，可以根据自己的意愿行使表达权利，对政府部门使用公共资金的经济、效率与效果进行评价；设立国家审计署支持审计长的工作，以代替从前的财政与审计部；建立公共会计协会，以监督国家审计署的工作。公共会计协会对国家审计署的年度资金设置负责，任命国家审计署的外部审计官员，并做出报告。

20 世纪末 21 世纪初，人们再次要求立法反映政府结构的新变化。2000 年的改革解决了审计长对非部门政府实体所发挥的作用，以及国家审计署的治理安排。根据 2000 年《政府资源与账户法案》的规定，部门账户“以资源为基础”的会计与预算被引进使用，而以前的账户是以现金为基础的。该法案也对整个公共部门的审计与账户整合进行了规定。

2001 年，沙尔曼勋爵对中央政府的审计与会计进行了评估，并予以出版。为了回应这份报告，政府接受了这项原则，即审计长应该审计所有非部门公共机构。此后一旦有新的机构得以建立，就要被审计。在 2006 年《公司法案》中，公司化运营的公共机构也要受到审计长的监督。2007 年，公共会计协会启动了对国家审计署的评估。作为评估的结果，该协会提出一系列建议，这些建议都被整合进《预算责任与国家审计法案》中。该法案将国家审计署改革为公司制，由董事会领导。该董事会包括 4 名行政人员与 5 名非行政人员。该董事会负责确立国家审计署的战略方向，并支持审计长的工作，而审计长在法定职责与审计判断内保持其独立性。另外，审计长在下议院是作为一位拥有 10 年固定任期的独立官员，而非无限期连任。

1983 年《英格兰审计委员会法案》明确了设立审计委员会的决定，以监督和审计地方政府和其他地方公共机构，包括警察、卫生和住房等部门。2010 年 8 月，英格兰地方政府宣布了其废除审计委员会的意愿；2011 年 3 月，英格兰地方政府又宣称对任何改变的执行都将取决于立法机关的决定。在威尔士，审计办公室由审计长领导，并对威尔士议会政府、国民健康保障系统进行监督，指派审计人员进行财务审计和支出效率检查；审计长向威尔士议会报告。在苏格兰，审计长监督苏格兰地方政府与其他机构，包括苏格兰的国民健康保障系统；苏格兰账目委员会则监督对地方政府的审计；两者都由苏格兰审计署支持。自 1921 年北爱尔兰政府建立起，就开始存在独立的审计长。审计长领导北爱尔兰的审计办公室，对北爱尔兰的各级政府进行审计，并向北爱尔兰议会报告。

（二）政策评估的机构

英国国家审计署代表议会监督公共开支。它有两大目标：一是通过将审计结果报告给议会，使政府部门对其支出方式负责，从而维护纳税人的利益；二是帮助公共服务管理者提升他们的绩效和提供服务的水平。

审计和监督的权力被赋予国家审计署的领导人，即审计长（Comptroller and Auditor

General）；国家审计署的人员执行审计长分配的任务。审计长和其在国家审计署的下属（860 名左右）完全独立于政府，他们不是公务员，不用向任何部门报告。审计长及其下属认为只有保证自己有对事物进行客观评估、对政府进行独立评价的能力时，工作才能富有成效，而且他们不能因此就扮演政府采取特定决策时的顾问。国家审计署的工作包括：告知政府，鼓励政府做更多的准备工作以保证它的决策信息更加可靠、全面和具有可比性；财务管理和报告，提高活动管理水平，并鼓励各部门充分有效地利用好财政资源；降低程序成本，鼓励各部门更好地理解行政程序的要素和成本。

在英国，对国家审计署本身也专门设有监督机构。1983 年《国家审计法案》建立了公共会计协会来监督国家审计署。它的职能包括：检查由审计长提交的国家审计署预算报告，而这份预算报告也包括在国家审计署的总体战略之中；任命国家审计署的外部审计人员，并认真审核他们的报告；出版关于国家审计署总体治理安排的报告。

国家审计署并不审计地方政府开支，这一部分工作主要由审计委员会完成。事实上，审计委员会主要负责对英格兰地方政府与英格兰国民健康保障系统进行审计。审计委员会安排审计人员到地方公共机关监督他们的工作。这些审计人员要么来自审计委员会，要么来自私人审计公司。英格兰政府于 2002 年出台《综合绩效评估》，以测量地方机构提供公共服务的效果。2009 年，《综合绩效评估》被《综合领域评估》代替，规定每年需要有 6 家独立检查机构（审计委员会、教育标准局、医疗质量委员会、皇家警察检查员、皇家监狱检查员、皇家缓刑检查员）对英格兰地方公共服务联合进行评估。2010 年，英格兰地方政府宣布废除审计委员会，未来对地方开支的审计工作将由议会立法决定。

另外三个地方性的审计机构是苏格兰审计署（Audit Scotland）、威尔士审计署（Wales Audit Office）、北爱尔兰审计署（Northern Ireland Audit Office）。

苏格兰审计署对 200 多个组织进行审计，其中包括：72 个中央机关（苏格兰地方政府和其他机构），23 个英国国民健康保险机构，32 个委员会，45 个联合董事会和委员会（包括警察和火警及其他救援机构），38 个进修大学、苏格兰水务局。苏格兰审计署检查这些组织是否以最高的标准管理其财政收支，是否使公共资源价值最大化。审计署指导工作的三大原则为：审计人员独立于被他们审计的组织、向公众报告、检查工作不限于财务报表。苏格兰审计署的审计政策被称为“最佳价值审计”。总之，审计署支持对公共机构进行合理、公平和公开的监督，从而使公共财政效用最大化。苏格兰审计署还每年出版审计年报和公共报告，前者是将相关具体报告直接提交给其审计的机构、审计长和审计委员会，后者是将涉及公共利益的情况进行汇总并形成报告，提交给苏格兰议会和审计委员会。

威尔士审计署是威尔士公共服务的“把关人”。它的任务是推动提高政府绩效，从而让威尔士人民从负责任的、管理良好的公共服务中获益。审计长独立于政府并领导威尔士审计署，下属250人左右，它的人员包括财政审计员（检查公共机构的账目）、绩效审计员（检查公共服务是如何被提供的）和内勤人员（如人力资源管理、信息技术和沟通人员等）。威尔士的公共服务评估政策为《威尔士提升项目》，于2002年引进，要求每年测量公共部门的战略效力，服务质量、可用性、公平性、可持续性，效率，创新等方面的绩效。

北爱尔兰审计署由审计长负责，批准中央政府转移给北爱尔兰各部门的财权，并对中央政府各部门的支出进行审计，审计对象包括北爱尔兰各部门、行政机构、非部门化行政组织、健康和社会福利组织。

八、南非

南非在21世纪初开展公共政策评估工作，虽然起步时间不长，但公共政策评估工作比较规范。

南非重视制度建设，出台了《政府监督与评估制度的政策框架》（2005年）和《国家政策评估框架》（2011年），在内阁里边，成立了绩效监督与评估部，专门负责政策评估工作。

2005年，南非政府出台《政府监督与评估系统的政策框架》，这成为南非政府监控和评估的主要政策框架。这一框架之下还包含了财政部的“项目绩效管理框架”和统计局的“统计质量框架”等。同样受到“新公共管理运动”和“再造政府运动”的影响，《政府监督与评估系统的政策框架》（以下简称《监督评估框架》）将公共部门的工作视为投入和产出的过程，将民众视为客户，强调通过评估改善公共部门绩效，以提升服务交付的效率。《监督评估框架》还明确了监督和评估的区别：监督包括收集、分析、报告有关投入、活动、产出、结果和影响及外部因素的数据，其目的是向管理人员、决策者和其他利益相关者定期提供关于执行进展和成果的反馈，为高效管理提供支撑；评估是一项有时限和周期性的工作，其目的是提供可信的和有用的信息来回答具体问题，从而指导工作人员、管理人员和决策者做出决策。

2011年，南非政府进一步出台了《国家评估政策框架》，其是作为监督评估框架的一个重要组成部分而存在的，其余两个部分是方案执行信息（Program Performance Information）及社会、经济和人口统计（Social，Economic and Demographic Statistics）。

《国家评估政策框架》指出，政策评估是“对公共政策、方案、项目、职能和组织的材料进行系统性收集和客观分析，评定关联性、绩效、资金、影响力和可持续性，并指明前进的道路”。

政策评估的原则包括以发展为导向、道德诚信、以应用为导向、采取稳健的方法、改善政府透明度和问责制、以包容性和参与性方式进行、必须能够学到知识共7项。从政策评估的原则上看，《国家评估政策框架》强调政策评估的可信性和有效性。为保证政策评估的可信性和有效性，《国家评估政策框架》注重外部评估人员和内部团队的合作，从现行计划和设计阶段做好确定职权范围、选择参与机构、确保数据质量等准备工作，在实施阶段强调利用同行评审和检验过程来加强评估的可信度，并要求管理层根据评估的建议制定改进计划。

在评估的主体方面，为了确保《国家评估政策框架》的实施，南非政府设立了绩效监测与评估司（Department of Performance Monitoring and Evaluation），负责更新、维护和保障《国家评估政策框架》的高质量运行，保证在资源稀缺的情况下继续提高政府的评估技能。绩效监测与评估司的具体任务包括参与国家评估计划中的评估工作、主导成立国家评估小组、制定和应用一套标准、通过标准化程序和实践说明提供指导并对评估进行总体的“元评估”等。除此之外，南非政府还设立一个评估技术工作组以助力在全国范围内推进评估工作。

南非政府评估的重点主要针对政策的相关性、效率、效果、效用、可持续性等方面。典型的评估问题可能包括政策是否有明确的目标和变革理论、政策在实施中是否高效、政策对象的生活是否因政策而发生了变化、政策是否“物有所值”等。

评估规划从评估的对象（内容）、评估的用户、评估的目的、评估的方式和方法等方面规定了评估的类型，包括“诊断性评估”“设计性评估”“实施评估”“影响评估”“经济评估”和“综合评估”。评估的主要内容：①针对大型或战略性的计划、重点项目应当至少每5年评估一次，评估的重点集中在卫生、犯罪、就业、农村发展和教育等领域；②由内阁和省行政委员会制定和批准3年一期的评估计划；③评估计划结果中除涉密部分外必须公布在绩效监测与评估司和公共部门的网站之上；④各部门必须根据评估的结果和建议及时改进，并对改进的情况进行检测；⑤由各部门负责评估过程，绩效监测与评估司和总理办公室为评估提供技术支持和质量监控；⑥公共行政领导与管理学会、大学和私营部门为评估提供培训课程，提高评估人员的评估能力；⑦绩效监测与评估司负责就政策框架的详细执行情况编写一系列指导方针和说明，详细阐述该制度的情况，并为评估制定质量标准。评估的结果主要用来改善政策、改进计划和项目、加强问责制、产生知识、改善决策等。

南非的《国家评估政策框架》是《政府监督与评估系统的政策框架》的一个重要组成部分，是监督与评估系统在政策评估领域的具体体现。政策评估制度化是南非《国家评估政策框架》的重要特色。《国家评估政策框架》从三个方面确保评估的制度化：一是保证所有方案都进行评估预算，并要求制定为期3年的实施计划；二是要求组织内部设立专门人员负责评估工作；三是保证评估的结果对决策过程产生影响，用于指导决策。《国家评估政策框架》从设计、实施、同行评审和验证过程、建议及回应、沟通结果等方面确定评估的过程，保障了评估的制度化和规范化。

第三节　国外开展政策评估的主要经验与做法

国外开展政策评估的时间较长、专业性较强，积累了一些好的经验和做法，值得我国学习和借鉴。

一、确立公共政策评估的法律地位

政策评估比较规范的国家，大多制定和出台了相关的法律规章和制度，尽管立法机关和制定部门不同，效力也各异，但这些法规和制度都对政策评估的主体、内容、标准、方式和程序等进行了规定，从法律上确立了公共政策评估的地位。

明确政策评估的法律地位，以法律的形式对政策评估的目的和原则、被评估的主体、评估的方式和分类、评估的过程、评估报告的制作和汇报等做出明确的规定，使政策评估工作的开展有法可依，对于政策评估的制度化和规范化具有标志性意义。例如，美国《政策规定绩效分析》（2003 年）、《政府绩效与结果现代化法案》（2011 年），日本《政府政策评估法案》（2001 年）、《执行政府公共政策评估法案内阁命令》（2001 年）、《执行政府公共政策评估法案的条例》（2007 年）、《实施公共政策评估的基本指南》（2007 年）、《政策评估的信息公开指南》（2010 年），韩国《政府绩效评估框架法案》（2001 年），南非《政府监督与评估制度的政策框架》（2005 年）、《国家政策评估框架》（2011 年）。

通过立法确立政策评估的重要地位，树立政策评估机构的权威，对其权限做出明晰的规定。除此之外，还要对政策评估的中立性、客观性与公开性做出严格要求。政策评估结果要向立法机关做出报告。在评估范围内，不仅包括有财政支出的政策，还包括没有财政支出的政策，如规制性政策。评估指标既包括经济方面的指标，也包括社会、文化、生态等方面的指标。政府制定新的行政法规要以立法为依据，并随着时代的变化（尤其是科学技术的变化）而不断更新。

二、加强公共政策评估制度建设

国外政策评估制度建设体现了循序渐进的特点，首先应用于政府投资的工程建设项目，然后纳入科教文卫、城市建设等综合项目，最后是法律和政策；先在部分领域使用，然后推广到全部领域，并提高到法律层次；先注重制定政策时的事前评估，然后关注执行过程评估和效果评估。日本政府在 21 世纪初出台了《政府政策评估法案》，其主要包括以下四个方面的内容：一是明确政策评估的目的，确立政策评估的原则，界定政策评估对象的范围；二是规定政策评估采用的操作方法；三是明确开展政策评估的工作纪律；四是配套确立调查专员机制与信息使用机制等。韩国在 2001 年通过了

《政府绩效评估框架法案》，对于政策评估的原则、主体、类型、程序等做了详细规定。同时，该法案还致力于降低政策评估的行政成本。澳大利亚政府很重视政策评估的标准化流程建设，其重点包括：一是由政府发布评估通告，组建评估小组，制定评估总体框架；二是由评估小组根据评估框架设计评估指标体系，并明确指标选取标准；三是通过评估小组与国家或州政府统计部门、智库进行联系，收集有效政策数据；四是开展数据统计分析和数据核验工作；五是将核验有效的数据导入政策评估框架进行量化分析，并得出初步评估结论；六是撰写、审议、提交和发布政策评估报告，使公众了解政策成效和行政资源投入产出等情况。澳大利亚政府还规定，一项具体政策出台前，各类评估机构均可独立或联合开展评估竞标工作，政府定向委托特定机构实施政策评估的情况较少。评估成果一经采纳便可大幅度提高评估机构的政府认可度和在领域的公信力。近年来，澳大利亚的一些公益性社会组织、基金会等机构也开始积极参与特定领域的政策评估工作。日本政府要求各领域行政部门根据政策评估结果修订本领域政策实施方案，国会将评估结果所反映的部门行政绩效反映到下一年度的部门预算申请中。对于评估结果认定需完善的政策内容，提供专项预算予以支持。同时，实行评估结果公开制度，将评估结果和评估人员资质在政府网站上进行公示，听取和收集公众对于评估结果的意见和建议。

增强公共政策评估的公信力。瑞典政府在重大领域性政策制定前，召开专门的政策评估会议，参加政策评估会议的各主体由政府、政党、社会组织、公众等相应政策涉及的利益相关者代表组成。瑞典是最早建立国家级卫生技术政策评估的国家，瑞典卫生技术评估委员会的成员由来自国家政策分析署、卫生和社会事务部、医学研究和培训机构的近 20 名专家组成。南非政府在 2005 年制定的《政府监督与评估系统的政策框架》中规定，执行政策评估的机构包括绩效监测与评估司、财政部、审计办公室等。其中，绩效监测与评估司负责统筹协调评估工作；财政部负责评估经费预算和管理；公共服务与行政部负责落实评估中的各项行政支持；审计办公室作为独立性机构，确保各类资料信息在绩效评估过程中的准确性与可靠性。

三、加强公共政策评估机构和人才队伍建设

独立的政策评估机构既是保证评估结论客观、公正的前提，也是政策评估体系趋于成熟的重要标志之一。在许多发达国家，政策评估的组织化和专业化已成为一种主要发展趋势。国外从中央到地方，政府各个部门都有专门的评估机构，建立了各自的评估专家队伍，而且由大学、研究机构和社会中介机构进行评估研究，并作为第三方承担政府委托的评估工作。独立的评估机构，如法国的全国评估委员会、大区评估委员会，韩国的政策分析和评估委员会，南非的绩效监督与评估部。审计、监察、预算、国会等综合部门负责政策评估，如美国政府审计办公室、监察长办公室、政府管理预算局，日本总务省，法国国会、审计法院，英国国家审计署，加拿大审计长办公室，

南非财政部、公共服务与行政部。智库参与政策评估，如美国布鲁金斯学会、传统基金会。

各国都注意加大对政策评估专业人才的培养，发挥外部专家、专业咨询机构和技术支持部门在评估中的作用。法国政府重视培养高层次专业化的政策评估人才，重点措施包括：设立政策评估师培训学校；实施政策评估师职业资格认定制度，从业者需要经过专门的培训和考核才能获得政策评估师资格；制定法律以规范政策评估人员的行为，使之对其评估结论承担法律责任等。这些措施扩大了政策评估人才队伍的总体规模，提高了政策评估人员的职业素养与专业化水平。澳大利亚政府重视扩大高水平政策评估人员的组成范围，除吸收行政人员和政府内部研究人员外，还积极吸收如格拉坦研究所、罗伊研究所、澳大利亚生产力委员会等社会性智库机构的人员，以及墨尔本大学、悉尼大学、新南威尔士大学等高校的资深学者，充分发挥政府研究人员、智库专家和专业理论人士在政策评估中的作用，并在此基础上，通过开展丰富的领域性评估实践来培养优秀的政策评估专家。

四、扩大公众参与，提高政策评估透明度

各国注重建立政策评估信息系统，完善政府信息公开制度。在评估过程中，注重扩大公众参与面。这样不仅可以保证评估的客观公正，提高评估的质量，也有利于真正实现政策制定过程和执行过程的责、权、利相统一。根据不同情况，把可以公开的政策评估信息向公众发布，接受公众监督和评议。

为消除政策评估过程中普遍存在的利益相关方信息不对称的情况，不少国家都在提高评估工作的透明度方面做出了有益尝试。首先，建立功能较为完善的信息系统与及时的信息采集分析程序，用以满足公共政策评估的信息处理需求；其次，建立相应的信息公开机制，及时将评估工作的阶段性议题与进展情况通过特定、规范的渠道向社会进行公布；最后，健全政策评估的问询制度，社会组织和公众有权依法问询法规体系中不涉及保密的所有信息，而被问询的机构和成员则需根据规定做出回应，同时对于所回应信息的真实性和完整性负责。这些措施有助于评估工作在社会与公众的监督之下提升自身的公信力和规范性。

五、发挥财政和审计监督的作用

加强财政部门与审计部门的综合能力，通过财政部与审计部的协力合作对各部门、各机构进行监督评估。尽管有的国家设有专门的评估机构，或者由各职能部门自身开展评估，但财政部与审计部都在这个过程中发挥着重要作用。许多政策的执行需要财政部门的资金投入和审计部门的监督，各职能部门的评估指标、评估项目往往都在财政部门的指导下进行。

六、采用科学的评估理论方法保证政策评估的准确性和科学性

各国结合自己的国情和实际，加强评估理论和方法体系建设，拥有先进、实用的评估方法与制度设计，如内部评估与外部评估相结合、定量分析与定性分析相结合、专家评估与民众参与相结合、事前评估与事中事后评估相结合等，不断提高政策评估的针对性、有效性。

七、智库成为公共政策评估的重要力量

智库是公共政策研究与评估的一支核心力量。由于它的专业性、相对独立性，智库在公共政策评估方面发挥了重要作用。智库既可以是依附性机构，又可以是独立性机构，是常设机构而非临时性机构。这些机构通常会在学术界与政策制定者之间、政府与公民社会之间发挥桥梁的作用，通过将应用性与基本性研究转译为政策制定者与公众能够理解的形式，从而作为独立的力量服务于公共利益。智库通常可以分为官方智库、民间智库与大学智库。

八、注重公共政策评估结果的使用

评估人员在评估时要保证自身的专业性、中立性，但在评估结果的使用上则需要考虑到政治现实。通过加强决策人员与评估人员的互动等方式让评估结果更具有政治上的可行性和价值上的可接受性。美国和日本在政策及计划项目实施期间，需要进行多次评估，在每项评估完成后均进入反馈阶段，将结果及时提供给管理者，管理者根据评估结果调整政策和计划项目。评估结果的应用还体现在对政府预算编制所产生的影响方面，评估是形成预算的基础。政策及计划项目结束后的评估结果则在下一阶段制定政策或预算时得到充分应用。

复习思考题：

1. 简要论述主要国际组织开展政策评估的情况。
2. 简要论述主要国家开展公共政策评估情况。
3. 简要论述国外开展政策评估的主要经验与做法。

第八章　公共政策评估在中国

本章要点：

在中国，建设项目可行性研究、项目评估、政府绩效评估都与公共政策评估密切相关，这些促进了公共政策评估在中国的兴起和发展。

在新时代，以习近平同志为核心的党中央高度重视科学决策、民主决策，高度重视公共政策评估工作，逐步将公共政策评估纳入机制化轨道，在制定重大政策、改革方案和重大政策落实督查过程中，重视发挥公共政策评估的作用。

中国的公共政策评估工作取得重要进展，呈现出许多新的特点。同时，公共政策评估在理论、方法、制度化与体制机制等方面，取得一些进展。

全面建设社会主义现代化强国，以中国式现代化全面推进中华民族伟大复兴，需要大力推进国家治理体系和治理能力现代化，需要加快构建中国特色公共政策评估体系。

第一节　公共政策评估工作在中国的发展

在我国，建设项目可行性研究、项目评估、政府绩效评估都与公共政策评估密切相关，这些促进了公共政策评估在中国的兴起和发展。

一、可行性研究与项目评估

从中华人民共和国成立初期开始，我国在一些重大工程建设领域开始进行可行性研究，对建设项目的必要性、可行性及成本收益进行论证；在项目建成之后，开展后评价工作。尤其是一些国家重点建设项目、国际金融组织贷款项目、国家银行贷款项目较早开展项目后评价，后来逐步探索开展一批项目的综合评价，从微观层面逐步延伸到中观、宏观层面。

我国在20世纪50年代前期建设“156项工程”时，积累了一些技术与经济相结合的经验。“二五”时期（1958~1962年）的“大跃进”，留下了深刻的教训。时任中央科学领导小组成员的于光远提出，技术发展及政策制定要讲经济效果。

可行性研究作为促进科学决策的一种专业工具方法，随着我国 1978 年开始改革开放，在世界银行、联合国工业发展组织等国际组织的推动下，于20 世纪 80 年代传入我国。

1983 年，原国家计划委员会颁布《关于建设项目进行可行性研究的试行管理办法》，正式将可行性研究纳入建设项目决策程序。

1991 年 12 月，原国家计划委员会发布《关于报批项目设计任务书统称为报批可行性研究报告的通知》，推动了可行性研究方法工具的引入及借鉴应用。可行性研究报告的编制及其评估制度的建立与实施，不仅使我国在投资建设领域迈上了决策民主化、科学化的道路，也使工程技术经济研究进入服务于国家投资决策咨询的新阶段。1993 年，原国家计划委员会和原国家建设部组织专家对《建设项目经济评价方法与参数》进行了补充和修订，颁发了《建设项目经济评价方法与参数》(第二版)。

2002 年，原国家发展计划委员会发布《投资项目可行性研究指南（试用版）》，用以规范可行性研究工作的内容和方法，指导可行性研究报告的编制。2006 年，国家发展改革委和原国家建设部颁发了《建设项目经济评价方法与参数》(第三版)，增加了对地区、区域经济和宏观经济影响进行分析的内容，界定了对区域经济和宏观经济影响进行分析的有关概念。

党的十八大以来，我国立足新发展阶段、贯彻新发展理念、构建新发展格局，以高质量投资推动经济社会高质量发展，对投资项目可行性研究提出一系列新要求。2016 年 7 月，《中共中央　国务院关于深化投融资体制改革的意见》提出，要在咨询机构评估、公众参与、专家评议、风险评价等科学论证的基础上，严格审批项目建议书、可行性研究报告、初步设计。2018 年 12 月 5 日，国务院审议通过的《政府投资条例》从行政法规层面要求政府投资项目必须编制项目建议书、可行性研究报告、初步设计，其中可行性研究报告需要分析项目技术经济可行性、社会效益以及资本金等主要建设条件的落实情况，要求在政府投资项目的前期论证中，提出切实可行的政府投融资模式，论证项目实施对当地经济社会和公共财政等的影响，从项目选址、工程技术方案、征地拆迁、移民安置、环境保护、资源综合利用、投融资和组织管理等角度研究政府投资项目方案的可行性，并根据工程项目的特点研究政府投资项目的风险防范机制，体现了将新理念、新方法引入我国投资项目可行性研究理论方法体系中的必要性和紧迫性。

同时，重大建设项目（如长江三峡水利枢纽工程、京沪高铁等）普遍开展了后评估工作。20 世纪 90 年代末，原国家计划委员会对“八五”期间建成投产的 400 多个大中型工程项目进行了评估。

二、政府绩效评估

改革开放以后，我国开启了政府绩效评估的学术研究和实际评估工作。1992 年以后，政府绩效评估工作有了迅速发展，许多评估机构在此期间如雨后春笋般涌现。

目标责任制始于20世纪80年代，其最初的主要表现形式是“目标管理”。随着行政管理体制的改革与完善，目标管理的思路和原则逐渐得到扩展，发展到面向行政首长的目标责任制。组织绩效评估作为目标责任制的一个关键环节，随着目标责任制的广泛实施而应用到各个政府层级和政府部门以及政府工作的诸多领域。

20世纪90年代，我国开展了效能监察工作。作为一种综合性的管理机制，效能建设的领域十分广阔，内容包括：第一，各单位各部门根据各自的工作职责加强制度建设，以岗位责任制来明确工作职责，以服务承诺制来规范管理和服务要求，以公示制来推行政务公开，以评议制来强化民主监督，以失职追究制来严肃工作纪律。第二，强化内部管理规范，严格依法行政，同时优化管理要素，简化工作程序，提高办事效率。第三，牢固树立服务意识，努力提高服务水平。第四，强化监督机制，严肃行政纪律。第五，科学规范考评，并将考评结果与奖惩相结合。

1994年6月，山东烟台市率先在烟台市建委系统实施社会服务承诺制，后来在全国推广。其内容包括：公开办事内容、办事标准和办事程序，确定办事时限，设立监督机构和举报电话，明确赔偿标准，未实现承诺的责任单位和责任人要按规定给当事人以赔偿。这是一种具有契约性质的服务机构，服务标准的具体化和公开化为老百姓的评价和判断提供了明确的依据，便利的投诉渠道、明确的投诉受理机构和处理投诉的程序为老百姓提供了比较完善的监督机制。

这一时期，一些地方相继开展的以“让人民评判，让人民满意”为导向的万人评议政府（机关）活动，成为公民评价地方政府绩效的一种创新形式。

2004年12月18日，第一家由民间发起的地方政府绩效评估机构在兰州大学成立，从而开创了由第三方学术性中介机构评估政府部门的新局面。这项被外界称作“兰州试验”的第三方政府绩效评估在全国属首例，标志着我国在公共政策评估方面的初步探索。比较典型的如零点研究咨询集团，其作为独立的民意研究机构介入公共政策及政府表现的评估研究已有很多年，其包括八大领域的尝试，即投资环境评估、政府服务满意评估、公共安全感调查、公共生活满意度调查、公共项目和公共政策选择研究、行政首长表现研究、社会管理与公共服务效果评估、政府部门公关形象研究。一些省市也开始邀请学术机构、咨询机构等开展对政府绩效的评估工作。如杭州市政府邀请高校学术机构组建课题组，作为政府和群众之外的“第三方”，对政府举办首届世界休闲博览会的工作进行整体评估，从专业角度提出批评意见，用以指导以后的工作。

2006年，上海市人民代表大会常务委员会完成了对实施三年多的《上海市历史文化风貌区和优秀历史建筑保护条例》的绩效评估。山东、北京、甘肃、云南、福建、浙江、海南、四川等省市人大，也都陆续开展了地方性法规立法后评估。河北省还推出政府立法后评估制度，并明确“对不解决实际问题、得不到人民群众拥护的政府规章和规范性文件，要进行修改或废止”。2006年4月，武汉市政府宣布邀请全球著名的管理咨询机构麦肯锡公司为第三方机构对政府绩效进行评估。2006年11月，厦门市思明区政府引入专业的第三方机构福州博智市场研究有限公司进行群众满意度评估。

三、公共政策评估工作的兴起

20世纪70年代末80年代初，我国实施改革开放战略，重视科学决策，政策科学或政策分析传入我国。特别是，1986年7月31日，万里同志在全国软科学研究工作座谈会上发表了“决策民主化和科学化是政治体制改革的一个重要课题”的讲话，引发国内外强烈反响，开启了我国政策科学构建与发展的进程。

自20世纪80年代起，我国结合实际，在具体领域或特定方向，探索开展重大政策评估工作。由于政策评估开展比较零散，各部门在评估方面公开的数据、报告不多，现有研究围绕科技、价格、社保、就业、环境等领域政策评估实践作了一些梳理和介绍，但未提出明确的阶段划分。

这一时期，一些政府部门已经有了政策评估的意识，开始自行或者委托其他机构进行公共政策评估；一些社会机构、咨询公司、研究院所和专家学者自发地对政策评估进行研究，同时也出现了半独立的民间社会调查机构，如中国社会调查所等。通过查找公开文献资料、法律法规、部门规章和规范性文件，最早开展政策评估的是教育领域，1985年原国家教育委员会颁布了《关于开展高等工程教育评估研究和试点工作的通知》，一些省市开始启动高校办学水平、专业、课程的评估试点工作。1990年原国家教育委员会颁布了《普通高等学校教育评估暂行规定》，进一步明确高等教育评估性质、目标、任务、程序等，后续还在《中华人民共和国职业教育法》《中华人民共和国高等教育法》《中华人民共和国民办教育促进法》中提出评估要求，教育评估最早走向规范化。这一时期，政策评估方式有专家论证、听证会、万人评议等。如1998年实行的《中华人民共和国价格法》，明确要求对关系群众切身利益领域的政府指导价、政府定价建立听证会制度，将其作为一个独立的环节与程序。

除了教育领域之外，在公共卫生、就业、科技等领域，相关职能部门也有零星开展政策评估的实践，如原劳动和社会保障部于1999年对100个试点城市劳动力市场科学化、规范化、现代化建设情况开展评估；原卫生部于2000年对降低孕产妇死亡率和消除新生儿破伤风项目实施情况开展评估。科技部、原卫生部等相关部门也成立了内部机构开展评估工作。整体上看，这一阶段政策评估的实践是部门自选动作，国家层面并没有制度性安排。

随着依法行政的不断推进，对重大决策和政策的评估逐步成为法定事项。2003年施行的《中华人民共和国环境影响评价法》是首个对评估评价工作的单独立法。2003年，国家发展改革委提交了《“十五”计划实施情况的中期评估报告》，这是发展规划领域的第一次正式评估。2004年3月国务院印发《全面推进依法行政实施纲要》，对政策制定和实施机关开展政策评估，对通过评估考核推行行政执法责任制作出明确规定。环境、价格、土地、产业、就业政策成为率先进行系统评估的重点。2004 年 9 月，党的十六届四中全会通过的《中共中央关于加强党的执政能力建设的决定》中，提出“完善重大决策的规则和程序，通过多种渠道和形式广泛集中民智，使决策真正建立在科学、民主的基础之上。对涉及经济社会发展全局的重大事项，要广泛征询意见，充分进行协商和协调；对专业性、技术性较强的重大事项，要认真进行专家论证、技术咨询、决策评估；对同群众利益密切相关的重大事项，要实行公示、听证等制度，扩大人民群众的参与度”。这一时期，一些部委也委托第三方进行政策评估。例如，科技部委托有关部门对中小企业创新基金、火炬计划、《国家中长期科学和技术发展规划纲要》实施情况进行评估；国家知识产权局委托有关部门对《国家知识产权战略纲要》实施情况进行评估。

四、新时代的公共政策评估工作

进入新时代，以习近平同志为核心的党中央高度重视科学决策、民主决策，高度重视公共政策评估工作，逐步将公共政策评估纳入机制化轨道，在制定重大政策、改革方案和重大政策落实督查过程中，重视发挥公共政策评估的作用。

2013 年 3 月，《国务院工作规则》提出：行政法规和部门规章实施后要进行后评估，发现问题，及时完善。在重大决策执行过程中，要跟踪决策的实施情况，了解利益相关方和社会公众对决策实施的意见和建议，全面评估决策执行效果。

2015 年 1 月 20 日，中共中央办公厅、国务院办公厅印发的《关于加强中国特色新型智库建设的意见》提出：建立健全政策评估制度。除涉密及法律法规另有规定外，重大改革方案、重大政策措施、重大工程项目等决策事项出台前，要进行可行性论证和社会稳定、环境、经济等方面的风险评估，重视对不同智库评估报告的综合分析比较。加强对政策执行情况、实施效果和社会影响的评估，建立有关部门对智库评估意见的反馈、公开、运用等制度，健全决策纠错改正机制。探索政府内部评估与智库第三方评估相结合的政策评估模式，增强评估结果的客观性和科学性。

2017 年，国务院修订《规章制定程序条例》，对评估的论证、组织和成果运用作出了明确规定。2019 年 9 月实施的《重大行政决策程序暂行条例》，进一步对重大行政决策的启动、公众参与、专家论证、风险评估、合法性审查、集体讨论决定、决策执行和调整等环节作出详细规定，提出决策机关应当对执行情况进行督促检查，开展决策后评估，评估结果作为调整重大行政决策的重要依据。2019 年 10 月 31 日，《中共中央关于坚持和完善中国特色社会主义制度　推进国家治理体系和治理能力现代化若干重大问题的决定》提出“健全决策机制，加强重大决策的调查研究、科学论证、风险评估，强化决策执行、评估、监督”。2020 年 7 月 15 日，国务院办公厅《关于进一步优化营商环境更好服务市场主体的实施意见》提出“建立健全政策评估制度。研究制定建立健全政策评估制度的指导意见，以政策效果评估为重点，建立对重大政策开展事前、事后评估的长效机制，推进政策评估工作制度化、规范化，使政策更加科学精准、务实管用”。2020 年 10 月 29 日，《中共中央关于制定国民经济和社会发展第十四个五年规划和二〇三五年远景目标的建议》提出“健全重大政策事前评估和事后评价制度”。

在中央层面，一些重大政策、重大改革方案和重大举措在出台前委托第三方进行评估；对有关重大决策部署、重大政策和重大政策措施落实情况进行督查过程中，引入第三方评估机制。同时，一些地方和部门也开展了公共政策评估工作，有的还出台了开展公共政策评估的指导性文件。

近年来，以国务院发展研究中心、中国社会科学院、中国科学院、中共中央党校（国家行政学院）等为代表的官方智库，按照党中央、国务院的安排，承担了许多公共政策评估工作，包括重大改革方案和重大政策实施效果的评估。在这个过程中，公共政策评估积累了一些经验，取得了一些成绩，得到了社会的广泛认可和好评。例如：

2013 年 9 月，国务院委托全国工商联对鼓励民间投资“新 36 条”的落实情况进行评估。2014 年 3 月，为了落实党的十八届三中全会决定中关于全面深化改革的重大部署，确保各项改革方案的科学性和客观性，中央深改办引入公共政策评估机制，要求对各职能部门牵头形成的改革方案开展论证和评估。

2014 年 5 月 30 日，作为督查手段，国务院委托四家单位对已经出台的政策措施落实情况开展公共政策评估，具体分工是：国务院发展研究中心：实施精准扶贫，加快棚户区改造，加大安居工程建设力度；国家行政学院：取消和下放行政审批事项、激发企业和市场活力；全国工商联：落实企业投资自主权，向非国有资本推出一批投资项目的政策措施；中国科学院：重大水利工程及农村饮水安全政策措施。

2014 年 9 月，中美投资协定谈判领导小组决定引入谈判方案的公共政策评估机制，国务院发展研究中心承担了这一重大任务，先后开展了三轮方案评估，并提出负面清单建议方案。

2015 年 7 月，国务院委托七家单位对已经出台的稳增长、促改革、调结构、惠民生部分重大政策措施落实情况开展公共政策评估，具体分工：国家行政学院、中国（海南）改革发展研究院负责“推进简政放权、放管结合、优化服务”相关政策落实情况评估；北京大学负责“金融支持实体经济”相关政策落实情况评估；中国科协负责“推进大众创业、万众创新”相关政策落实情况评估；国务院发展研究中心负责“增加公共产品和公共服务供给”相关政策落实情况评估；全国工商联负责“全面支持小微企业发展”相关政策落实情况评估；中国科学院负责“实施精准扶贫、精准脱贫”相关政策落实情况评估。

2016 年 5 月，国务院常务会议决定对促进民间投资专项督查组，分别赴有关省

（区、市）和部门开展公共政策评估和专题调研。重点评估分析当前促进民间投资在政策落实、政府管理服务和投资环境等方面存在的问题和典型做法并开展相关调研，有针对性地提出对策建议。国务院发展研究中心对法规政策制定落实方面开展评估；国家行政学院对政府管理服务方面开展评估；全国工商联对市场环境方面开展评估；新华社对民间投资开展专题调研。

国务院有关部门设立了与政策评估相关的机构。2018 年，国家发展改革委设立评估督导司，主要职责是拟定相关重大战略规划、重大政策、重大工程等评估督导的制度并组织实施，提出相关评估评价意见和改进措施建议。

第二节　中国公共政策评估工作的成效、特点与短板

一、公共政策评估工作在中国取得的成效

公共政策评估是国家治理体系的重要组成部分，是推进国家治理能力现代化和政府管理创新的重要举措，是促进重大公共政策落到实处的重要方式，对完善有关改革方案和重大政策，提高改革决策和政策的科学性、准确性，发挥了重要作用。

（一）公共政策评估是提高决策科学化、民主化、法治化水平的重要途径

转变政府职能，需要不断提升行政决策质量。要完善重大行政决策程序制度，建立和完善重大政策事前评估和事后评价制度，充分听取各方面意见，防控决策风险，不断提高决策科学化、法治化水平。确保政府全面正确履行职能，不断提高决策水平，必须建立和完善重大政策事前评估和事后评价制度，并使其规范化、标准化。

重大政策出台前，要履行公众参与、专家论证、风险评估、合法性审查和集体讨论决定等决策法定程序，充分论证政策的必要性、可行性、科学性等内容，科学地研判预期效果和各方面反应，确保政策符合决策部署，从源头上把握政策方向，防止决策的随意性。政策实施过程中，要密切跟踪监测实施情况，及时了解政策实施效果和产生的影响，分析出现的新情况和新问题，有针对性地调整完善相关政策，确保其取得预期成效。政策执行完成后，要将政策设定的目标和实际取得效果进行对照分析，总结经验和不足，并将评估结果作为今后制定相关政策的重要依据和参考。

（二）开展公共政策评估是有效落实公共政策的重要手段

在很多情况下，政策实施不能达到预期目标，不是政策本身的问题，而是政策不能很好地得到执行。公共政策是由行政机构来执行的，但行政机构在其职权范围内往往拥有相当大的自由裁量权，使得行政机构可能会在部门利益、地方利益的驱使下，对政策进行选择性执行，使政策执行效果大打折扣。因此，在公共政策实施过程中，

需要引入公共政策评估，来消除政策选择性执行的弊端，确保公共政策得到有效落实。

公共政策评估是公共政策实施过程的重要环节和组成部分，具有客观、公正、独立的特点，对提高改革决策和政策的针对性和有效性具有重要作用，不仅能反映政府制定和执行公共政策的能力和效果，也决定和影响着政府的绩效。通过公共政策评估可以决定是否需要对政策进行调整、完善或终止，更好地配置政策资源，提高政策的科学性和准确性，实现政策运行和决策的科学化，提升政府正确履行职责的能力和水平。

（三）公共政策评估是国家治理体系的重要组成部分，是提升国家治理能力的重要途径

公共政策评估是促进改革、推动发展，是建设符合新时代要求和人民满意的现代政府的有益尝试，是推进政府治理体系和治理能力现代化的积极探索。公共政策评估是政策合理化的有效保障，是检验政策效果、效率和公平性的基本途径，也是决定公共政策去留的重要依据。

实现国家治理的现代化，不仅要充分发挥政府的作用，而且要有效发挥各类社会组织、公民的积极作用。通过政策评估，可以使参与国家治理的社会各主体充分表达意见，进行有效的沟通和协调，平衡各方面利益，消除分歧，形成治理合力。同时，公共政策评估也会反过来促进公共政策制定者和执行者能力与水平的提升。

二、中国公共政策评估工作的特点

在我国，公共政策评估进入快速发展阶段，覆盖面更广、参与机构更多，对有关决策、改革方案、涉外谈判方案和政策措施落实情况的评估工作逐步常态化，围绕重大改革方案、重大决策事项、重大政策实施效果，积极开展了广泛的公共政策评估工作。主要包括：

第一，公共政策评估主体更加规范。参与公共政策评估的机构越来越多，这些机构都在政策方面有较多的研究，熟知重大政策，具有参与评估的基础和能力。根据政策属性不同，评估主体一般包含规划部门、监管部门、决策咨询部门、科研部门等多种类型的机构，其普遍具有专业性和领域权威性的特点。承担评估任务的机构，不仅包括政府部门、立法司法机关，也包括各类智库、社会组织、大众传媒等。其中，官方智库作为一类特殊的机构具有许多优势，在公共政策评估中应发挥更重要的作用。

第二，公共政策评估工作原则更加明确。主要包括：方向性原则，即政策内容是否符合战略发展全局；合理性原则，即政策目标是否合理且确有实施必要；可行性原则，即政策方案是否具有可操作性；成本与收益原则，即政策执行拟投入的财力、物力、人力等资源与政策预期产出效果是否匹配；可持续性原则，即政策不仅应适用于现阶段需求，还应着眼于中长期发展，服务于中长期发展需要。

第三，公共政策评估方法更加完善。一些部门和地方也对改革方案和政策措施落

实情况进行公共政策评估，出台了相关指导文件。民政部开展了社会组织公共政策评估工作，国务院扶贫开发领导小组组织对脱贫县开展公共政策评估，湖南、江苏、山西、江西等省及青岛市、南京市都开展了对改革方案和政策措施落实情况公共政策评估工作，并出台了有关指导性文件。其中，定性评估方法主要包括同行评价、案例研究、受众访谈等；定量评估方法主要包括投入产出分析、趋势研究、问卷调查、动力学方法等。

第四，公共政策评估结果更加客观。国务院发展研究中心近年来深入贯彻落实党中央、国务院工作部署，认真履行公共政策评估职能，先后承担党中央、国务院交办的代表性评估工作达百余项，包括“党的十八届三中全会确定的经济体制和生态文明体制领域改革总体方案评估”“构建开放型经济新体制若干意见评估”“‘十三五’规划实施情况评估”以及“棚户区改造、精准扶贫、外贸稳增长、自贸区建设、促进民间投资”等重大政策实施效果评估，积累了丰富的评估经验。2020 年 6 月，中共中央印发《海南自由贸易港建设总体方案》，国务院发展研究中心承担了对海南自由贸易港建设进行全过程跟踪评估的重要职责。中国社会科学院、中国工程院、新华社等机构近年来也依托自身优势，积极开展领域性重大政策评估工作，部分机构建立了前期调查研究和模型预测、中期数据分析和效果评测、后期跟踪研究与成效评价等较为系统的评估工作模式，为中央决策提供了有力的支撑。

第五，公共政策评估领域更加广泛。目前，科技政策、公共产品价费政策、经济政策、就业政策、养老保险和环境经济政策等领域都展开了政策评估。一些科研院所和学者将公共政策评估作为科研的一个重要领域，其政策评估的范围要广得多，涉及了人才、公共物品、财政、选举等多个方面。在各类公共政策中，科技政策评估起步较早，发展较快。其他政策主管部门也开展了一些政策评估，主要集中在计划、项目、规划层次，主要目的是促进工作，还没有形成制度。

第六，注重公共政策评估的体系建设，公共政策评估主体已由各级政府及其相关部门扩展到第三方评估机构，各地方政策评估制度化和程序化也在积极推进。围绕决策需求，中央从顶层设计上对政策评估制度建设提出新的要求。随着技术和方法的快速进步，已经逐渐改变了政策评估的模式，如大数据技术已被应用于城市交通管理、市场物价、国家安全等领域。

三、中国公共政策评估工作存在的短板与不足

虽然我国在公共政策评估方面取得了一些重要进展，尤其是进入新时代以来有了快速发展，但是，从总体上讲，公共政策评估在我国还处于起步和探索阶段。无论是公共政策评估的学术研究还是政策评估的实践，都还存在一些短板和不足，主要包括：

（一）没有确立公共政策评估的法律地位，评估制度不健全，评估工作不规范

我国没有对公共政策评估制定规范的法律法规，公共政策评估还不是政策过程的

必要环节，其开展的范围还不够广。公共政策评估工作还不够规范，缺乏制度化、规范化、程序化保障。有的部门和地方对待政策评估工作存在“走过场”等现象。

缺乏法制化和规范化的政策评估环境也使评估过于随意，评估方案的采纳往往取决于政府政策的制定者个人或团体，无法形成法制化和规范化的评估方法，影响了公众和社会组织对政府评估的接受程度。

评估制度不健全，对于评估主体、方式、程序等方面没有作出制度和体系安排。由于没有严格的政策评估要求和制度，部门制定政策随意性大，部门之间职能交叉，制定政策不计成本效益，有些政策推行不力，政策实施中的问题难以发现和解决，甚至导致决策失误。

（二）官方评估机构占主体，评估结论的公正性、客观性不足

我国公共政策评估主要由各政府评估机构进行。官方评估机构与行政部门具有隶属或利益关系，难以做到客观公正，缺乏独立性。更为重要的是，这些评估机构在具体执行评估任务时几乎都无法摆脱对上层或地方政府的依赖性。这种依赖性不仅来源于评估机构和政府部门之间的上下级关系，还来源于这些机构在相关资源上对政府部门的需求。

虽然也有一些非政府评估机构进入了公共政策评估领域，但这些非政府机构很多是受政府部门的委托进行评估的，这样的评估就难以保持很高的独立性，从而与政府评估机构有一样的局限性。非官方评估机构得不到政府部门的重视，且资金和人力得不到保障。在我国政策评估实际情况中，非官方评估机构数量较少，而独立学者则受到研究领域的限制，难以在多个领域对政府政策作出评估。

（三）公共政策评估机构缺乏行业规范和管理制度

公共政策评估机构的资格审核制度欠缺。在公共政策评估以外的多数评估领域，包括资产评估、风险评估等，评估机构都需要通过一定的资格认证才能够进入评估行业。这同样应该适用于公共政策评估。此外，还应该对政策评估组织的资格认定有法律规定，应遵循市场准则，培育评估组织的竞争机制。

行业规范的缺乏降低了公共政策评估的约束，使一些公共政策评估机构在评估报告中给出了可能不是很符合实际的结论。同时也导致公共政策评估权威性下降和社会认可度降低。在政策评估实践中，曾有行业机构为了获得评估项目和评估经费而向委托机构让步、遵从委托机构意愿的现象，严重影响了第三方的独立性。

（四）评估标准不统一，缺乏方法、标准和制度设计

当前，政策评估主要采取两种方式：一是政策制定机关自我评估，或称内部评估，包括执行主体的自查自评和上级机关的检查评估。二是第三方评估，由政策制定机关邀请第三方评估或委托第三方评估。

由于部门和地区差异的存在，以及评估方式的多样，政策评估结果差异性也比较

大。同时，我国还缺少统一的公共政策评估标准，导致出现在评估中按照本级政府的利益提供有利于自身发展的信息，或者有意夸大、缩小、掩盖和扭曲政策运行中的事实以求政策的稳定的情况，使评估结果有利于本部门或本级政府，更使我国的公共政策评估结果千差万别。

2014 年国务院大督查正式引入后，第三方评估被越来越多地采用，收到较好成效。但与当前政策实施的丰富实践相比，政策评估方式和方法还相对单一，缺少相对统一的评估标准、评价指标和评估程序，政策评估参与群体范围也相对较小。

（五）我国政府信息公开制度尚未完善，政策评估需要的数据、信息难以获得

我国政府信息公开制度尚未完善，各部门的信息仅在小范围内使用，部门间共享尚未实现，也未向社会公开。公共政策评估机构只能在接受委托时，才有条件开展评估，但评估结论也因此可能受到影响。没有获取信息的渠道，第三方独立评估很难开展。特别是体制外评估机构难以及时获得真实、有效、全面的政策信息和数据，不利于开展基于信息和数据的深度评估。

在我国目前的统计方法中，并没有为政策评估的便利专门要求各部门提供评估可用数据。多数政府部门在政策执行过程中也没有专门的制度和人力去完成数据收集。这就为政策评估的执行带来了极大的不便。

目前，我国的公共政策评估中，如果是由政府委托进行的，多数可以由委托机构提供一些评估所需信息，即评估机构一般可以获取存在的所有信息，但此时仍然会有制度和数据不健全带来的信息缺失。如果不是由政府机构委托的评估，那么，评估机构就只能通过公开信息进行评估，或者投入资金和人力，以调研或问卷等方式获取信息。政策评估信息可得性较低，很大程度上限制了我国公共政策评估水平的提高。

（六）政府部门对公共政策评估缺乏足够重视，评估结果没有得到有效应用

作为公共政策评估的委托机构，政府很多官员对公共政策评估的意义的认识不到位，也不了解评估的作用。往往由于不少政府缺乏对评估的足够认识，难以对政策评估工作给予有力的支持。

我国公共政策评估结果没有得到有效利用的现象是相当明显的。一些施政者进行政策评估的目的是明确的，即评估结果能够为其政策修订或出台提供有力依据。但评估者如果按照既有的原则和方法进行评估，其评估结果很可能和施政者的意图并不相符。这样在评估委托者和评估者之间的立场上就产生了区别。当评估报告与委托者的立场不同时，就很难得到委托者的重视了。

评估结论透明度不高，向社会公开并接受公众评议的机制尚不完善。评估结果与政策关联部门及其人员的奖惩衔接不够紧密，没有与部门政府绩效考核联系起来，更没有与干部考核、升迁结合起来。

（七）公共政策评估所需经费和人才不足

出于各种原因，一些政府部门，尤其是地方政府为公共政策评估提供资金、办公

设施以及人力资源等的意愿并不高。公共政策评估所需的经费严重不足对评估活动产生不利影响。

在队伍建设方面，高素质、专业化评估人才还比较欠缺，同时，评估人员从业标准不明确，评估人才培养和选拔的系统性与规范性需要加强。

（八）公共政策评估理论与方法方面的研究滞后，不能满足政策评估实际工作的需要

在我国，公共政策评估是一个新兴领域，其理论和方法正在发展，还未形成规范化、制度化的评估体系，这就给开展具体评估工作带来了许多技术上的困难。国内学术界对公共政策评估，特别是对政策评估基础理论与方法的研究还相对滞后。例如，对公共政策评估的概念认识不一，对政策评估的内容范围界定不清，评估理论很难得到全面系统的发展，无法建立起一套完善的公共政策评估的指标体系与方法，评估方法单一，评估指标难以摆脱主观判断的片面性。

由于没有系统的、符合我国国情的理论指导，我国公共政策评估具有较大盲目性——评估目的不明确、评估标准模糊、评估不科学、评估方法落后、评估结论应用性差等。对政策评估理论研究的滞后制约了公共政策评估实践的发展，而且也影响了我国政府政策制定的科学化和规范化。

第三节　公共政策评估理论在中国的发展

尽管政策评估被视为政策科学的一部分，但与公共政策、政策分析等有着较大差异。狭义的政策评估是通过严谨的证据采集和分析方法对政策效果得出可信和可靠的结论，因而公共政策过程以及制度层面的分析并非属于政策评估。但政策过程以及制度的研究极大地促进了对政策评估环境以及所处治理体系的理解，政策干预的效果评估离不开对影响因素所处的复杂系统的理解。更重要的是，政策评估中的价值优先性判断也需要从规范层面对制度伦理和价值体系有深入明确的认知。

20 世纪 70 年代末 80 年代初，“政策科学或政策分析这个国外社会科学特别是政治学与行政学的新研究领域同步传入我国，由此开启了中国政策科学构建与发展的进程”①。我国的公共政策研究较早属于政治学与行政学科的分支和研究方向。

在 20 世纪 90 年代特别是 2000 年以后，国家将推进决策科学化民主化提升我党执政能力作为重要战略，公共政策学科发展进入了日益专门化的发展快车道。国际知名

① 陈振明．中国政策科学的学科建构——改革开放 40 年公共政策学科发展的回顾与展望［J］．东南学术，2018（4）：52-59.

的威廉·N. 邓恩、戴维·L. 韦默等的公共政策经典文献被翻译出版，如《公共政策分析导论》《公共政策分析理论与实践》等。在我国本土公共政策理论构建方面，陈庆云的《公共政策分析（1996）》、陈振明的《政策科学（1998）》、陈庆云的《公共政策概论（2003）》、张金马的《公共政策分析：概念·过程·方法（2004）》、张国庆的《公共政策分析（2004）》等著作和教材相继出版。时至今日，公共政策教材和著作在研究主题和视角上呈现出更为多元化的状态，也同时进入了细分化的政策领域研究。

一、公共政策评估理论

由于我国公共政策评估起步较晚，其研究发展主要形成了两条路径：对比—借鉴路径和实践—反思路径。对比—借鉴路径是通过对国外政策评估理论和体系的学习和比较，为我国政策评估提供可参考经验。实践—反思路径是从国内政策评估的现状出发找到其存在的问题，并提出可行性方向。

国内学界围绕政策评估的价值取向、评估标准与指标体系、评估主体、评估方法和评估理论，形成了五个主要研究领域①。这五个方面的发展延续了国外的实证主义与后实证主义的争论，政策评估价值取向研究倡导从价值中立到价值涉入，以民生价值为核心导向；政策评估标准发展由一维标准向多维标准方向发展，主要包含三个维度，即形式维度（公共政策的形式合法性）、事实维度（政策效果、政策效率和政策影响）、价值维度（公共政策价值的合理性）；政策评估主体发展由单一主体向多元主体转变，主要指公民和第三方评估机构的参与；政策评估方法发展由实证主义到后实证主义；政策评估理论研究主要也围绕价值与技术的分野和结合展开，倡导系统性综合评估，兼顾公共政策的科学性与民主性。值得注意的是，在学科知识的积累以及方法论的验证、更新方面，国内政策评估领域的学者还需加强与其他不同学科之间的交流，以创新性拓展政策评估理论和方法②。

以 2014 年党的十九届五中全会提出健全重大政策事前评估和事后评价制度为节点，此后理论发展更注重与实证评价的严谨性、科学性结合，并展开了评估制度化和体系的探索③。

第一，评估理论和体系的逐步形成。2000 年以后我国在科技等方面的大量投入催生了对项目效果进行评价的政策咨询需求（李志军，2002），极大地推动了政策评估理论的发展。首先，评估理论的重要文献被引介到国内，成为国内评估理论体系形成的重要参照和借鉴。其中，影响力较大的是费希尔的《公共政策评估》与古贝和林肯的《第四代评估理论》，分别于 2003 年和 2008 年被翻译为中文出版。两本著作的理论原

---

① 彭忠益，石玉．中国政策评估研究二十年（1998~2018）：学术回顾与研究展望［J］．北京行政学院学报，2019（2）：35-43.

② 陈世香，王笑含．中国公共政策评估：回顾与展望［J］．理论月刊，2009（9）：135-138.

③ 李志军，李逸飞．建立和完善中国特色的公共政策评估制度［J］．国家现代化建设研究，2023（2）．

型形成于20世纪80年代，理论框架体现了当时在范式与方法论层面的混合趋势，特别是费希尔明确主张实证评估与规范评估的统一。与此同时，美国、日本、韩国、南非等国家的政策评估理论、经验、做法及启示等得到较为深入的比较研究（朱仁显，1998；谢媛，2001；李志军，2001；王瑞祥，2003；董幼鸿，2008；董兵，2008；于立生，2011；武新、魏榕，2011；李志军，2013；邓剑伟、樊晓娇，2013；李志军、李逸飞、王群光，2020；奚长兴，2005；李德国、蔡晶晶，2006）①。李志军主编的《国外政策评估文件与手册选编》（2022）提供了丰富的国外评估模式应用文本，是对重大公共政策评估理论与操作的案例指南和评估制度比较的样本。其次，政策评估的理论研究得到国家社会科学基金等科研立项的经费支持。如国家社会科学基金的资助项目“社会主义市场经济条件下政府政策评估的方法体系与效率研究”（贠杰，2002）、“绩效导向下的我国政府公共政策评估体系与机制研究”（郑方辉，2009）、“我国政府公共政策评估模式研究”（周建国，2011）、“使用大数据方法开展社会政策评估的探索性研究”（易成岐，2018）、“西方政策评估理论与方法研究”（杨代福，2020）、“机器学习视角下的反事实推断政策评估方法研究”（牛成英，2021）、“连续处理效应的异质性分析及其在政策评估中应用研究”（唐礼智，2021）等。最后，评估理论与评估模式构建非常有限②。至今具有代表性的、专门的评估理论著作有：贠杰和杨诚虎的《公共政策评估：理论与方法》（2006）和李志军的《重大公共政策评估：理论、方法与实践》（2013）。评估模式方面的代表性论文有周建国的《构建聚合的政策评估模式》（2022）。

---

① 朱仁显．政策评估与政策优化：论政策评估的意义［J］．理论探讨，1998（02）：64-65.

谢媛．政策评估模式及其应用［D］．厦门大学，2001.

李志军．强化政府科技经费管理［J］．科学与管理，2001（02）：26-28.

王瑞祥．政策评估的理论、模型与方法［J］．预测，2003（03）：6-11.

董幼鸿．我国地方政府政策评估制度化建设研究［D］．华东师范大学，2008.

董兵．政策评估的利益相关者模式分析及理论渊源［J］．农村·农业·农民（A版），2008，249（08）：56-57.

于立生．公共政策评估理论研究及其困境分析［J］．发展研究，2011，297（05）：96-100.

武新，魏榕．西方社会政策评估：哲学基础、方法、内容与范式［J］．东北大学学报（社会科学版），2011，13（04）：328-334.

李志军．国外公共政策评估情况和主要做法以及对我国的启示（上）［N］．中国经济时报，2013-05-08（005）.

李志军．国外公共政策评估情况和主要做法以及对我国的启示（下）［N］．中国经济时报，2013-05-09（005）.

邓剑伟，樊晓娇．国外政策评估研究的发展历程和新进展：理论与实践［J］．云南行政学院学报，2013，15（02）：34-39.

李志军，李逸飞，王群光．日本、韩国、南非政策评估的经验、做法及启示［J］．财经智库，2020，5（06）：92-102+142-143.

奚长兴．对法国公共政策评估的初步探讨［J］．国家行政学院学报，2005（06）：87-89.

李德国，蔡晶晶．西方政策评估技术与方法浅析［J］．科学学与科学技术管理，2006（04）：65-69.

② 李志军．加快构建中国特色公共政策评估体系［J］．管理世界，2022，38（12）：84-92.

第二，评估理论与量化实证的结合。以 2014 年党的十九届五中全会通过的《中共中央关于制定国民经济和社会发展第十四个五年规划和二〇三五年远景目标的建议》提出健全重大政策事前评估和事后评价制度为节点，评估理论的发展进一步面向政策评估实践，兼顾规范性与严谨性、理论性与实证论证的结合。洪永淼（2015）在《经济研究》撰文指出，对中国各种社会经济政策进行严谨的定量评估，将大大提高中国社会经济政策评估的科学性①。评估不能只建立在简单的定性分析基础上，只有严谨的实证研究，才能使政策评估的结论以及建立在结论基础上的政策建议具有较高的科学性②③。

在评估理论与量化论证结合的可操作性方面，李志军主编的《重大公共政策评估：理论、方法与实践（2013）》对政策评估理论、模式以及主要的量化实证方法进行了全面的阐述，并提供了应用准实验与非实验研究方法的评估案例。李志军和尚增健主编的《公共政策评估前沿问题研究》（第一、第二卷）、《公共政策评估前沿问题研究》（第三卷）收录了前沿性的国家重要政策的实证评估样本以及相关的讨论④⑤。

二、公共政策评估方法论

公共政策评估是政策科学化的一部分。按照 Scriven 在 1967 年的定义，评估是运用方法论将目标与绩效信息结合在一起的行为⑥，需要运用严谨的方法对证据进行采集和分析，以便对政策或者项目效果得出可信和可靠的结论。实证研究方法是政策评估得以发展和应用的科学基础，既包括定性方法也包括量化实证的方法。

第一，政策评估应用的量化实证方法发展迅速。量化实证方法主要划分为实验研究和非实验研究，非实验研究方法在过去 30 年发展迅速，特别是在应用经济学以及计量经济学领域，计量经济模型与计量经济方法被广泛运用于经济政策的效果评估。由于经济和社会成本巨大，被视为因果推断黄金标准的实验研究较少应用于政策评估，但国内实验经济学发展迅速，很多高校建立了实验经济学实验室⑦。准实验研究方法被大量应用于经济政策效果的研究。

第二，定性研究方法得到更为广泛应用，但程式化处理框架不明确。定性研究方法特别是案例研究近 10 年在管理学、公共管理和公共政策的研究中得到更为广泛的应用，但相比于国外政策评估理论和模型对定性数据处理框架的严谨性标准，现有定性

①② 洪永淼．提倡定量评估社会经济政策，建设中国特色新型经济学智库［J］．经济研究，2015，50（12）：19-22.

③ 李志军．重大公共政策评估：理论、实践与方法［M］．北京：中国发展出版社，2013.

④ 李志军，尚增健．公共政策评估前沿问题研究（第一、第二卷）［M］．北京：中国发展出版社，2022.

⑤ 李志军，尚增健．公共政策评估前沿问题研究（第三卷）［M］．北京：中国商业出版社，2022.

⑥ Scriven M. The Methodology of Evaluation［M］// Tyler R W，Gagne R M，Scriven M. Perspectives of Curriculum Evaluation. Chicago，I L：Rand McNally，1967：40-41.

⑦ 洪永淼，方颖，陈海强，等．计量经济学与实验经济学的若干新近发展及展望［J］．中国经济问题，2016（2）：126-136.

研究应用于政策评估的数据程式化处理框架不明确，无法可信地呈现原始数据和结论间的证据链①，严谨性相对不足。现有国际较为成熟的评估模式提倡定性与定量研究方法的合并使用，目前在我国智库和第三方评估中已经得到广泛应用，但基于本土情景应用的评估模式缺少理论上的归纳和提炼。

第三，提倡定性与定量研究方法的结合。洪永淼（2015）主张，政策的定量评估还必须与定性分析以及其他各种研究方法相结合，而不是去取代现有研究方法，这些方法“包括理论逻辑分析、历史逻辑分析、实地调查研究，等等”②。

三、公共政策评估制度化与体制机制

党的十九届五中全会提出健全重大政策事前评估和事后评价制度，政策评估的制度化和法律化建设是将政策评估工作真正纳入政策过程的必要保障。

第一，立法是制度化过程中对评估进行规范化和程序化的重要方式，也是包括环境治理在内的各领域政策评估的国际趋势。相关学者对评估制度化过程的立法先行及其立法内容进行了较为深入的研究（李志军，2013，2022；王军锋等，2016；张海涛，2022），包括确立公共政策评估的地位，明确和规范评估主体、客体的权力与责任以及政策评估原则、评估类型、评估程序、评估结果的使用和公开及职能机构、人员组成、评估费用等③④⑤⑥。由于立法过程较长，很难一蹴而就，李志军和李逸飞（2022）建议采取分步实施的办法予以推进⑦。

第二，评估体系框架与体制机制研究。董幼鸿（2008）基于政策生态学以及新制度主义理论角度对我国地方政府政策评估的体制机制问题进行了较为深入的分析并提出了相应建议⑧。汤丁和李东（2020）认为，中国特色的评估理论、制度和方法在不断地完善，但评估制度、评估组织、评估方式等方面体制机制问题需要进一步改进⑨。国家发展改革委评估督导司课题组等（2022）梳理了“三个重大”的评估工作发展历程，并阐述了由制度体系、组织体系等支撑的中国特色“三个重大”评估体系⑩。李志军

① 毛基业．运用结构化的数据分析方法做严谨的质性研究——中国企业管理案例与质性研究论坛（2019）综述［J］．管理世界，2020（3）：221-227.

② 洪永淼．提倡定量评估社会经济政策，建设中国特色新型经济学智库［J］．经济研究，2015（12）：19-22.

③ 李志军．关于建立我国重大公共政策评估制度的建议［N］．中国经济时报，2013-06-07（005）．

④ 李志军．加快构建中国特色公共政策评估体系［J］．管理世界，2022，38（12）：84-92.

⑤ 王军锋，吴雅晴，关丽斯，等．国外环境政策评估体系研究——基于美国、欧盟的比较［J］．环境保护科学，2016（1）：41-47.

⑥ 张海涛．关于制定水利重大政策事前评估和事后评价制度的思考［J］．水利发展研究，2022（4）：48-52.

⑦ 李志军，李逸飞．建立和完善中国特色的公共政策评估制度［J］．国家现代化建设研究，2023（2）．

⑧ 董幼鸿．我国地方政府政策评估制度化建设研究［D］．上海：华东师范大学，2008.

⑨ 汤丁，李东．加强政策事中事后评估的思考［J］．宏观经济管理，2020（3）：9-14.

⑩ 国家发展改革委评估督导司课题组，王青云，李东．关于构建中国特色“三个重大”评估体系的几点思考［J］．管理世界，2022，38（12）：76-84+91.

（2013，2022）提出了构建中国特色的政策评估体系框架的设想和分步推进的步骤，并对实现中国式现代化的重要意义进行了阐述①。

第四节 加快构建中国特色公共政策评估体系

公共政策评估的制度化、规范化和程序化是使公共政策评估工作真正纳入政策过程的必要保障。只有加快构建中国特色公共政策评估体系，才能推动公共政策评估制度化、规范化、程序化，形成科学、有效的评估体系。这样，公共政策评估工作才能走上健康发展的轨道，必须要有一个完整的公共政策评估制度，形成完整的体系，依靠制度化的强制力保证政策评估的进行，这样公共政策评估的作用才能得到充分、有效的发挥。

一、加快构建中国特色公共政策评估体系的必要性与意义

（一）快速变化的国内外形势迫切需要加强公共政策评估工作

改革开放以来，我国从中央到地方都制定、颁布实施了一系列政策。从总体上讲，这些政策是有效的，对推动改革开放和经济社会发展发挥了重要作用。但是，也有一些政策实际执行效果不理想，没有达到预期的政策目标。究其原因，一方面，是国际国内环境错综复杂，形势变化快，决策难度大，政策出台时机和力度难以把握；另一方面，有些政策出台比较匆忙，政策质量不高，特别是没有随着形势的变化进行及时调整。政策执行效果不佳，有的是属于政策本身的问题，有的则是属于政策执行的问题。

面对百年未有之大变局，国内外形势错综复杂、充满变数，我国经济社会发展面临着一些风险和挑战，决策难度很大。决策的失误是最大的失误。经济社会发展要求提高公共政策的针对性和有效性，提高公共政策的质量和执行效果。迫切需要加强公共政策评估工作，尤其是对一些重大经济社会政策进行定期评估，并且根据评估结果，及时调整和完善政策。

公共政策影响的广度和深度不断扩大，进行公共政策评估的需求也越来越强烈。同时，制定公共政策所要面临的利益格局日益复杂。随着经济分工和社会形态日益复杂，公共政策决策的难度不断上升。要通过评估提升公共政策的科学性、有效性。制定正确的公共政策，不能仅凭决策者的历史经验和主观判断，还要通过专业机构的深入研究和系统评估，提高公共政策的科学性。

① 李志军．加快构建中国特色公共政策评估体系［J］．管理世界，2022，38（12）：84-92.

（二）当前我国的公共政策评估工作状况不适应经济社会发展需要

虽然公共政策评估在我国取得了很大进展，发挥了重要作用，但是从总体上讲，公共政策评估在我国还处于起步和探索阶段。无论是公共政策评估的学术研究还是政策评估实践中，都还存在一些短板和不足，主要体现在以下方面：没有确立公共政策评估的法律地位，评估制度不健全，评估工作不规范；官方评估机构占主体，评估结论的公正性、客观性不足；公共政策评估机构缺乏行业规范和管理制度；评估标准不统一，缺乏方法、标准和制度设计；我国尚未建立完善的政府信息公开制度，政策评估需要的数据、信息难以获得；政府部门对公共政策评估的认识不足、重视不够，评估结果没有得到有效应用；公共政策评估所需经费和人才不足；公共政策评估理论与方法方面的研究滞后，不能满足实际工作的需要。特别是，公共政策评估不是法定的，缺少独立的第三方评估，透明度和公信力不足。

当前，我国公共政策评估工作状况明显不适应经济社会发展需要。要深刻认识公共政策评估对经济社会发展的重要意义，加快构建中国特色公共政策评估体系。

（三）加快构建中国特色公共政策评估体系为全面建设社会主义现代化国家提供有力支撑

党中央对全面建成社会主义现代化强国作出了战略部署，总的战略安排是分两步走：从 2020 年到 2035 年基本实现社会主义现代化；从 2035 年到本世纪中叶把我国建成富强民主文明和谐美丽的社会主义现代化强国。

党的二十大报告提出“全面建设社会主义现代化国家新征程、向第二个百年奋斗目标进军”。实现这一宏伟目标，需要大力推进国家治理体系和治理能力现代化，提高政策质量和政府公共管理的水平，推动政府行政改革，实现决策科学化、制度化和规范化。

党的二十大报告还提出，坚持科学决策、民主决策、依法决策，全面落实重大决策程序制度。形成坚持真理、修正错误，发现问题、纠正偏差的机制。这是健全决策机制、提高决策科学化和法治化水平的一项重要制度安排，对推进国家治理体系和治理能力现代化具有重要意义。

公共政策评估是国家治理体系的重要组成部分，在推进国家治理体系和治理能力现代化中具有重要地位，可以发挥重要作用。推进国家治理体系和治理能力现代化需要加快构建中国特色公共政策评估体系。

加快构建中国特色公共政策评估体系是国家治理体系建设的重要内容，是推进国家治理能力现代化的重要举措，是提高决策科学化、民主化、法治化水平的一项重要制度安排，是中国特色的治理方式，是政府管理创新的重要举措，对完善有关改革方案和重大政策，提高改革决策和政策的科学性、准确性，具有重要意义。

二、中国特色公共政策评估体系的目标与框架设想

（一）中国特色公共政策评估体系的目标

中国特色公共政策评估体系应该有法律保障，形成完整的政策评估的“法律—制度—体系”，有比较成熟的适合中国国情的公共政策评估理论方法，评估主体的独立性、专业化和多元化，政策评估工作走上制度化、规范化、程序化道路，公共政策评估的作用得到有效发挥。中国特色公共政策评估体系的目标是：

第一，实现公共政策评估制度化、法律化。为了更好发挥公共政策评估的作用，给予公共政策评估必要的保障，制度化和法律化是最有效的途径。要构建公共政策预评估、执行评估和绩效评估相结合的完整体系，需要尽快出台规范公共政策评估的法律法规。制定法规确立公共政策评估的地位，并赋予各级政府进行公共政策评估的责任；对政策评估原则、评估类型、评估程序、评估结果的反馈和评估职能机构、人员组成、评估费用等内容做出明确规定，使公共政策评估在一套明确的法律制度框架下运行。通过制度化、法律化打通公共政策评估的反馈渠道。以法律法规的形式加强对评估结论的反馈，并通过反馈不断地改进、修订和补充公共政策的内容，促进评估的规范化和程序化，使其形成良性循环。强化对政策落实情况的督查考核，引入社会力量开展第三方评估，接受各方监督，不能“自拉自唱”。

第二，评估主体独立性、专业化、多元化。要增强政府评估机构在公共政策评估中的独立性，规范政府机构中的政策评估组织。按照“决策、执行、监督”相独立的原则，将公共政策评估机构与政策制定和执行机构尽量独立，各司其职。做到减少公共政策评估机构和被评估机构之间的利益关系，防止不必要的干扰和阻力。要实现评估主体的专业化，制定严格的评估标准。从评估机构和评估人员两方面加强管理，提高水平，从而实现整个公共政策评估的专业化。要鼓励和引导民间政策评估组织的发展。在官方评估机构之外，充分发挥民间政策评估机构体制灵活、专业性强、立场中立、社会关系广泛的优势。

第三，制定规范化的公共政策评估法规、流程与方法。要借鉴国际经验与做法，制定政策评估工作相关法律法规，对政策评估原则、评估主体、评估内容、评估程序、评估结果使用与公开等做出规定。制定标准化、规范化、精细化的政策评估程序，提高政策评估的效率。鼓励和支持政策评估机构开发和创新政策评估工具，构建各领域政策评估模型，建设决策咨询大数据系统，明确政策信息和数据共享的范围和路径。健全各领域政策评估的评价考核指标体系，引导各政策评估主体不断提高政策评估的质量和水平。

第四，评估技术与评估方法系统化和科学化。要加强公共政策评估的基础研究。加强政策科学的研究和传播，使政府部门认识到公共政策评估的作用，如监督政策执行、有助于开发政策资源、增强政策效益等。要探索有效的评估方法。尤其应注意定

性分析和定量分析的有机结合，以提高评估的科学性、客观性和准确性。

第五，提高公共政策评估的透明度。要建设公共政策评估信息系统，提高公共政策评估透明度，使公众能够对政策有更全面的了解和信任。完善政府信息公开制度。在评估过程中，建立和维护各级政府信息库，征询政策目标人群的意见，评估采用的方法、引用的数据、评估的结果都要通过主流媒体向公众公开，接受监督。

（二）中国特色公共政策评估体系框架设想

公共政策评估体系的形成和发展，与一个国家和地区的政治环境、制度安排、社会文化传统、社会结构等密切相关，不存在放之四海而皆准的理论、方法和制度，必须在广泛吸收、鉴别、有选择地借鉴国外经验做法之后，探索适合中国国情和实际的公共政策评估体系。

关于中国特色公共政策评估体系框架，初步设想如图 8-1 所示，其要义是：

（1）全国人大通过立法，确立公共政策评估的法律地位。

（2）在国务院层面研究制定公共政策评估的指导性文件。

（3）以此指导国务院各部门和地方政府开展政策评估工作。

（4）有关评估机构根据有关规定、标准和要求开展公共政策评估工作。

（5）评估结果向国务院部门和地方政府反馈，并在适当范围内公开，接受监督。

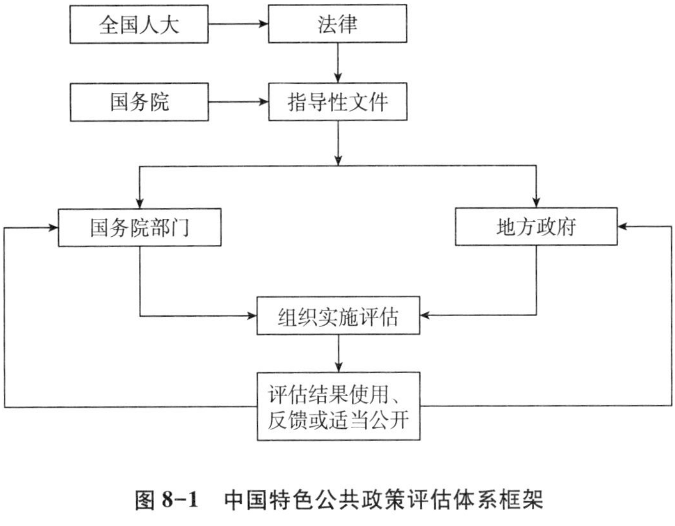

图 8-1　中国特色公共政策评估体系框架

三、加快构建中国特色公共政策评估体系的建议

当前，在我国有些公共政策评估制度处于空白，亟须建立起来；有些制度已有雏形，需进一步健全和完善。

要从坚持和完善中国特色社会主义制度、推进国家治理体系和治理能力现代化的高度，加快构建中国特色公共政策评估体系。根据中国国情和现实情况，本书提出如下建议：

（一）通过立法确定公共政策评估的法律地位，推动公共政策评估工作制度化、规范化、程序化

要通过立法确立公共政策评估的法律地位，明确各级政府制定和执行公共政策都要进行不同程度的评估；要规范评估主体、客体的权力与责任；对政策评估的原则、评估类型、评估程序、评估结果使用和公开及评估机构、人员组成、评估费用等做出明确的规定。

建议采取分步实施的办法予以推进。一是要明确出台涉及经济发展、社会进步、重要民生、公共管理等重大公共政策，必须开展事前评估；二是在重大公共政策实施过程中，要明确按照时间节点进行事中评估；三是可在适当时机出台公共政策评估指导性文件；四是条件成熟时可考虑出台公共政策评估法律，从实体性和程序性两个方面对政策评估做出强制性规定，确保公共政策评估工作有法可依。

完善政府购买第三方评估服务的机制。要突出政府监管角色定位。构建公共政策预评估、执行评估和后评估相结合的完整体系，赋予各级政府进行公共政策评估的责任，对政策评估原则、评估类型、评估程序、评估结果的反馈和评估机构、人员组成、评估费用等内容做出规定，使公共政策评估在一套明确的法律制度框架下运行。以法律法规的形式加强对评估结论的反馈，通过反馈不断地改进、修订和补充公共政策的内容，促进评估的规范化和程序化，使其形成良性循环。

（二）加强公共政策评估机构建设，完善公共政策评估行业规制

各级政府所属政策研究咨询机构可以承担政策评估工作，要对这些机构进行规范、整合，提高评估能力和专业水平，保证政策评估工作的公正、客观和独立性。进一步培育壮大政府及部门所属的专业评估机构，增加机构数量，加强人员编制配备和经费支持保障，强化人员培训，更多地接受委托开展重大政策评估工作，在实践中提升评估专业水平。

要鼓励和引导民间评估机构的发展，充分发挥民间评估机构体制灵活、专业性强、客观公正、社会关系广泛的优势，要注意赋予民间评估机构超然、独立的地位，保证评估工作不受干扰。重点培育发展独立的评估机构。推动评估专业机构能力建设。

增强官方评估机构在公共政策评估中的独立性，规范官方机构中的政策评估组织行为。按照“决策、执行、监督”相独立的原则，将公共政策评估机构与政策制定和执行机构尽量独立，各司其职。同时在公共政策评估过程中要有足够的交流，实现信息共享。实现评估主体的专业化，必须要制定严格的标准。实施资格认定制度，规定从业条件，只有符合从业条件的机构才能进入公共政策评估工作当中。

（三）加强公共政策评估人才队伍建设，提高评估人员的专业化水平

要做好评估人才储备和人才培养工作。公共政策评估涉及经济社会发展的方方面

面，评估的难度大、时效性强、专业化要求高。做好政策评估工作，需要有理论素养深厚、政策实践经验丰富的专家队伍。各类政策评估机构既要在内部培养一支知识结构合理、专业化水平高、国际化视野广的高素质人才队伍，也要聘任一批熟悉政策脉络、实践知识丰富、社会威望高的政府官员，还要从大学、研究机构和社会中介机构中选聘那些理论素养高、社会关系广泛的外部学者，充实专家队伍。

要加大评估专业人才的培养力度，通过学历教育和在职培训，提高评估人员的专业化水平。在重点高等院校公共管理学院或政府管理学院，开设公共政策评估专业，招收硕士或博士研究生，或者开设专门课程。

要加快建设高水平公共政策评估队伍。探索建立“政策评估专员”和“政策评估师”制度，实行政策评估师职业资格认证制度，从业者需经过专门的培训和考核才能获得政策评估师资格。促进评估职业化发展，加大评估专业人才的培养力度。通过学历教育和在职培训，设立优秀评估奖励制度鼓励和吸引政策分析专业人士到政策评估组织工作。实施资格认定制度，规定从业条件，只有符合从业条件的机构才能进入公共政策评估工作当中。

（四）探索适合中国国情的公共政策评估理论，推进评估技术、评估方法系统化和科学化

要学习借鉴国外的公共政策评估理论和方法。结合我国国情和实际情况，加强公共政策评估理论和方法体系建设，探索先进、实用的评估方法与制度设计，比如内部评估与外部评估相结合、定量分析与定性分析相结合、专家评估与民众参与相结合、事前评估与事中事后评估相结合、中央部门和地方政府相区别等，提高政策评估的针对性、有效性。

建议国家社会科学基金和国家自然科学基金设立公共政策评估研究课题，鼓励科研人员从事相关的基础研究。

（五）提供必要经费保障，强化财政、审计部门的监督

公共政策评估是一项耗资巨大而复杂的系统工程，需要各种专业人才参与，需要收集大量的资料和数据，经历较长时间的分析研究和评估过程，因此需要必要的经费保障。

任何公共政策的实施，都离不开财政的支持。财政、审计部门在公共政策评估过程中能够发挥重要的作用。一方面，许多政策的执行需要财政部门的资金投入和审计部门的监督评估；另一方面，各个职能部门的评估指标、评估项目往往都是在财政部门的指导下进行。

（六）扩大公众参与，提高公共政策评估的透明度

建立健全政策评估信息系统。要落实政府信息公开制度；按照政府信息公开条例的规定，依法主动向社会发布政府信息，增强信息发布的权威性和及时性；完善政府信息公开方式和程序，健全政府信息公开申请的受理和处置机制；拓展政府信息公开

渠道和查阅场所，方便评价机构及时获取政府信息。

在评估过程中，要扩大公众参与面，保证评估结论客观公正，提高评估的质量。根据不同的情况，把可公开的政策评估信息对公众发布，接受公众的监督和评议。

要公开政策的具体规定、界限，公开办事程序、办事机构和办事人员，鼓励全社会对政策评估活动实施公开监督。将非涉密政策评估结果通过政府网站、权威媒体、新闻发布会等多种途径向社会公布。同时，开展政策满意度社会调查，收集社会公众的意见和建议，促进政策制定、实施和评估工作。

规范公众参与行为。结合公共政策评估制度的建设，规范各利益相关者的公众参与方式，同时考虑到我国的实际情况，加强对政策利益相关群体影响的调查、分析、监测和评估，并对公众参与的方式和具体要求形成规范。

要加大宣传力度，切实提高公民对公共政策评估工作及其意义的认识；鼓励有关领域的专家学者参与评估工作，也可以邀请人大代表、政协委员及公众代表人物参与；加强政府与公众之间的沟通，吸纳公众参与政策评估，重视公众的意见，改善政府形象，提高政府信誉。

（七）重视评估结果的应用，形成公共政策“制定—执行—评估—完善”的良性循环

要将公共政策评估结果及时反馈给政策制定和实施的部门及其人员，以及时调整或纠正政策的偏差，指导新的政策制定和实施。通过发现政策在设计和执行中存在的问题，对不合理或不适当的政策目标加以修改，改善政策结构。通过政策评估，不断地改进、修订和补充公共政策的内容，使整个公共政策形成“制定—执行—评估—完善”的良性循环。

要把公共政策评估结果与政策制定和实施的相关部门及其人员的激励约束衔接起来，评估结果好的给予激励，评估结果不好的给予约束和问责，并与部门政绩考核挂钩。

复习思考题：

1. 简要论述公共政策评估在我国的兴起与发展。
2. 简要论述新时代中国公共政策评估工作的重要进展。
3. 简要论述新时代中国公共政策评估在理论、方法等方面取得的研究进展。
4. 简要论述如何加快构建中国特色公共政策评估体系。

结束语

公共政策评估是提高决策科学化、民主化、法治化水平的重要途径。开展公共政策评估是有效落实公共政策的重要手段。公共政策评估是国家治理体系的重要组成部分，是提升国家治理能力的重要途径。

实践没有止境，理论创新也没有止境。

在国外，公共政策评估理论研究呈现出一些新的趋势和特点。

第一，在范式和方法层面的趋势。Worthen、Sanders 和 Fitzpatrick（2004）提出了评估理论和实践发展的新趋势，这些趋势已经对当下和未来产生极大的影响，包括：提高内部评价的优先性和合法性；扩大定性方法的使用；每个程序评估采取定量和定性结合的方法，而不是完全依赖于任何一种方法；更多地使用多方法评估；理论评价的引进和发展①。

第二，在评估中更多地向利益相关者授权，以“共担的责任”促进评估过程的共识形成。参与式评估以及协商将更多地应用于政策评估。与此同时，更多地向利益相关者授权，意味着评估人员将承担更多的责任，内部角色与外部角色之间的平衡以及评估伦理也会更加凸显和重要。

第三，评估环境变化将引发评估技术的迭代以及相应的伦理问题。评估人员可用的技术进步，如大数据、人工智能等引发新的伦理困境。与此同时，评估伦理问题将成为未来数字形态下政策评估理论和实践的新增长点。

第四，从“复杂的社会干预”（Complex Social Interventions）转向“复杂社会系统中的事件”（Events Within Complex Social Systems），将复杂适应性系统理论和技术应用于政策评估。提倡超越定性的逻辑建模过程，转向使用系统科学方法，如社交网络分析（Social Network Analysis）和基于主体的模型（Agent-based Models）等了解复杂社会系统的动态，并对变化可能产生的影响建模②。

---

① Worthen B R，Sanders J R，Fitzpatrick J L. Educational Evaluation：Alternative Approaches and Practical Guidelines（3rd ed.）［M］. Boston：Allyn & Bacon，2004.

② Moore G F，Evans R E，Hawkins J，et al. From Complex Social Interventions to Interventions in Complex social Systems：Future Directions and Unresolved Questions for Intervention Development and Evaluation［J］. Evaluation，2019，25（1）：23-45.

当前，公共政策评估在我国还处于起步和探索阶段。既需要学习借鉴国外有关理论和方法，更需要探索适合我国国情的政策评估理论和方法，并付诸实践。

党的二十大报告提出，全面建成社会主义现代化强国、实现第二个百年奋斗目标，以中国式现代化全面推进中华民族伟大复兴。实现这一宏伟目标，需要大力推进国家治理体系和治理能力现代化。公共政策评估是国家治理体系的重要组成部分，在推进国家治理体系和治理能力现代化中具有重要地位，可以发挥重要作用。

要深刻认识公共政策评估对经济社会发展的重要意义，加快构建中国特色公共政策评估体系。公共政策评估的制度化、规范化和程序化是使公共政策评估工作真正被纳入政策过程的必要保障。只有构建中国特色公共政策评估体系，才能推动公共政策评估制度化、规范化、程序化，形成科学、有效的评估体系，公共政策评估工作才能走上健康发展的轨道。

开展公共政策评估工作，是新时代发展的需要，更是全面深化改革、扩大开放的需要。这项工作有难度、有风险，比起政策研究来，要求更高、更全面，责任更大。只要我们上下同心，凝聚共识和力量，坚持干中学、学中干，就一定能够胜任和完成好这项工作，在完善国家治理体系、提高国家治理能力、推动科学决策方面，发挥积极而重要的作用。

阅读文献

［1］李志军．公共政策评估［M］．北京：经济管理出版社，2022.

［2］李志军，等．国外政策评估文件与手册选编［M］．北京：经济管理出版社，2022.

［3］李志军，尚增健．公共政策评估前沿问题研究（第一、二卷）［M］．北京：中国发展出版社，2022.

［4］李志军，尚增健．公共政策评估前沿问题研究（第三卷）［M］．北京：中国商业出版社，2022.

［5］李志军．重大公共政策评估理论、方法与实践（第二版）［M］．北京：中国发展出版社，2016.

［6］李志军．国外公共政策评估手册与范本选编［M］．北京：中国发展出版社，2015.

［7］贠杰，杨诚虎．公共政策评估：理论与方法［M］．北京：中国社会科学出版社，2006.

［8］李允杰，丘昌泰．政策执行与评估［M］．北京：北京大学出版社，2008.

［9］梁鹤年．政策规划与评估方法［M］．北京：中国人民大学出版社，2009.

［10］马国贤，任晓辉．公共政策分析与评估［M］．上海：复旦大学出版社，2012.

［11］王建冬，童楠楠，易成岐．大数据时代公共政策评估的变革：理论、方法与实践［M］．北京：社会科学文献出版社，2019.

［12］刘志红．微观计量方法在公共政策效应评估中的应用研究［M］．北京：中央财政经济出版社，2018.

［13］［美］弗兰克·费希尔．公共政策评估［M］．吴爱明，等译．北京：中国人民大学出版社，2003.

［14］［美］埃贡·G. 古贝，伊冯娜·S. 林肯．第四代评估［M］．秦霖，蒋燕玲，等译．北京：中国人民大学出版社，2008.